国家社会科学基金项目“西部地区城市群空间结构演变的经济与环境效应研究”（16CJL051）
西安理工大学陕西省高校青年杰出人才项目“关中城市群空间结构演变对经济与环境的影响：机制与政策”（105—256991821）
西安理工大学青年社会科学学术创新团队“新技术融合下循环经济与智慧区域发展”（105—451215007）

空间的力量

西部地区城市群空间结构演变

赵　璟◎著

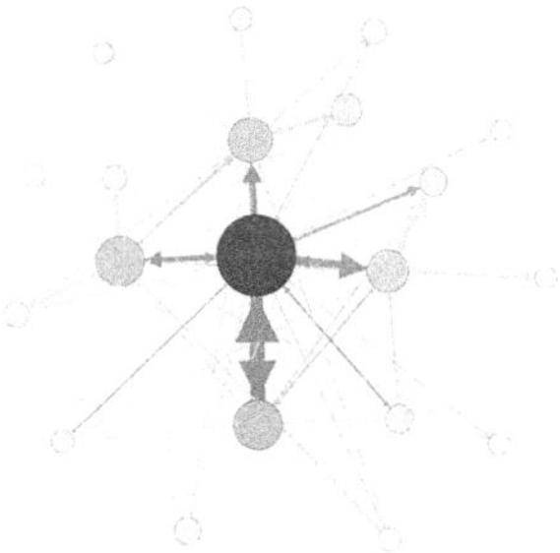

科学出版社
北　京

内 容 简 介

随着西部地区城市群环境刚性约束的日益凸显，如何协调城市群经济产出与环境压力成为影响西部地区绿色发展的重大问题。本书基于促进西部地区实现紧凑集约、高效绿色发展的目标，围绕西部地区城市群空间结构演变对经济与环境的影响机制及效果展开综合研究。一方面，梳理并推测城市群空间结构演变对经济与环境的可能影响路径，廓清城市群空间结构演变对经济与环境的影响机制；另一方面，结合中国西部地区具体城市群的发展实际，定量估计西部地区城市群空间结构演变对经济与环境的影响效果，并最终给出可供参考的政策改革路径。

本书可作为环境经济学、区域经济学、公共经济学、新经济地理学和空间计量经济学等相关领域高校师生的参考用书，也可供相关领域的科研人员和管理人员参阅，或为政府部门制定政策提供参考。

图书在版编目（CIP）数据

空间的力量：西部地区城市群空间结构演变/赵璟著. —北京：科学出版社，2020.6

ISBN 978-7-03-065437-3

Ⅰ. ①空…　Ⅱ. ①赵…　Ⅲ. ①城市群-空间结构-研究-中国　Ⅳ. ①F299.21

中国版本图书馆CIP数据核字（2020）第098060号

责任编辑：石　卉　吴春花 / 责任校对：王晓茜
责任印制：徐晓晨 / 封面设计：有道文化

科学出版社出版
北京东黄城根北街16号
邮政编码：100717
http://www.sciencep.com
北京建宏印刷有限公司印刷
科学出版社发行　各地新华书店经销

*

2020年6月第　一　版　开本：720×1000　B5
2021年1月第二次印刷　印张：16 1/4
字数：327 000

定价：98.00元

（如有印装质量问题，我社负责调换）

前 言

随着西部大开发和城镇化进程的不断推进，越来越多的经济资源开始向西部地区的城市群转移、集中，城市群逐渐成为中国西部地区经济增长的主引擎。然而在经济快速增长的同时，这些城市群内部也出现了资源约束趋紧、环境污染严重、生态系统退化等问题，面对日益凸显的环境刚性约束，如何协调西部地区城市群经济增长与环境压力成为影响西部地区绿色发展的重大问题。西部地区各级政府制定了大量“优化城市群生产生活生态空间结构”的空间规划与政策，这些规划与政策大多将空间结构优化作为促进城市群绿色发展的手段，但是实施效果欠佳。西部地区城市群空间结构应该如何调控？如何在空间结构调控中兼顾经济增长与环境质量的权衡？这些问题尚未有一致的结论。当前理论研究大多从经济或者环境单个层面分析城市群空间结构演变的影响，往往忽视了经济发展与环境污染之间的交互作用。

在这一背景下，本书将城市群空间结构、经济增长和环境污染相结合，探讨微观主体区位变化通过经济活动集聚进而影响经济增长和环境污染的过程，揭示西部地区城市群空间结构演变对经济与环境的影响机制及效果，在此基础上提出促进西部地区城市群经济与环境协调发展的对策建议。本书希望能从一个新的视角丰富和拓展城市群空间结构优化理论，同时也希望能提升西部地区城市群空间格局调整的有效性，为城市群制定空间规划与空间管制政策提供决策依据，并为促进西部地区实现紧凑集约、高效绿色发展提供经验借鉴。

本书首先系统梳理城市群空间结构测度相关文献，从人口、产业、土地利用三个维度测度中国西部地区城市群空间结构，研究中国西部地区八大城市群空间结构演变的轨迹。其次，对比分析中国西部地区八大城市群经济增长与环境污染时空演变特征，并探究是否存在空间依赖性。再次，分析中国西部地区城市群空间结构演变对经济增长与环境污染的影响机制及效果。从城市群微观行为主体的空间区位行为入手，构建要素流动、环境污染与经济活动的集聚模型，进而揭示城市群空间结构演变对经济增长和环境污染的影响机制。选取中国西部地区八大城市群作为研究对象，实证样本的时间跨度为2000～2016年，运用ArcGIS、GeoDa、Stata、MATLAB等软件，对比分析经典计量模型与空间计量模型的回归结果，廓清西部地区城市群空间结构演变对经济增长和环境污染的影响路径及影响大小。最后，从人口调整、产业布局与转移、土地利用空间协调、城市功能定位、基础设施与人力资本投资、差异化环境规制等方面，提出了六项促进中国西部地区城市群经济与环境协调发展的对策建议。

本书是我的第二本专著，也是我主持的国家社会科学基金项目“西部地区城市群空间结构演变的经济与环境效应研究”（16CJL051）和西安理工大学陕西省高校青年杰出人才项目“关中城市群空间结构演变对经济与环境的影响：机制与政策”（105—256991821）的阶段性成果。此外，本书还得到了西安理工大学青年社会科学学术创新团队“新技术融合下循环经济与智慧区域发展”（105—451215007）的资助。在研究过程中，作者与课题组成员对中国西部地区城市群的经济发展与环境污染问题进行了大量跟踪调研。我们得到了陕西省各级地方政府和许多单位以及学界同人的支持和帮助，在此深表感谢。另外，研究中我们还借鉴和吸纳了已有的一些相关研究成果，在此对相关作者一并表示感谢。

西安理工大学的党兴华教授、胡海青教授、蒋军锋教授、张长征教授、杨冬民教授、向希尧副教授、王美霞副教授，美国亚利桑那州立大学的于瀚辰博士后和中南财经政法大学的褚印副教授在本书写作、修改和完善过程中给予了大力支持和帮助，并提出了很多宝贵的建议，在此致以诚挚的感谢。同时，在本书写作过程中，研究生靳珍和刘佳做了大量的工作，研究生赵梓茹、李颖、张欢、焦炬等协助搜寻整理了部分数据和文献，在此表示衷心的感谢。

由于作者水平有限，本书还存在很多不足和值得商榷之处，恳请各位专家、读者批评指正。

赵　璟

2020年2月

目录

第一章 导 言

第一节 问题的提出

21 世纪以来，随着西部大开发和城镇化进程的不断推进，中国西部地区城市间经济联动不断增强，逐渐形成了成渝、关中、兰白西、北部湾、黔中、滇中、宁夏沿黄等城市群，这些城市群已成为中国西部地区经济增长的主引擎与核心区。国家发展和改革委员会在《西部大开发“十三五”规划》中指出，结合推进“一带一路”建设等三大战略实施，发展壮大成渝、关中平原城市群，规划引导北部湾、呼包鄂榆、黔中、滇中、兰州—西宁、宁夏沿黄、天山北坡等城市群有序发展，打造西部地区经济增长重要引擎①。然而，随着西部地区经济的快速增长，这些城市群内部出现了资源约束趋紧、环境污染严重、生态系统退化等问题，日益恶化的生态环境开始制约西部地区城市群的发展。

面对严峻的资源环境挑战，《中华人民共和国国民经济和社会发展第十三个五年规划纲要》既明确要优化提升东部地区城市群，建设京津冀、长三角、珠三角世界级城市群，提升山东半岛、海峡西岸城市群开放竞争水平；培育中西部地区城市群，发展壮大东北地区、中原地区、长江中游、成渝地区、关中平原城市群，规划引导北部湾、山西中部、呼包鄂榆、黔中、滇中、兰州—西宁、宁夏沿黄、天山北坡城市群发展，形成更多支撑区域发展的增长极；把深入实施西部

① 发改委关于印发西部大开发“十三五”规划的通知[EB/OL]. http://www.gov.cn/xinwen/2017-01/23/content_5162468. htm[2020-02-20].

大开发战略放在优先位置，更好发挥“一带一路”建设对西部大开发的带动作用；强化生态环境保护，提升生态安全屏障功能①。2017 年，习近平在中国共产党第十九次全国代表大会上指出，强化举措推进西部大开发形成新格局；以城市群为主体构建大中小城市和小城镇协调发展的城镇格局②。此后，2018 年李克强在第十三届全国人民代表大会第一次会议上作的《政府工作报告》中指出，要加强自然生态空间用途管制；以更加有效的制度保护生态环境③。

立足西部地区城市群相对脆弱的生态本底，如何优化城市群空间结构、协调环境与发展和谐共赢，成为推动西部大开发、实现共同富裕的关键问题。现实中，西部地区各级政府早已将城市群人口、土地使用、产业空间结构调整作为区域规划编制与发展战略实施的重要内容，但目前仍有很多空间规划的内容难以落地。在相对落后的西部地区，城市群发展空间结构的调控究竟是要继续推进大城市的发展，进而发挥大城市的溢出效应，带动周围中小城市的发展？还是要加大扶植中小城市的发展，引导劳动、资本和产业向欠发达城市流动，从而实现共同发展？前一种模式虽然可以促进大城市快速增长，但可能影响中小城市的发展速度，扩大地区间的收入差距，甚至不利于社会稳定；后一种模式虽然能促进中小城市快速发展，但也可能因牺牲了大城市快速发展而使得城市群整体资源未充分发挥经济价值（钟海燕，2010；张杰和杨先花，2017）。环境问题存在外部性，本地区的环境质量不仅受到本地区经济社会发展的影响，还可能受到邻近地区经济社会发展甚至污染物排放的影响。因此，需要考虑空间关联和空间依赖性，准确分析西部地区城市群空间结构演变对城市群经济增长与环境污染的影响效果，为西部地区城市群空间结构优化与调控提供决策依据。

现有研究发现，城市群空间结构演变背后的资源配置方式会影响城市群的经济增长与环境污染。然而，由于空间结构、经济增长与环境污染间关系复杂，当前研究尚未形成一致的结论，这在一定程度上影响了决策层的政策选择与制定（丁从明等，2015），因此如何调控西部地区城市群空间结构亟须学术界给予明确的理论指导。

20 世纪，学术界对经济增长源泉的探讨大多基于新古典增长理论或者内

① 中华人民共和国国民经济和社会发展第十三个五年规划纲要[EB/OL]. http://www.gov.cn/xinwen/2016-03/17/content_5054992.htm[2020-02-20].

② 习近平在中国共产党第十九次全国代表大会上的报告[EB/OL]. http://cpc.people.com.cn/n1/2017/1028/c64094-29613660-7.html[2020-02-20].

③ 2018 政府工作报告[EB/OL]. http://www.gov.cn/zhuanti/2018lh/2018zfgzbg/zfgzbg.htm[2020-02-20].

生增长理论，而较少关注空间因素。尽管主流经济学家认识到现实中存在规模收益递增现象，但因为构建模型存在技术困难，所以主流经济学在 20 世纪流行将规模报酬递增用外部性代替，将集聚经济的内在原因看成一个“黑箱”（Fujita et al.，1999；Baldwin et al.，2003）。新经济地理学以垄断竞争和规模收益递增为基本假设，代替传统的完全竞争和规模报酬不变的假设，并依赖迪克西特-斯蒂格利茨模型（Dixit-Stiglitz model，D-S 模型），通过 Samuelson（1952）提出的冰山运输成本假设，采用特别动态演化方法和数值模拟技术，将规模收益递增纳入一般均衡分析框架（黄利秀，2011），借此建立了一系列新的模型。目前，在新经济地理学研究中，很少探索微观主体间行为影响宏观经济增长与环境污染的内在机制。

针对城市群空间结构演变的经济增长与环境污染效应这一重要问题，现有研究大多利用现实数据检验城市群空间结构演变对经济增长与环境污染的影响大小，但是少有研究探索城市群空间结构演变对经济增长与环境污染的影响路径与机制。因此，借鉴新经济地理学的理论模型，本书基于微观过程到宏观现实涌现的思路，从微观主体区位活动入手，研究城市群空间结构演变对经济增长与环境污染的影响路径与机制。

第二节 相关概念辨析

一、西部地区城市群

戈特曼（Gottmann，1957，1961）提出的“Megalopolis”（中文译为大都市带），是指在功能上密切联系、在地域上连成一体的多个城市共同构成的巨大城市区域。大都市带区别于其他空间组织的特征是：高密度的城市数量、最低门槛的人口规模、巨大的城市体系（李仙德和宁越敏，2012）。在此基础上，国外学者陆续提出“半城市化区域”“全球城市区域”“多中心巨型城市区域”等概念，来阐述城市间或者城乡间密切的功能联系。

国内学者于洪俊和宁越敏（1983）首次以“巨大城市带”的译名将戈特曼的思想系统引入中国。Zhou（1991）提出了“都市连绵区”的概念，其概念范围与“大都市带”相近。随着中国城市化进程的不断深入，经济发达地区逐渐形成了大中小城市紧密联系的空间城市体系，国内学术界陆续提出了“城市密集区”“城市群”等概念。

大量国内学者从不同角度阐述了城市群的概念，表 1-1 列出了一些具有代表性的概念。

表 1-1　国内学者对城市群的概念界定

学者	概念
Zhou（1991）	以若干大城市为核心，大城市与周围地区保持强烈的交互作用和密切的社会经济联系，沿一条或多条交通走廊分布的巨型城乡一体化区域
姚士谋等（2006）	在特定的地域范围内，具有相当数量的不同性质、类型和等级规模的城市，依托一定的自然环境条件，以一个或两个特大城市作为区域经济核心，借助现代化的交通工具和综合运输网的通达性，以及高度发达的信息网络，发生与发展着纯属个体之间的内在联系，共同构成一个相对完整的城市“集合体”
顾朝林等（1995）	由若干个中心城市在各自特有的经济结构和基础设施方面，发挥特有的经济社会功能，从而形成一个社会、经济、技术一体化的，具有亲和力的有机网络
邹军等（2002）	在一定地域范围内集聚了若干数目的城市，它们在人口规模、等级结构、功能特征、空间布局，以及经济社会发展和生态环境保护等方面紧密联系，并按照特定的发展规律集聚在一起的区域城镇综合体
吴传清和李浩（2003）	在城市化过程中，在特定地域范围内，若干不同性质、类型和等级规模的城市，基于区域经济发展和市场纽带联系而形成的城市网络群体
刘静玉和王发曾（2004）	在城市化过程中，在一定的地域空间上，以物质性网络（由发达的交通运输、通信、电力等线路组成）和非物质性网络（通过各种市场要素的流动而形成的网络组织）组成的区域网络化组织为纽带，在一个或几个核心城市的组织和协调下，由若干个不同等级规模、城市化水平较高、空间上呈密集分布的城镇通过空间相互作用而形成的，包含成熟的城镇体系和合理的劳动地域分工体系的城镇区域系统
郁鸿胜（2005）	在具有发达的交通条件的特定区域内，由一个或几个大型或特大型中心城市率领若干个不同等级、不同规模的城市构成的城市群体
苗长虹（2007）	在一定规模的地域范围内，以一定数量的超大或特大城市为核心，以众多中小城镇为依托，以多个都市区为基础，城镇之间、城乡之间紧密联系而形成的具有一定城镇密度的城市功能地域
方创琳（2014）	城市群是指在特定的地域范围内，以一个以上特大城市为核心，由三个以上大城市为构成单元，依托发达的交通通信等基础设施网络形成的空间组织紧凑、经济联系紧密，并最终实现高度同城化和高度一体化的城市群体
姚士谋等（2016）	城市群是一个由区域空间、自然要素和社会经济等要素组成的有机体，是一个大系统中具有较强活力的子系统，无论是在区域层次，还是在相互联系的空间上，均具有网络性的基本特征，是一个区域经济发展的实体

由表 1-1 可以看出，不同时期的学者对城市群概念的认识和表述存在差异，但多数研究都关注城市的功能与联系。综合现有研究得出城市群具有以下特征：①城市群是几个城市的综合体；②城市群拥有一个或几个核心区域，具有较高的人口密度；③城市群内部各城市之间具有紧密联系；④城市群随着城市的发展不断演化，其内部功能联系日益完善。因此，本书将城市群界定为：城市群是城市发展过程中的一种高级的区域空间组织形态，是以一个或几个中心城市为核心，并以周围具有不同职能和规模等级的外围城市为依托构成的城市集合体，城市之间的经济联系较强。

当前研究对西部地区城市群尚未有明确界定，不同研究对西部地区城市群内部城市数量与城市群边界的界定存在差异，因此本书对西部地区城市群先进行边界划定。首先，本书根据国家发展和改革委员会印发的《西部大开发“十三五”规划》，认为“西部地区”包括重庆、四川、贵州、云南、西藏、陕西、甘肃、青海、宁夏、新疆、内蒙古、广西 12 个省（自治区、直辖市）。其次，在梳理大量关于中国城市群研究的基础上，主要参考方创琳（2009）提出的中国城市群空间范围识别标准，并结合姚士谋等（2006，2015，2016）设计的中国城市群空间范围识别标准，认为城市群界定标准是：①城市群内大城市数量在 3～12 个，且至少包含一个人口规模不低于 100 万人的中心城市；②区域内城市人口比重大于 35%；③总人口规模为 2500 万人以上，人口密度为 700 人/千米^2；④城市群人均 GDP 超过 3000 美元；⑤城市群铁路网密度大于 250 千米/万千米^2，公路网密度大于 2000 千米/万千米^2；⑥城市群区域城市化水平大于 50%。根据这一识别标准，结合赵璟等（2009）对西部地区城市群的划分标准，并且尽量使城市群在空间上连片表示，将西部地区城市群划分为成渝城市群、关中城市群、黔中城市群、南北钦防城市群、滇中城市群、兰白西城市群、呼包鄂城市群、银川平原城市群、天山北坡城市群和酒嘉玉城市群十大城市群。

需要特别说明的是，2018 年 2 月国家发展和改革委员会、住房和城乡建设部印发的《关中平原城市群发展规划》扩展了以往关中城市群五市一区的范围，但为了保持研究数据样本的一致性，本书根据陕西省人民政府 2009 年印发的《关中城市群建设规划》、陕西省交通厅发布的《关中城市群城际铁路网规划》等文件对“关中城市群”的界定，将关中地区五市一区作为本书“关中城市群”的研究范围。2017 年 2 月，国家发展和改革委员会、住房和城乡建设部印发了《北部湾城市群发展规划》，在南北钦防城市群的基础上增加了玉林市、崇左市，以及广东省和海南省的若干城市。本书研究对象为西部地区，广东省和海南省不属于西部地区，因此研究仍使用南北钦防城市群作为研究对象之一。另外，2013 年青海省海东地区撤地设市，之前年份的建成区面积等数据无法获得，因此本书在后续对兰白西城市群的测度中未考虑海东市。天山北坡城市群和酒嘉玉城市群城市建设用地面积和建成区面积数据无法获取，考虑到数据的可得性和平衡性，本书将天山北坡城市群和酒嘉玉城市群剔除，选择其余八个城市群作为研究对象（表 1-2）。

表 1-2 西部地区城市群简介

城市群名称	城市群包含的主要地区	数量/个	中心城市
成渝城市群	重庆市、成都市、自贡市、泸州市、德阳市、绵阳市、广元市、遂宁市、内江市、乐山市、南充市、眉山市、宜宾市、广安市、达州市、雅安市、巴中市、资阳市	18	重庆市、成都市
关中城市群	西安市、铜川市、宝鸡市、咸阳市、渭南市	5	西安市
黔中城市群	贵阳市、遵义市、安顺市	3	贵阳市
南北钦防城市群	南宁市、北海市、防城港市、钦州市	4	南宁市
滇中城市群	昆明市、曲靖市、玉溪市、楚雄彝族自治州	4	昆明市
兰白西城市群	兰州市、白银市、定西市、海东市、西宁市	5	兰州市
呼包鄂城市群	呼和浩特市、包头市、鄂尔多斯市	3	呼和浩特市
银川平原城市群	银川市、石嘴山市、吴忠市、中卫市	4	银川市

二、城市群空间结构

现有研究对城市群空间结构的概念有多种表述。有研究认为，城市群空间结构泛指城市群在空间形态、特征、联系方面的总和，反映城市群内部资源、要素的空间配置情况，以及经济活动在城市群内部的分布情况（曾鹏等，2011）。还有研究在对人流、物流、信息流充分认识的基础上，从各城市经济、社会结构、规模等级等层面进行考察，认为城市群空间结构具有综合性、差异性和动态稳定性三个特征（肖泽磊等，2017）。综合性是指城市群内部城市通过彼此之间的相互联系，形成一个紧密的整体，在空间分布上不是随机无序的，各个城市基于自身条件承担不同的分工，相互合作共同发挥城市群的整体作用。差异性是指处于不同发展阶段的城市群其空间结构不一致，不同区域的城市群空间结构存在显著差异。动态稳定性是指城市群空间在发展过程中，其内部要素是流动和变化的，而结构是相对稳定的，城市群空间结构一旦形成，就会长期保持某一相对稳定的状态。但这种稳定是动态稳定，因为空间结构并不是一成不变的，其规模结构和空间布局会处于不断的变化、演进过程中，如由于行政力量或者外部冲击，中心城市退到次中心城市，非中心城市可能发展为中心城市。根据中心城市个数、规模和职能的不同，可将城市群空间结构分为单中心和多中心两种模式（张浩然和衣保中，2012）。吴建楠等（2013）认为城市群空间结构反映了城市群的发展程度和内部城市间的关联，可以从社会结构、等级规模结构和经济结构三方面度量城市群空间结构。

现有大量研究从城市群内部经济结构、社会结构、等级规模结构以及彼此间联系考察城市群空间结构。为了量化考察城市群空间结构特征，朱政等（2011）通过考察珠三角城市群建成区扩张轨迹，测度了珠三角城市群空间结构的多中心性特征；梁琦等（2013）利用人口规模分布结构考察了城市层级结构，并且指出城市层级体系的优劣，不仅应从人口规模方面进行考察，还应从经济规模、产业关联等方面进行考察；朱英明（2006）和于斌斌（2015a）认为城市群空间结构的变化是产业集聚与扩散相互作用的产物，因此可利用城市群产业集聚表征城市群空间结构。上述研究均强调城市群内部人口、产业、土地利用的演化过程及其对经济的影响。因此，本书将城市群空间结构定义为城市群区域内不同要素在空间层面上表征的总和，拟从三个维度测度：第一，人口集聚空间分布特征；第二，产业集聚空间分布特征；第三，土地利用空间分布特征。

第二章　城市群空间结构演变研究评述

第一节　城市群空间结构测度研究

现有研究大多从人口集聚、产业集聚和土地利用集聚等不同维度测度城市群空间结构（Henderson，2003；Pinelli and Ottaviano，2006；王伟和吴志强，2013）。

在人口集聚方面，学术界主要通过基尼系数、分形维数、城市首位度等指标测度城市群人口的空间结构。例如，Jefferson（1939）利用城市首位度指标，检验了51个国家的城市规模状况是否符合首位分布规律；Singer（1936）认为城市人口规模与其在城市系统中所处的位序符合位序-规模法则；宋吉涛等（2006）采用分形网络维数和中心性指数对中国28个城市群的空间结构进行了稳定性测度，发现中心性指数越大，城市群空间结构稳定性越强，但总体上中国城市群的空间稳定性较差；王颖等（2011）利用城市基尼系数、城市首位度、位序-规模法则对中国东北地区的城市规模和空间结构特征进行分析，发现中国东北地区呈阶段性、层级递进式的城市规模等级结构；程开明和庄燕杰（2012）利用齐夫（Zipf）维数刻画了城市体系的空间分布特征，并结合空间计量模型分析了中国中部地区城市规模的分布特征和演变规律，发现具有空间效应的城市体系规模更为集中；张浩然和衣保中（2012）运用位序-规模法则、首位度综合测度了城市群空间结构，并探讨了其对经济绩效的影响，发现城市群人口空间结构对经济绩效具有显著正向影响；黄妍妮等（2016）运用帕累托指数、mono 指数（利用城市群规模最大的前两位、前三位和前四位城市计算所得 q 值的平均值，q 值为最小二乘回归斜率的绝对值）和首位度三个指标，综合考察了中国十大城市群的空间结构演变特征与内在规律，发现中国东部地区珠三角等五大城市群近似服从 Zipf 法则，中部地区城市群呈弱多中心结构，中原城市群逐渐向弱单中心结构演变，西部地区城市群呈单中心结构；王振坡等（2016）利用 Zipf 法则分析了京津冀城市群人口规模的分布演化规律，发现城市行政等级、人力资源水平、经济结构等因素显著影响着城市群人口的空间结构；刘岳平和文余源（2016）利用赫芬达尔指数（H 指数）衡量了城市群的集中度，发现城市群集中度随着规模经济和市场潜力的扩大先提高再下降；孙斌栋等（2017）采用城市位序–规模法则研究了城市群空间结构的单中心–多中心程度，发现人均 GDP 水平的提高和人口规模的增加是导致城市群人口空间结构多中心化的主要原因；卢梦甜和张凯选（2018）利用 ROXY 指数模型测度了京津冀城市群人口空间结构特征，发现 2000～2005 年京津冀城市群空间发展趋向于集中，各城市间人口差距扩大，2005～2010 年京津冀城市群人口发展趋向于均质化，各城市间人口差距逐渐缩小。

在产业集聚方面，学术界主要通过区位熵、产业中心度、信息熵系数、Ellison-Glaeser 指数（EG 指数）和基尼系数等测度城市群产业空间结构。Meijers 和 Burger（2010）、Marius 和 Sbergami（2009）、Castells-Quintan 和 Royuela（2014）均利用产业中心度指标测度了区域产业集聚空间结构；Ellison 和 Glaeser（1997）将产业空间集聚系数纳入企业规模分布因素中，并对产业空间集聚系数进行优化，提出了 EG 指数；朱英明（2006）利用比例偏离结构指数和差异偏离结构指数分析了产业的空间集聚，发现产业的集聚经济结构和偏离经济结构影响着地区产业的增长；王家庭和张俊韬（2011）运用市场集中度指数计算了中国 2000～2008 年 IT 产业的市场集中度，并结合空间计量方法分析了产业集聚的分布特征，发现中国 IT 产业是高度空间集聚产业，且高发展水平的区域集聚现象明显；刘乃全和叶菁文（2011）利用 EG 指数测度了中国制造业的产业集聚程度，分析了产业集聚与城市空间集聚之间的关系，发现 1990 年以来二者之间呈现出一定程度的协调性；类骁和韩伯棠（2012）运用 EG 指数分析了中国制造业各细分行业的集聚程度，发现部分制造业较其他行业有较高的 EG 指数和增长率；高凤莲和段会娟（2010）采用区位熵刻画了中国省级层面的产业集聚结构，发现产业集聚对经济增长的促进作用不显著；程钰等（2012）运用区位熵刻画了辽中南城市群产业结构，发现城市群内部各城市的产业结构趋同现象明显；吴泽斌和李瑾（2014）利用区位基尼系数测度了江西省三大产业的空间集聚状况，发现其产业空间分布呈现不均衡特征；汪芳（2015）利用区位基尼系数分析了中国旅游产业的集聚特征，发现中国旅游产业集聚程度呈下降趋势；薛雅伟等（2016）采用克鲁格曼（Krugman）空间基尼系数测度了中国30个省份的资源产业空间集聚程度，发现15个省份存在资源产业空间集聚现象，这些地区大多位于长江以北，且均为自然资源富集地区；刘明（2017）基于修正的EG指数分析了中国制造业空间集聚程度，发现大部分行业的空间集聚度均呈下降趋势；王欢芳等（2018）选取区位熵、行业集中度、H指数、空间基尼系数、EG指数这五种产业空间集聚测度方法，对包装产业进行了测度，发现五种统计模型测度结果存在差异，EG指数最为有效，行业集中度次之，空间基尼系数最差。

在土地利用集聚方面，学术界主要采用分形维数、区位熵、多样化指数、破碎度指数等测度城市群土地利用的空间结构。张丽萍和张锐波（2004）运用区位熵方法研究了杭州市城市化过程中土地利用结构变化的时空动态；朱晓华和蔡运龙（2005）利用分形维数测度了中国土地空间分形结构，发现在中国各种土地类型中，草原草地空间结构最复杂，盐场空间结构最简单也最稳定，用材林空间结构最不稳定；段瑞娟等（2005）运用区位熵、动态度指数分析了北京市土地利用空间变化，发现区域土地利用结构趋于单一化，土地利用集约化程度逐年提高；张卢奔等（2014）利用信息熵和分形维数对长沙市土地利用结构变化进行了分析，发现随着土地利用方式的改变，相同年份下不同土地利用类型的复杂度不同；葛翔等（2016）采用多样化指数、集中化指数、区位指数对土地利用结构进行了多样化分析，发现金堂县土地利用结构呈现明显的多样化特征，土地利用集中化程度不高，变化差异度不明显；张立峰等（2016）运用分形理论并通过叠加分析统计，研究了区域土地利用类型的动态演变，发现研究区内的主要土地利用类型均具有空间分形特征；陈国平等（2017）利用多样化指数、集中化指数、信息熵等方法分析了滇中城市群土地利用空间结构的差异性，发现研究区土地利用多样化呈中东部高、西部低的空间格局；郭施宏（2017）采用洛伦茨曲线和基尼系数法评价了海西城市群的城市土地利用结构，并运用数据包络分析评价了海西城市群及城市群内 20 个城市的土地利用效率，发现该城市群土地利用类型分布均衡但均衡度逐渐降低，部分城市存在土地投入冗余、产出不足的问题；彭大雨等（2018）运用信息熵分析了芜湖市土地利用结构的时空分异特征，发现芜湖市土地利用结构信息熵在时间上呈增长态势，土地利用结构均衡度较高。

在传统测度方法的基础上，还有文献运用空间分析法等方法进一步解析了土地利用结构特征。单宝艳等（2014）采用K均值聚类和空间自相关分析对山东半岛城市群土地利用进行了分析，发现其土地利用类型在空间上并未形成空间集聚特征；白如山等（2016）借助多维计量模型和地理信息系统（geographic information system，GIS）空间分析方法，从多维度、多尺度视角研究了江淮城市群土地利用结构的空间分异规律，发现在市域尺度上整体呈中西部高、南北两侧偏低的格局，均匀度均处于中等水平等；邹敏和张雯雯（2016）利用分形理论和地理信息系统空间分析方法，选取边界维数、计盒维数、信息维数和半径维数四个特征参数，对烟台市海岸带各土地利用类型的斑块复杂性、空间占比、空间分布的均衡性和向海聚集性进行了分析；陈万旭等（2019）借助1995～2015年5期土地利用现状遥感监测数据，在5千米和10千米格网尺度上，从土地利用综合动态度、土地利用程度和土地利用多样性三方面测度了长江中游城市群土地利用转型水平；胡昕利等（2019）根据1990年、2000年、2010年和2015年Landsat TM遥感影像数据，采用景观格局分析、梯度分析及相关性分析方法，揭示了长江中游地区1990～2015年土地利用时空变化格局及其与社会经济因素的关系。

梳理现有文献发现，城市群空间结构测度研究选择的指标较零散，选择标准不明晰，而且大部分研究仅选择某一个单项指标测度城市群整体空间结构，难以全面反映城市群的空间结构特征，不利于进一步探索城市群空间结构演化对经济和环境的影响。因此，需要从多个维度测度城市群空间结构，以期准确反映城市群空间结构的演化特征。

第二节　区域经济增长的影响因素研究

区域经济增长问题一直是经济学界研究的热点，大量文献通过不同方法、选择不同样本，探寻了影响区域经济增长的各类影响因素，但理论界针对区域经济增长的影响模式尚未达成共识，分析框架并未统一，下面介绍四种影响较大的假说。

一、要素主导

要素主导假说将经济增长归因于物质资本、人力资本、技术进步、基础设施投资等要素。由 Solow（1956）发展起来的新古典经济增长理论认为，生产要素投入的多少直接影响着经济发展水平，而由 Romer（1986）和 Lucas（1988）发展起来的内生经济增长理论认为，人力资本和技术进步是保证经济持续增长的决定因素。Fleisher 等（2010）展示了中国的区域经济增长模式是如何依赖物资、人力和基础设施资本的，并认为人力资本与基础设施投资正向刺激经济产出增长；杨宇和邓翔（2012）认为改革开放以来中国经济增长的主要原因是要素投资，尤其是资本和劳动力的投入，技术进步对经济增长的贡献仍然较小；梁泳梅和董敏杰（2015）采用新的经济增长非参数核算方法探讨了 1978～2013 年中国经济增长成因，发现要素投入尤其是资本投入是中国经济增长的主要来源，而经济增长对资本的依赖近年来也在逐渐加强；杨万平（2014）运用数据包络分析（data envelopment analysis，DEA）方法研究了西部地区的经济增长，并对西部大开发前后进行了对比，认为人力资本、复合物质资本、效率改善和技术进步促进了经济增长。

1）在物质资本和人力资本方面，经济增长研究中物质资本和人力资本的贡献大多具有统计显著性，并且大量研究从教育、劳动力质量等方面测度了人力资本（埃里克·A. 汉努舍克等，2003）。蔡湃和吴映雪（2009）利用 Solow（1956）提出的经济增长模型进行计量分析，发现在短期内物质资本存量显著促进了经济增长；王建军和周晓唯（2013）将公共物质资本投资对经济增长的影响效应分解为资本累积效应与效率效应，运用 GDP 总量分解模型，发现资本累积效应对经济增长的贡献为正，而效率效应对经济增长的贡献为负；姚先国和张海峰（2008）应用动态面板数据方法和传统的固定效应估计考察了教育对地区收入差异的影响，发现劳动力教育程度的提高对地区经济增长有显著积极的影响，并表现出一定程度的空间溢出效应；侯亚非和曹颖（2000）对中国人力资本存量及质量进行了度量和评估，发现人力资本存量、质量较低成为中国经济发展的主要障碍；谢呈阳等（2015）从区域关联的视角探讨了人力资本与地区经济发展的互动关系，发现人力资本总量增加能提高地区实际产出，而人力资本均量提高能提升地区产出潜力；梁润等（2015）认为人力资本对中国经济增长的贡献率为31%，其中劳动力质量的贡献还在不断增加，因此在未来劳动力数量可能持续减少的宏观背景下，劳动力质量的持续上升对推动中国经济增长具有重要意义；王成勇等（2017）基于平滑转换回归模型研究了湖北省城乡收入差距、劳动力质量对经济增长的非线性影响效应，发现劳动力质量提高显著促进了经济增长；王彦飞和陈建龙（2017）发现劳动力质量与教育质量呈正相关关系，劳动力质量的提高可以加快中国经济增长的速度，教育质量可通过影响劳动力质量促进中国经济增长。

部分研究比较了物质资本和人力资本对经济增长的促进作用。孙敬水和董亚娟（2007）认为中国 GDP、物质资本和人力资本之间存在长期均衡关系，他们发现短期物质资本比人力资本对经济增长的贡献大，而长期人力资本比物质资本对经济增长的贡献大；孙淑军（2012）、许妮娅和解刚刚（2018）均发现物质资本对中国经济增长的贡献显著大于人力资本，但不能忽视人力资本对经济增长的拉升作用；胡晓莉（2014）通过向量自回归（vector autoregression，VAR）模型、脉冲响应分析及方差分解，发现物质资本和人力资本对中国经济增长的促进作用显著，但短期物质资本对经济增长的推动作用更大，而长期人力资本对经济增长的推动作用更大；胡海洋和姚晨（2018）基于中国省域 2001～2015 年的面板数据，采用动态面板分析方法研究集聚经济、人力资本等因素对经济增长的影响，发现集聚经济和人力资本都显著促进了经济增长。

2）在技术进步方面，当前研究大多认为技术进步正向促进了经济增长，针对中国的实证研究也越来越强调技术进步对经济持续增长的重要作用。程颖慧和王健（2014）发现技术进步对经济增长具有显著的正向效应，并且技术进步还抑制了能源消费；楚菲菲和俞博（2015）运用道格拉斯生产函数和索洛增长模型，发现 1978 年以来技术进步对中国经济增长的贡献率呈上升趋势；徐盛秋（2016）发现在新古典经济理论中技术进步会影响经济生产的效率，在马克思主义政治经济学中，技术进步通过提高资本积累与资本利用效率促进经济增长，而凯恩斯经济理论中没有提及技术进步对经济增长的影响；郑东雅和皮建才（2017）认为技术进步提高了全要素生产率，并且资本对经济增长贡献的根源在于技术进步，资本从轻工业转移到重工业的过程提高了资本边际产出，加快了投资增长并提高了经济增长速度；唐永和范欣（2018）认为技术进步对经济增长具有促进作用，且技术进步对经济增长的影响显著大于不变资本、可变资本和剩余价值率对经济增长的影响。

3）在基础设施方面，当前研究大多认为基础设施投入促进了经济增长。Kalaitzidakis 和 Kalyvitis（2004）指出加拿大的基础设施维护投入对经济增长具有显著影响；Rioja（2003）发现在拉丁美洲国家，增加对原有基础设施维护的投入能够显著提高城市 GDP；叶昌友和王遐见（2013）采用空间面板模型检验了交通业发展与区域经济增长的关系，发现铁路建设和公路建设对经济增长具有明显的带动作用，具体来说，铁路运输业比公路运输业对经济增长的作用更加明显；唐娟莉（2017）利用 2001～2015 年中国及其东、中、西部地区的面板数据，研究了“一带一路”倡议下基础设施建设与经济增长之间的内在关系，发现基础设施建设发挥了显著的规模经济效益，推动了经济增长。

在生产要素是否影响经济增长的问题上，还有部分研究认为生产要素投入可能是经济增长的直接原因，也可能是经济增长的直观表现，生产要素投入不一定是影响经济增长的决定因素（Acemoglu et al.，2005）。

二、结构主导

经济增长水平的决定因素是什么呢？结构主导假说认为是经济结构。改革开放之后，中国逐渐经历了市场化、工业化、城市化和国际化的空间渐进过程（徐现祥等，2011），带来了产业结构、城市化程度、对外开放程度等方面的结构变化，这些经济结构的变化会影响各类生产要素的配置方式，进而影响区域经济增长。

市场化改革使中国成功由计划经济转为市场经济，逐渐释放了经济活力，取得了持续稳定的经济增长。董冠鹏等（2010）基于 1978～2007 年中国省级区域数据，发现中国区域经济波动对经济增长具有显著的负作用，但是市场化程度的加深能减小经济波动对经济增长的负作用；詹新宇（2012）发现市场化程度的提高，不仅在直接促进经济增长的同时，还通过促进人力资本的产出效应间接影响经济增长，且市场化分类因素中“非国有经济的发展”对人力资本产出效应的影响显著为正；周超（2016）强调了市场化程度较高的地区经济自由度和开放度也较高，市场机制能够充分发挥作用，资源配置较合理，因此这些地区的经济能够取得较快发展；吕朝凤和朱丹丹（2016）从市场潜力的角度考察了市场化与经济增长的关系，发现市场潜力扩大会提高长期增长率，市场化改革则通过扩大市场潜力对经济增长率的正影响，间接促进长期经济增长；杜鑫（2018）建议中国应继续推进市场化改革，特别是鼓励非国有经济发展，以抑制不断扩大的城乡收入差距，进而提高经济发展水平。

在一个国家的工业化进程中，由于不同阶段各个产业的增长率存在差别且供求关系会发生变化，产业结构将不断发生变化和升级，中国的工业化进程也是如此（刘伟和蔡志洲，2015）。王琳（2008）发现长江三角洲16个城市的产业结构调整显著提升了经济增长水平；王立平和王健（2010）发现产业结构变动显著促进了地区的经济增长，同时具有显著的空间外溢性；王智勇（2013）认为产业结构的变化和产业效率的提升是促进区域经济增长最重要的因素，也是造成地区经济发展不平衡的重要原因，且区位、城市化和对外开放度等因素导致的人力资本差异是产业结构和效率变化的根源所在；赵可等（2016）发现产业结构升级与城市化都能影响经济增长质量；任方军（2018）对河南省产业结构与经济增长的关系进行了格兰杰（Granger）因果分析，发现短期内二者之间存在双向格兰杰因果关系。

外商直接投资（foreign direct investment，FDI）是衡量对外开放程度的一个关键指标，大量学者采用该指标研究开放程度对东道国经济增长的影响，但在影响效果上现有研究存在较大分歧。在大多数实证研究中，外商直接投资被认为是对经济增长产生积极影响的重要因素。Alfaro等（2004）指出外商直接投资通过技术外溢会促进东道国的经济增长；Bengoa和Sanchez-Robles（2003）基于拉丁美洲18个国家的经济增长面板数据，通过运用随机效应模型和固定效应模型，发现外商直接投资和经济增长之间呈正相关关系，其中东道国的条件对经济增长的贡献率较大；陈浪南和陈景煌（2002）依据新古典经济增长理论建立回归方程，研究了外商直接投资对中国经济增长的贡献，发现外商直接投资的存量增长率与GDP的增长率存在线性正相关关系，即外商直接投资促进了中国GDP增长；马玲（2011）采用Granger因果检验和Johansen协整检验，发现外商直接投资是中国经济增长的Granger原因，它们之间存在稳定的均衡关系；随洪光（2013）利用系统广义矩方法（generalized method of moments，GMM）对中国省域面板数据进行了分析，发现外商直接投资对中国经济增长具有显著正向影响；宦梅丽等（2018）采用扩展的科布-道格拉斯生产函数，基于省际面板数据，研究了外商直接投资对中国经济增长的作用，长期来看外商直接投资能够促进中国经济增长；Li 和 Liu（2005）基于 84 个国家面板数据的实证分析，得到在大多数情况下，外商直接投资对经济增长具有显著正向影响，但也指出，在技术方面差距较大的国家，外商直接投资对经济增长具有显著负向影响；Carkovic 和 Levine（2002）通过对东道国经济增长的研究，发现外商直接投资并未对东道国的技术进步及经济增长产生显著正面影响，在部分国家甚至出现了负面影响；刘海燕和刘敬远（2009）认为从长期来看，外商直接投资并不是促进天津经济技术开发区各经济指标增长的原因；于津平和许小雨（2011）剖析了外商直接投资对长三角两省一市经济增长方式的影响，发现外商直接投资虽然能通过技术外溢等途径提升经济增长效率，但其对国内投资的挤入效应推动了资本的扩张，因此尚未对经济增长方式转变造成显著影响。

此外，有关城市化对经济增长的作用，一直都是研究者普遍关注的问题，因此被认为是经济增长的引擎（刘志彪和郑江淮，2007）。Henderson（2000）基于 80～100 个国家的 1960～1995 年面板数据，利用广义矩方法，发现一国城市化水平与人均 GDP 的对数相关系数达到 0.85。吴福象和刘志彪（2008）基于长三角城市群，提出城市化群落驱动经济增长主要通过以下两种机制：一是优质要素的集聚提高了要素集聚的外部经济性，增强了城市群研发与创新的效率，从而促进了经济增长；二是政府加大了基础设施建设和固定资产投资比例，降低了交通运输成本，增强了需求关联的循环积累作用，强化了投入产出联系，进而促进了经济增长。段瑞君和安虎森（2009）指出城市化通过扩大内需进而促进经济增长。曹裕等（2010）基于 1987～2006 年中国省级面板数据设定面板协整模型，发现城乡收入差距不利于经济增长，但城市化对缩小城乡收入差距具有显著作用。孙金山（2012）发现中国经济增长促进了城市聚集与城市规模扩张，提高了城市化水平，同时城市化也显著推动了经济增长。方大春和张凡（2017）从人口城市化角度出发，建立空间动态模型探索了城市化过程中人口集中度对经济增长的影响，发现人口城市化整体上对经济增长具有促进作用，而且相邻省份的城市化水平提升对本地区经济增长具有促进作用。

在经济结构是否影响经济增长的问题上，大量研究成功地解释了工业化、城市化等经济结构变化对经济增长的直接影响，但是少有研究进一步分析这些经济结构的形成依赖什么条件。因此，进一步挖掘这些经济结构形成的机理，有助于更好地解释经济结构转变如何促进经济增长这一难题。

三、制度主导

众所周知，古典、新古典、内生经济增长理论都将制度看作既定的外生变量，忽视了制度在经济增长中的作用，因此难以对制度背景复杂的发展中国家的经济增长进行理论解释。早期，关于定量分析制度对经济发展作用的文献，常用费雷泽研究所（Fraser Institute）提出的“经济自由度”作为测算制度变量的指标，该指标具有较强的客观性与有效性，能够全面反映经济社会中制度的各个方面。Hall 和 Jones（1999）使用研究对象到赤道的距离与以西欧语言为母语的人口比重作为制度衡量的工具变量，将制度量化为社会基础设施；Acemoglu 等（2001）将欧洲早期殖民者在各殖民地的死亡率作为制度衡量的工具变量。上述这些定量研究将制度变量纳入主流经济增长分析中，但这些研究只是将制度变量简单作为直接影响因素置于计量回归模型中，并没有展开制度对经济增长的直接或间接作用机制研究。那么，制度的存在对经济增长究竟有什么意义呢？有研究认为，在中国制度成功变迁的空间渐进改革过程中存在示范效应（徐现祥和李郇，2004）。示范效应是指如果某一个地区率先进行制度变迁尝试，且这种制度变迁如果促进了区域经济发展，就会给其他地区做出示范，引发其他地区推进（模仿）同样或者类似的制度变迁。

在实证方面，一方面，很多文献都寻找了衡量中国制度的工具变量，以此研究制度对经济的影响。刘文忻和陆云航（2007）将中国各省域矿产资源禀赋和海外市场接近度作为制度衡量的工具变量，发现市场化导向的制度变革直接推动了中国省域的经济增长；Arbia 等（2010）将语言的种类作为制度衡量的工具变量，发现制度因素对经济增长的促进作用显著强于地理因素；方颖和赵扬（2011）以中国 1919 年基督教教会初级小学的注册学生人数作为制度衡量的工具变量，利用两阶段最小二乘法，发现在控制了地理因素和政府政策效应等变量以后，制度对经济增长的效应仍然最为显著。另一方面，通过定性的指标构建，研究制度因素对经济增长的影响。刘玉珂和邝湘敏（2012）构建了制度综合指标体系，实证分析了不同的制度因素对湖南省经济增长的影响，发现经济制度、政治制度、法律制度、综合制度因素对经济增长均具有正向影响；黄若云等（2016）利用五大类一级指标、23 个基础指标构建了制度综合指标，并运用工具变量法实证证明了制度变迁能够推动经济增长。

此外，陆铭和陈钊（2006）将制度变迁作为一系列的政策调整，并认为出口导向型的经济发展政策有助于工业集聚，进而推进了经济增长；雷玷和雷娜（2012）认为产业政策和经济增长之间存在密切联系，产业政策通过改变产业结构从而影响经济增长；贺跻等（2016）认为“大众创业、万众创新”这一政策在促进就业方面推动了经济增长，在促进消费、投资和出口三个方面影响了经济增长，成为国民经济新的增长点。

目前来说，对于中国的发展，很难否认制度和政策在经济发展中的重要性，其可以被认为是决定经济发展现状和水平的更为深层次的因素。

四、环境主导

改革开放以来，中国经济飞跃式的发展使人们生活水平有了质的提高，过去的粗放式经济发展模式虽然刺激了经济水平的提高，但同时也刺激了环境污染的加剧。以上三大主导因素研究假说大多没有考虑环境因素对经济增长的影响，增长方式仅以 GDP 为导向，不利于经济的可持续发展。因此，已有一些学者开始考虑资源环境约束下经济增长的源泉。Hailu 和 Veeman（2001）将污染治理费用作为一种生产成本纳入生产函数中，利用非参数分析方法，考察了加拿大纸浆和造纸业在考虑环境污染成本时的生产率情况；Jeon 和 Sickles（2004）利用 Malmquist-Luenberger 生产率指数测算了经济合作与发展组织国家和亚洲若干国家的全要素生产率（total factor productivity，TFP）的变化情况，并加入环境因素，发现环境因素虽然对经济合作与发展组织国家的全要素生产率影响不显著，但是能够抑制亚洲国家全要素生产率的提升；李静（2009）在测算中国各省域环境效率时，将工业“三废”作为负产出，发现引入环境变量后，中国区域平均效率明显下降了；朱承亮和岳宏志（2011）在测算经济增长效率及其影响因素时，考虑了环境污染排放与治理因素，发现外商直接投资和对外贸易能够显著促进效率的提升，引进外资并不是造成环境污染的主要原因，且环境污染治理强度对环境约束下的效率改善具有促进作用；石风光（2013）在考虑环境因素的条件下，利用序列数据包络分析、方向性距离函数、经济增长的四元分解模型，将中国省（自治区、直辖市）的经济增长分解为绿色技术进步、绿色技术效率改善、资本深化、人力资本积累四个部分，进一步利用动态空间面板数据模型分析各增长源泉对中国省际经济差距的影响及作用机制，发现绿色技术进步是促进中国省域经济增长的主要推动力，也是导致中国省际经济差距扩大的主要原因；丁琳琳和吴群（2017）构建了包含土地和环境要素在内的“绿色索洛模型”，认为环境要素对经济增长的影响取决于正/负效应的共同作用结果，发现除工业固体废弃物外，工业废水、工业二氧化硫、工业 NO_x、工业烟（粉）尘等的排放对经济增长均具有明显的抑制作用，且工业废气对经济增长的抑制作用较工业废水强；朱磊等（2018）通过引入面板门槛模型研究了经济增长与环境治理约束的相互关系，并在此基础上，采用具有异质性的随机边界分析方法，阐述了环境因素和其他经济因素如何影响经济增长效率，发现环境治理政策会使经济增长与碳排放强度的关系出现突变，碳排放等环境因素会在一定程度上降低经济增长效率。

对经济增长的影响因素进行梳理可以发现，现有研究多从资本、劳动力、基础设施、外商投资、技术进步、环境因素等方面探讨其对经济增长的影响，但很少有研究会深入探索其背后的影响机制。

第三节　区域环境污染的影响因素研究

随着世界范围内环境污染的不断加剧，理论界尝试找出影响环境污染的因素。这些研究大多从经济增长、集聚效应（人口、产业等）、环境规制与财政分权等方面入手，归纳环境污染的影响因素。

一、经济增长

关于经济增长与环境污染关系的研究由来已久。Grossman 和 Krueger（1991）首次实证研究了环境质量与人均收入之间的关系，指出污染与人均收入之间的关系为污染在低收入水平上随人均 GDP 增加而上升，在高收入水平上随 GDP 增加而下降。世界银行（1992）以“发展与环境”为主题，扩大了环境质量与经济增长关系研究的影响。参考西蒙·库兹涅茨提出的人均收入与分配不公平之间存在倒“U”形曲线（又称库兹涅茨曲线）关系，Panayotou（1993）在库兹涅茨曲线的基础上，将环境质量加入其中，舍弃分配不公平，首次提出了环境库兹涅茨曲线（environmental Kuznets curve，EKC），主要思想是：人均收入与环境质量之间存在倒“U”形曲线关系，即在人均收入不断增长的同时，环境质量会先恶化随后得到改善。

此后，大量研究使用横截面数据验证了环境库兹涅茨曲线是否存在。例如，Hilton 和 Levinson（1998）检验了 48 个国家，Perman 和 Stern（2003）检验了 74 个国家，Narayan 和 Popp（2012）检验了 93 个发展中国家，Wang（2013）检验了 138 个发展中国家和发达国家，Apergis 和 Ozturk（2015）检验了 14 个亚洲国家。但是这些研究得到的结果各异，主要原因是污染物指标选取、测量方法、区域特征、区域发展阶段等方面的差异，导致环境库兹涅茨曲线的检验结果存在很大差异。这类相互矛盾的研究可能是在面板模型应用上忽视了不同国家的异质性。此后，不少研究借鉴时间序列方法，通过检验单个国家的环境库兹涅茨曲线回避异质性问题，即通过使用时间序列数据检验环境库兹涅茨曲线的存在。Ang（2008）、Halicioglu（2009）、Alam 等（2012）、Fodha 和 Zaghdoud（2010）利用时间序列方法，检验了马来西亚、土耳其、突尼斯、巴基斯坦等国家是否存在环境库兹涅茨曲线，但是研究发现环境库兹涅茨曲线表现为多种形状，如“U”形、倒“U”形、“N”形、倒“N”形等。此外，还有研究发现检验结果取决于选择的具体的计量经济模型（Chowdhury and Moran，2012）。

这些传统的环境库兹涅茨曲线研究隐性假设了一个地区的经济增长和污染排放不受其邻近地区的影响，而这些相互矛盾的发现进一步证实，在环境库兹涅茨曲线分析中考虑空间因素可能很重要（Cliff and Ord，1981）。一方面，各地区可以通过各种渠道，如贸易、技术扩散、资本流入、经济和环境政策等，相互之间进行强有力的互动（Ramirez and Loboguerrero，2002）。经济增长的外部性可能会溢出地区边界，导致其他地区的经济增长对本地区环境造成影响。另一方面，大量实证研究中环境污染指标的数据虽然是基于地区行政边界搜集统计的，但是环境污染的地理空间分布却并不一定紧密遵循这些行政边界。空间相关性的存在意味着一个地区的环境污染排放会影响到该地区的地理相邻地区，导致其地理相邻地区的环境绩效变好或者变坏（Wang and He，2019）。后续学者采用空间计量经济模型来控制空间依赖性，进一步推进了环境库兹涅茨曲线检验研究（Hao et al.，2016；Zhou et al.，2017；Zhou and Wang，2018）。与传统计量评估方法相比，空间计量经济模型有助于探索区域环境绩效是否依赖邻近地区的环境状况。

作为世界上发展最快的经济体之一，过去 20 多年来关于环境库兹涅茨曲线假说是否在中国存在的争论非常激烈。与跨国研究类似，环境库兹涅茨曲线是否在中国存在也存在很大分歧。首先，在环境污染指标的选择上，大多数研究主要考察二氧化碳排放与经济产出之间的关系（许广月和宋德勇，2010；Brajer et al.，2011），只有少部分研究考察其他污染物（二氧化硫、废水等）与经济产出之间的关系（杨万平和袁晓玲，2009；陈向阳，2015；Llorca and Meunie，2009；Yang et al.，2015；Zhou et al.，2017）。其次，在研究方法的使用上，大多数研究采用了传统的计量经济模型，如自回归分布滞后模型（autoregressive distributed lag model）（Jalil and Mahmud，2009；Onafowora and Owoye，2014）、静态与动态面板模型（Llorca and Meunie，2009；Li et al.，2016）、协整方法（cointegration method）（Govindaraju and Tang，2013）、整合偏误方法（aggregation bias method）（Xu，2018）等。但是上述研究都没有控制经济发展、污染物潜在的空间依赖性，只有少数研究采用了空间计量经济模型来处理空间效应（Hao et al.，2016；Zhou et al.，2017；Zhou and Wang，2018）。

需要注意的是，Grossman 和 Krueger（1995）在确认环境库兹涅茨倒“U”形曲线存在时强调，环境的自动改善并不是单纯地由于经济增长本身，倒“U”形曲线的出现是在经济发展过程中，产业结构转型、技术进步或者环境管制更加严格等作用的结果。部分研究并不认为经济增长与环境污染之间存在固定的倒“U”形曲线，只有当其他因素（如技术进步、金融发展和外国投资）的影响得到控制时，才会出现倒“U”形环境库兹涅茨曲线（杨林和高宏霞，2012）。因此，有大量研究利用影响经济发展的各种因素来深入考察经济增长对环境污染的影响问题。

二、集聚效应

随着一国或者地区经济的快速发展，逐渐形成了人口集聚、产业集聚等经济现象，这些集聚在加速区域经济发展的同时也影响了环境污染。

在人口集聚方面，主要表现为人口规模的扩大和人口密度的增加。但是，不同学者在研究过程中选取的研究对象和所考虑因素存在差异，因此得到了不同的结论。王婷和吕昭河（2012）基于中国省际面板数据，对中国城镇人口增长、居民收入水平与城市环境之间的关系进行计量检验，发现在经济快速发展的过程中，人均收入增长、人口数量增加都会对所居住的城市造成环境污染；王庆娟（2015）基于 2000～2012 年中国 286 个城市的数据，运用门槛回归模型考察城市人口规模对环境污染的影响，发现人口规模处于 46 万～500 万人的城市，经济发展会加剧环境污染，而人口规模小于 46 万人或者大于 500 万人的城市，经济发展会改善城市环境；文雯和王奇（2017）通过构建城市人均污染排放-人口规模模型，运用中国 285 个地级以上城市的面板数据，分析了不同人口规模的城市与环境污染的关系，发现小城市人均污染排放量随着城市人口规模的增加呈递减趋势；中等城市人均污染排放量随着城市人口规模的增加呈先增加再减少的倒“U”形关系；大城市人均污染排放量随着城市人口规模的增加呈正“N”形关系；特大和超大城市人均污染排放量随着城市人口规模的增加呈倒“U”形关系；但是从全国范围来看，城市人均污染排放量随着城市人口规模的增加呈倒“U”形关系。此外，还有学者从人口密度的角度出发，分析其对环境污染的影响。例如，Virkanen（1998）对芬兰南部出现的环境污染现象进行研究，发现环境污染主要由城市发展、工业集聚等因素造成；Ligmann-Zielinska 和 Church（2005）通过分析发现，低密度的人口集聚会加强人与人之间的经济隔离，导致生产技术存在效率低下等问题，使得环境质量不断恶化；陆铭和冯皓（2014）以中国地级城市为研究对象，使用 1993～2006 年面板数据进行分析，发现高密度的人口规模和高集聚度的经济活动有利于减小工业污染物的排放强度；王兴杰等（2015）以中国 74 个城市为样本，分析发现人口密度不断提高使得大气污染物在城市局地范围内、短时间、大量集中排放，远超城市大气环境容量，人口密度是造成城市环境空气质量明显下降的根本原因；杨子江等（2015）从政府角度出发，认为制定的政策如果用来提高人口密度，会使厂商搬迁和劳动力迁移现象不断发生，进而对生态环境造成不利影响。此外，李小胜等（2013）通过构建面板平滑转换模型，研究了居民收入、经济结构等对环境污染产生的影响，发现人均收入的增加有助于改善环境；穆怀中和张梦遥（2016）将反映老龄化水平的老年抚养比变量加入环境库兹涅茨曲线的基本模型，考察了人口老龄化对环境库兹涅茨曲线的影响。结果发现：①考虑老龄化因素后，环境库兹涅茨曲线拐点延迟到来，即老年抚养比越高，实现环境质量改善的人均 GDP 拐点就越大；②在相同人均 GDP 水平下，老年抚养比与环境污染水平成正比。

在产业集聚方面，经济发展过程中出现的产业集聚对环境的影响一直是学术界研究的重点。部分研究认为，产业集聚不仅会对环境污染产生正外部性，还会通过促进技术进步减少环境污染。Dong 等（2012）发现产业集聚会促进环保理念的传播，推动技术进步，进而使产业排放的工业污染物总量明显减少；

杨仁发（2015a）通过建立面板数据模型，选择产业集聚水平、科技创新等变量，测度这些变量对中国环境污染产生的影响大小与方向，发现产业集聚与环境污染之间存在倒“U”形曲线关系。在产业集聚不断提升的过程中，环境污染先进入恶化期，再进入改善期。刘习平和宋德勇（2013）认为中国的产业集聚能够显著改善城市环境状况，而且城市规模越大，改善作用越明显；马素琳（2016）采用可拓展的随机性环境影响评估模型（stochastic impacts by regression on population，affluence and technology，STIRPAT），使用动态面板广义矩方法分析城市经济发展的异质性对环境空气质量的影响，发现较高的城市产业集聚度会改善空气质量。但是，也有学者发现，有很多其他因素会影响产业集聚对环境的正外部性。闫逢柱等（2011）认为产业集聚的短期正外部性能够改善环境质量，但是长期产业集聚与环境质量之间并不存在必然的因果关系；师博和沈坤荣（2013）研究发现市场机制和政府干预对环境的作用正好相反，市场调节下的企业发生产业集聚效应后，能够大幅提高能源效率，改善环境问题，但是在政府干预下的企业，产业集聚的正外部性失效，无法优化资源配置，能源效率得不到提升。另外，也有部分学者强调产业集聚的环境负外部性，认为产业集聚效应能够促使工业迅速扩张、资源消耗量不断增加，超出环境自我调整的范围，致使生态失衡、环境问题频发。Frank（2001）通过分析欧盟 200 个城市的数据，发现产业集聚的扩大会导致城市空气质量恶化；Verhoef 和 Nijkamp（2002）利用空间均衡模型分析产业集聚区内环境污染程度与工业分布之间的关系，发现不合理、不恰当的工业分布会使产业集聚地区环境污染加剧。可见，产业集聚对环境污染的影响研究存在分歧。同时，产业集聚还会降低企业和社会成本，产生规模效应，增加企业竞争力，促进产业专业化程度的提升和产业链的自然延伸，进而对产业结构产生积极的促进作用（马雷，2011）。此外，产业结构对环境污染的影响，也是学术界研究的热点之一。丁焕峰和李佩仪（2010）发现产业结构对环境污染具有显著影响；屈小娥（2012）利用中国省域面板数据分析了环境污染的影响因素，发现经济增长水平和产业结构均会显著影响环境污染，且产业结构中第二产业比重的增加会显著恶化环境质量；蔡风景和李元（2014）利用环境库兹涅茨曲线分析了产业结构、科技水平等对环境污染产生的影响，发现曲线关系呈倒“U”形，产业结构优化和科技进步会对区域环境污染的改善产生非常重要的影响；李姝（2011）基于中国省域面板数据，采用广义矩方法分析城市化和产业结构调整两大国家战略对环境污染的影响，发现产业结构调整与废气污染之间呈负相关关系，与污水污染之间呈正相关关系；张可和豆建民（2015）发现产出效率、产出规模和产出结构都能显著影响环境污染；张可和汪东芳（2014）根据中国地级市数据，构建了空间联立方程模型来分析环境污染问题，发现经济发展、产业结构都会影响城市环境；杜雯翠等（2014）以新兴经济体国家为研究对象，通过实证研究探讨了产业结构、经济水平等因素对环境的影响，发现不合理的产业结构是造成环境污染恶化的一个重要原因。

大量研究发现，人口集聚、产业集聚对环境均有显著影响。另外，政府在区域环境变化中起着举足轻重的作用，因此本书还需要从政府干预的角度进一步探讨区域环境污染问题。

三、环境规制与财政分权

环境规制会直接作用于区域内的产业结构与空间布局、土地利用空间布局、环境自我净化能力等方面，进而影响区域环境质量。针对中国的实证研究发现，中国的环境规制会使污染物排放总量显著减少，降污成果显著（张华和魏晓平，2014；刘玉博和汪恒，2016）。关于环境规制对环境污染的影响，Walter 和 Ugelow（1979）提出了污染天堂假说，即污染密集型企业倾向于从环境规制严格的地区向环境规制宽松的地区迁移，从而减少转出地的环境污染，增加转入地的环境污染。Chichilnisky（1994）运用南北贸易静态模型分析国际贸易的环境影响，发现南方的环境税率低于北方，经济结构与规模对环境的负向影响远大于技术创新对环境的正向影响，从而导致南方的环境状况不断恶化；陆铭和冯皓（2014）认为落后地区的环境规制相对宽松，发达地区的污染物会随产业转移到落后地区，从而使环境治理无法发挥规模效应，导致环境治理效率降低，可能会引发全国污染总量的增加。还有学者采用不同的环境规制手段，考察环境规制对环境污染的影响。例如，景维民和张璐（2014）考察了环境管制影响绿色技术进步的机制，认为环境管制手段通常以环境税、绿色技术研发补贴、地区排污费等为代表，可以利用经济手段实现企业环境外部性问题内部化；赵玉民等（2009）、王书斌和徐盈之（2015）认为采用环境污染监管手段可以实现规范企业的排污行为，提升人们的环保意识；郭四代等（2018）基于熵权法测算了环境污染综合指数，运用空间面板数据模型实证分析了环境污染的影响因素，发现环保意识的增强有利于环境污染水平的降低。

但是，也有学者对环境规制是否会降低环境污染持相反意见，部分研究发现越严格的环境规制，企业利润降低越明显。Jorge 等（2015）研究了西班牙中小企业的环境规制与经济绩效之间的关系，发现环境规制能够显著正向影响中小企业竞争力，导致环境质量的恶化；余长林和高宏建（2015）认为环境规制对污染存在两种效应，既可能降低环境污染，还可能通过扩大隐性经济规模加重环境污染，他们发现环境规制强度会负向显著影响环境污染；柴泽阳和孙建（2016）基于中国 2003～2012 年省级面板数据，构建空间面板杜宾模型检验中国区域环境规制是否存在碳排放“绿色悖论”效应，发现以工业污染治理完成投资额占地区生产总值的比重、工业二氧化硫去除率、污染排放综合指数的逆指数为代表的环境规制变量均表现出明显的“绿色悖论”效应；甘家武等（2017）发现中国环境规制政策没有实现“绿色红利”，即环境规制虽没有解决环境污染，但在一定程度上可以优化产业结构。

在财政分权方面，财政分权与环境污染的关系研究在国外被称为“环境联邦主义”。改革开放以来，中国政府尝试了一系列分权改革，促使地方政府引导经济发展，但部分地区出现了引进“高成本、高污染、低效率”企业促进经济增长的现象，带来了大量环境污染。国内大量文献从政府角度研究了财政分权与环境污染之间的关系，发现财政分权制度作用于地方政府行为进而影响环境污染，且大多数研究认为财政分权加剧了环境污染。张克中等（2011）从碳排放的角度，基于 1998～2008 年中国省级面板数据分析了财政分权与环境污染之间的关系，发现财政分权度的提高不利于碳排放量的减少，财政分权可能会降低地方政府对碳排放管制的努力；郭志仪和郑周胜（2013）基于 1997～2010 年中国 30 个省域的面板数据，分析财政分权、政治晋升对环境污染的影响，发现财政分权程度越高，地方政府从经济增长过程中享有的收入越多，同时工业“三废”排放量也就越大；刘建民等（2015）基于 2003～2012 年中国 272 个地级市面板数据，运用面板平滑转换模型分析了财政分权与环境污染的相互关系，发现环境污染与财政分权存在平滑转换机制，财政分权对环境污染的影响效应存在显著的非线性，并且财政分权对环境污染具有“竞次”效应，即财政分权程度越高，环境质量越差；周建仁和陈盈盈（2016）通过实证分析发现，中国目前的财政分权一方面易于刺激地方政府引入高污染产业，加重环境污染，另一方面极易导致城乡差距扩大，而这种扩大会加剧污染；徐辉和杨烨（2017a）运用动态固定效应模型，分析了财政分权与人口集聚等因素的关联效应对环境污染异质性的影响，发现财政分权与水污染呈倒“U”形关系，与大气污染呈“U”形关系；郑洁等（2018）基于新结构经济学视角，利用1997～2014年的中国省域面板数据进行实证检验，发现财政分权总体上加剧了环境污染，地区的财政分权不仅会对本地的环境污染产生恶化效应，还会对周边地区的环境污染产生恶化效应；胡东滨和蔡洪鹏（2018）发现财政分权程度对环境污染的影响方向依赖于经济发展水平，当经济发展水平较低时，环境污染程度负相关于财政分权程度；当经济发展水平达到一定程度时，财政分权程度正相关于环境污染程度；张平淡（2018）基于2004～2015年中国民族地区43个城市的平衡面板数据，采用面板数据的固定效应模型和门槛效应模型，检验了中国民族地区财政分权与环境污染之间的关系，发现随着财政分权水平的逐渐提高，水污染物和大气污染物排放量都会逐渐增加，但当财政分权水平达到一定程度后，水污染物排放量开始下降，而大气污染物排放量仍然上升。但仍有少数学者认为财政分权有利于改善环境质量。例如，谭志雄和张阳阳（2015）利用熵值法计算了环境污染综合指数，并运用环境投入产出模型对中国财政分权与环境污染之间的关系进行实证分析，发现中国财政分权与环境污染排放呈负相关关系，财政分权会使地方政府拥有更加充足的环境治理资金，从而有效地控制并减少环境污染。综上可知，理论界关于财政分权是否会减少环境污染尚未达成一致。

综合来看，尽管众多环境污染影响因素研究中选择的影响因素不尽相同，但是有几个影响因素普遍得到认同，在实证研究中经常被使用，这几个影响因素分别为产业集聚与结构、经济发展水平、居民收入水平、产出规模等。因此，本书在进行西部地区城市群环境污染影响因素分析时，也会重点考虑这几个影响因素。

第四节　区域空间结构演变对经济增长的影响研究

一、区域人口集聚空间结构演变

城市群空间结构演变的一个重要表现是城市群人口集聚空间结构的演变，城市人口规模的增长促进了劳动力的进一步集聚，并为城市集聚经济效应的发挥奠定了基础。因此，大量学者从城市群人口规模分布角度出发，研究了城市群人口集聚空间结构的演变对经济增长的影响，取得了一定成果，但尚未得到一致的结论。大量研究表明，城市群人口集聚能够促进经济增长，Ciccone 和 Hall（1996）发现城市人口密度或就业密度的提高，可以促进城市生产率的提升；吴福象和刘志彪（2008）研究发现城市群要素集聚可以提高研发效率，进而推进城市基础设施建设，如此循环累积，最终促进经济增长；原倩（2016）基于中国地级市面板数据研究了城市群对城市经济增长的影响及其作用机制，发现城市集群程度的提高对城市经济增长具有明显的推动作用；杨东亮和任浩锋（2018）根据 2000～2015 年中国省域面板数据，利用人口密度的区域倍数指标测量人口集聚水平，发现人口集聚对区域经济发展具有显著的正向影响。

但也有研究发现，城市群人口集聚对经济增长具有显著负向影响。例如，Carlino（1979）利用人口规模集聚表示地区经济集聚，发现经济集聚对地区劳动生产率具有显著负向影响；Jones（1995）发现经济合作与发展组织国家的劳动力数量对其经济增长率具有负向影响；Henderson（2003）以城市化表示经济集聚，采用动态面板估计方法，对 70 个国家的面板数据进行了分析，发现在收入水平较低的国家经济集聚会促进经济增长，而在收入水平较高的国家经济集聚却不利于经济增长。

另有研究表明，集聚经济效应只存在于城市人口规模发展的前期阶段，随着城市人口规模的扩大，拥挤效应逐渐显现，进而阻碍城市经济的增长。Portnov 和 Schwartz（2009）发现城市群对经济增长的效应并不唯一，在人口较少的边缘地区，集聚促进城市群内部交流，从而有利于地区经济发展；在人口密集的核心地区，集聚增加了投资者和劳动者的拥挤程度，反而不利于经济发展。王智勇（2018）采用系统广义矩方法分析了 1989～2015 年中国地级市面板数据，验证了威廉姆森假说在中国的适用性，发现在地级市全市域和市辖区层面上，人口集聚与经济增长之间存在倒“U”形曲线关系。

在城市群空间结构对经济增长作用效果的研究中，大多数学者是从讨论单中心和多中心空间结构哪种结构更有利于经济增长出发的。大量学者认为，单中心结构更有利于城市群整体经济增长。张浩然和衣保中（2012）运用位序-规模法则、首位度测度了中国十大城市群的空间结构，并分析了其对经济绩效的影响，发现将城市规模、产业结构等因素作为控制变量后，单中心结构能够提高全要素生产率；Turok 和 Bailey（2001）指出多中心城市区域产生的集聚效应明显低于同等规模单中心城市产生的集聚效应；Parr（2004）认为多中心发展策略往往会导致较高的通勤成本，从而降低城市之间知识和信息的交流频率；Veneri 和 Burgalassi（2012）在测度多中心性时考虑了区域节点的功能联系，发现在意大利 NUTS-2 区域，多中心性不利于生产率的提升。此外，多中心结构也不利于经济主体之间面对面和非正式的交流。袁志刚和绍挺（2010）认为目前中国城市结构处于失衡状态，表现为“大城市发展不足，中小城市过多”，这种“扁平化”使得劳动分工和产业空间组织处于分散状态，不能形成统一的劳动市场和产品市场，不利于发挥城市集聚经济带来的优势；陆铭等（2011）认为中国大城市规模偏小，各城市规模等级差距偏小，大城市发展不足，城市群发展较滞后。

然而也有学者认为，多中心结构比单中心结构更有利于城市群整体经济增长。Meijers 和 Burger（2010）基于美国大都市区（metropolitan area，MA）数据，分析不同的空间结构对美国大都市区经济绩效的影响，发现在控制其他影响因素后，多中心大都市区比单中心大都市区更有利于劳动生产率的提高；张婷麟和孙斌栋等（2017）采用结构方程模型实证检验了空间结构与经济发展的互动关系，发现经济发展水平的提高会扩大人口规模，人口规模的增加会导致集聚不经济上升，并促进都市区空间结构多中心化，而多中心化的空间结构会降低集聚不经济进而提高生产率。另有多名学者指出，集聚效应可以在相邻城市之间扩散，而拥挤效应通常局限在单个城市内部，因此单中心城市群往往伴随着集聚不经济，从单中心结构向多中心结构的转变被认为是降低集聚不经济的有效途径（Fujita and Thisse，2003；Ozawa and Phelps，2003）。陆大道（2001）通过大量实证研究和理论归纳，提出了“点—轴系统”模式，认为该模式能够反映社会经济空间组织的客观规律，是一种有效的区域发展模式。

二、区域产业集聚空间结构演变

城市群空间结构的演变也体现为城市群产业集聚空间结构的演变，因此大量学者从城市群产业集聚角度出发，研究城市群产业集聚空间结构演变对经济增长的影响，并取得了相应的成果。国内外有大量文献，从不同的视角研究了产业空间集聚与经济增长之间的关系，研究结果都表明产业集聚能够正向影响经济增长。Baldwin 和 Forslid（2000）通过建立两部门（农业和工业）产业要素流动模型，在劳动力可自由流动、企业垂直联系的假定条件下研究集聚与经济增长之间的关系，发现产业集聚有利于外围地区经济增长；Martin 和 Ottaviano（2001）认为经济增长和产业集聚是一个“自我强化”的过程，空间集聚可以通过降低创新成本和交易成本实现区域经济增长；Fujita 和 Thisse（2003）通过构建两地区（中心地区-外围地区）内生经济增长模型，分析产业集聚与经济增长之间的关系，发现经济由分散走向集聚会加快创新步伐、提升技术溢出速度，进而促进中心地区和外围地区的经济增长；潘文卿和刘庆（2012）在测算中国各地区制造业 30 个 2 位代码行业的赫芬达尔-赫希曼指数（Herfindahl-Hirschman index，HHI）的基础上，通过控制物质资本、人力资本投资、人均基础设施等变量，建立了经济增长与产业集聚的动态面板数据模型，发现产业集聚与经济增长存在长期稳定的正向关系；孙浦阳等（2012）利用中国 2000～2008 年 297 个地级市面板数据，研究了中国城市的产业集聚对劳动生产率的影响，发现从长期来看工业产业集聚对劳动生产率存在显著正向影响，而服务业产业集聚对劳动生产率的长期作用不明显；贺小丹（2017）认为北京作为京津冀的中心城市，是各高端生产性服务业的中心集聚地，且具有显著的集聚效应；周孝和冯中越（2016）通过投入产出表研究了北京生产性服务业集聚与京津冀协同发展的关系，研究结果表明北京生产性服务业集聚能够正向促进区域经济增长，同时认为生产性服务业的差异化发展是京津冀协同发展的重要推动力；项文彪和陈雁云（2017）认为产业集群和城市群良性互动有利于促进区域经济持续增长，是协调区域经济发展、促进中国经济整体可持续发展的基础；周明生（2018）利用京津冀城市群 2003～2014 年服务业各部门相关数据进行区位熵指数分析，并进行面板数据估计，分析了服务业集聚对京津冀地区经济增长的影响，发现在短期内服务业集聚对经济有明显的促进作用，长期内作用不显著；黄德春和邵雨佳（2018）通过对长江经济带 2007～2016 年的面板数据进行格兰杰因果检验和脉冲响应函数分析，检验了金融产业集聚对经济发展的影响，发现长江经济带的金融产业集聚实现了对当地经济发展的增长效应以及对周围地区的辐射效应。

然而，也有部分学者认为产业集聚会阻碍经济发展。Sbergami（2002）利用欧盟的数据研究了人口密度与经济增长之间的关系，发现产业集聚会阻碍经济发展，与预期结果相反；Cerina 和 Mureddu（2014）对非贸易品进行了研究，发现产业集聚可能不利于实际收入的增长；Accetturo（2010）发现由于集聚负外部性的存在，产业集聚对区域经济增长的作用明显降低甚至为负；闫逢柱和乔娟（2010）运用新经济增长理论，研究了产业集聚对产业发展的影响，发现产业集聚不利于产业发展；薛雅伟等（2016）基于资源诅咒假说，通过实证模型检验了资源产业的空间集聚对经济增长的影响，发现资源产业空间集聚与区域经济增长呈负相关关系。

通过对文献的进一步梳理可以发现，产业集聚对城市群经济效率的作用效果受其他因素的影响。威廉姆森假说指出，产业集聚对经济效率的作用与经济发展阶段有关，只有在经济发展初期，才表现出促进作用，而当经济发展超过某一临界水平后，其促进作用就会消失，甚至变为抑制作用（徐盈之等，2011）；Bertinelli 和 Black（2004）指出，在经济发展水平较低时，产业集聚中人力资本积累的潜在收益较大，随着经济发展水平的进一步提高，人力资本的边际收益会逐渐减小；张云飞（2014）在 Fujita 和 Thisse 理论模型的基础上，对城市群内产业集聚进行了理论分析，发现城市群内产业集聚与经济增长之间存在非线性关系，又利用山东半岛城市群制造业行业 2003～2011 年面板数据，采用动态面板广义矩方法对城市群内产业集聚与经济增长之间的关系进行了实证检验，发现城市群内产业集聚与经济增长之间不仅存在倒“U”形曲线关系，还存在“门槛效应”，即产业集聚初期能够推动经济增长，达到一定程度后，过度集聚引起的负外部性会抑制经济增长；田超和王磊（2015）采用动态面板广义矩方法，实证检验了长江中下游城市群工业产业集聚与经济增长之间的关系，发现两者之间存在倒“U”形曲线关系；周明生（2018）利用京津冀地区城市群 2003～2014 年服务业各部门相关数据，进行了区位熵指数和面板数据模型估计，发现京津冀地区服务业集聚在短期内对经济增长的促进作用明显，在长期则不显著；方远平等（2018）基于中国城市群 2003～2012 年面板数据，运用动态面板广义矩方法分析了知识密集型服务业对城市群经济增长的影响，发现知识密集型服务业集聚与经济增长之间存在倒“U”形曲线关系，适度的产业集聚能带来规模经济效应并推动经济增长，过度集聚则导致负外部性并阻碍经济增长。

三、区域土地利用空间结构演变

城市群空间结构的演变是人口空间集聚扩散和产业空间集聚扩散的结果，这些变化最终是以土地利用方式改变表现出来的。城市群中心城市产业和人口的集聚使得中心城市用地面积扩张，最终表现为土地利用的空间集聚。城市群作为人类活动的核心区域，其土地利用方式是城市群空间演化和资源配置空间格局的直接表现（姚小薇和王占岐，2012）。现有的关于土地利用空间结构对经济增长影响的研究，大多从土地要素对经济增长的贡献、土地结构变化对经济增长的影响等方面展开。

普通经济增长模型一般仅涉及资本、劳动和技术进步三种因素，Nicholes（1970）改进了新古典增长模型，首次把土地要素加入增长模型中；Rhee（1991）利用包含土地要素的两代迭代模型，分析了经济体的动态有效性，发现在土地收入和总收入比例不变时，此系统是动态有效的，但是他忽略了对经济增长的研究；姜海和曲福田（2009）利用线性回归方法，基于江苏省县（市、区）面板数据，对不同发展阶段建设用地扩张对经济增长的贡献与响应进行了经济计量分析，发现不同发展阶段的建设用地扩张能够促进江苏省的经济增长，并计算得到土地的贡献率为 1.7%。

大量研究表明，土地要素对经济增长具有显著的促进作用。丰雷等（2008）通过构建包含土地要素的经济增长模型，发现引入土地要素的扩展索洛模型平衡增长路径仍然存在，土地要素对中国经济增长存在显著的贡献，贡献率为 11.01%；黄志基等（2013）通过计算城市经济增长与土地利用变化弹性系数，分析了其空间差异性，并且构建结构方程计量模型验证了土地利用变化与城市经济增长之间的互为因果关系；赵可等（2010）分析了经济增长与城市建设用地之间的关系，发现经济增长与城市建设用地之间存在协整关系，经济增长是城市建设用地面积变化的格兰杰原因，而反向关系没有得到证实；岑树田和李晔（2013）认为土地要素对中国经济增长主要有三方面的作用力，分别为土地利用结构变化产生的推动力、土地供给增加带来的推动力、传统的“增长阻力”，他们发现土地要素对中国经济增长的作用力主要来自土地利用结构变化的推动力，它是土地供给增加带来的推动力的 80 多倍，大规模的农用地向建设用地转移，促进了中国经济增长；黄凌翔等（2018）基于索洛模型构建了土地供给结构与经济增长的关系模型，并对土地利用结构变化状况进行了分析；结合地理信息系统平台，运用计量分析对天津市滨海新区建设用地供给的空间结构与经济增长之间的关系进行了探讨。结果表明，滨海新区土地供给的空间结构对经济增长的影响十分显著。

在对城市群土地利用现状的研究中可以发现，城市群土地利用出现效率低下、耕地大量流失等问题，因此大量政策建议都指向土地集约利用。张京祥（2000）强调整体空间集约发展，其中城镇个体空间结构应该适度集中、紧凑发展，群体结构应该适度分散、区域开放；薛东前和王传胜（2002）从城市体系的角度，将大都市区划分为四个圈层，分别为核心首位城市带、城市组群发育带、城市个体分布带、城市群腹地带，并根据每个圈层的特点合理规划土地利用，核心首位城市带非农业用地比例最大，城市群腹地带以农业用地为主，其余两个圈层处于这两者之间；张俊凤和刘友兆（2013）检验了长三角城市群内部城市经济增长与建成区扩张之间的因果关系，发现杭州、无锡的经济增长仍过度依赖建设用地扩张，土地利用方式不甚合理；周琰和张安录（2016）发现武汉城市圈现阶段的经济发展主要依靠资本、劳动等生产要素的投入以及技术进步，土地扩张对经济增长的影响相对较小；张红星（2013）认为可以通过土地集约利用带动城市经济增长，摆脱对土地要素投入的过度依赖；陈田田和张红（2017）构建了京津冀地区土地集约利用评价体系，并运用面板数据模型就土地集约利用评价体系中的土地利用结构、土地利用程度、土地利用经济效益和土地利用可持续性对城市经济发展的影响进行了计量分析，发现土地利用结构、土地利用程度和土地利用经济效益的提升对城市经济发展有明显的促进作用，且土地集约利用对经济较落后城市的经济发展影响显著强于经济较发达城市；熊鹰等（2018）运用系统动力学建立了长株潭城市群建设用地供需系统模型，仿真模拟低土地集约利用度、中等土地集约利用度、高土地集约利用度三种不同状态条件下，2016～2030 年区域的建设用地、工业用地、居住用地供需变化趋势。研究发现，在低土地集约利用度模式下，建设用地规模和供地数量大，容易造成土地资源浪费；而在高土地集约利用度模式下，建设用地供给紧缩，用地规模增长缓慢，不利于城镇化的良性发展；只有在中等土地集约利用度模式下，用地规模和供给量均与社会经济发展相适应。

梳理区域人口空间结构、产业空间结构和土地利用空间结构对经济增长影响的文献可以发现，由于研究对象、研究样本、研究方法的不同，研究结果存在较大争议。总的来说，以下研究方向值得进一步探讨：

1）现有研究多集中于城市群发育程度较高的地区，西部地区城市群受发育程度低、范围界定模糊等的影响，相关研究尚处于探索阶段。对城市群空间结构测度的指标较单一，很少有将人口空间结构、产业空间结构和土地利用空间结构统一起来的研究。

2）现有研究大多是从实证方面检验城市群空间结构对经济增长的影响，较少有研究探索微观主体区位的变化对经济增长的影响，且大多数研究没有采用空间计量方法控制经济增长的空间依赖性，进而导致计量模型出现偏误。

3）现有研究大多是检验影响经济增长的因素，或者是直接检验何种空间结构更有利于经济增长，较少研究城市群空间结构对经济增长的影响机制和路径。

第五节　区域空间结构演变对环境污染的影响研究

一、区域人口集聚空间结构演变

现有研究关于人口集聚空间结构演变对环境的影响一直存在争议。部分学者认为，城市人口集聚规模扩大将对城市环境产生负面影响。周民良（2008）认为城市人口集中会对城市环境产生负面作用；王婷和吕昭河（2012）发现中国城市居民数量的增加带来了城市生活垃圾的增加，进而造成城市环境污染的扩大；马晓钰等（2015）基于中国 30 个省份 2000～2011 年的省级面板数据，运用面板数据模型检验了中国人口因素对环境污染的影响，发现人口规模、家庭小型化是加大中国环境污染程度的主要人口因素，而年龄结构、城市化水平的提高会促进工业废气和工业固废的排放，但对工业废水的排放具有抑制作用；王庆娟（2015）建立了城市人口规模对环境污染的门槛效应回归模型，基于 2000～2012 年中国 286 个城市的数据，综合考察城市人口规模对环境污染的影响，发现城市人口规模对环境污染具有显著的门槛效应，人口规模若处于 46 万～500 万人，经济发展将会加剧环境污染，人口规模低于 46 万人或高于 500 万人，则不会加剧环境污染；胡志强等（2016）基于 2013 年中国 286 个地市工业废水、工业二氧化硫和工业烟（粉）尘等工业污染数据，利用空间计量经济模型分析了中国工业污染的影响因素，发现城市人口密度的增大会增加城市污染物的排放量；付云鹏等（2015）研究了中国 30 个省域人口规模与结构对环境的影响，发现人口规模是影响环境污染的重要因素；陶长琪和彭永樟（2017）基于包含人口集聚、绿化水平与环境污染的理论框架，采用空间杜宾模型与空间动态面板模型检验了城市人口集聚、绿化水平对环境污染的影响，发现人口集聚会加剧污染排放，且其影响表现为“N”形环境库兹涅茨曲线形式。相反，有少量学者认为，城市人口的集聚会有效减少环境污染。宋言奇和傅崇兰（2005）发现城市人口规模的增加，会通过资源集约使用、人口集散、环境教育、污染集中治理等途径降低城市环境污染；文雯和王奇（2017）通过构建城市人均污染排放-人口规模模型，研究了不同等级城市人口规模与环境之间的关系，发现小城市人均污染排放量随着城市人口规模的增加呈递减趋势。

此外，还有研究发现城市人口规模的增加对环境的影响并不是单一线性的。郭郡郡等（2013）发现随着城镇化不断向高级阶段发展，城市环境污染呈现出先污染加剧后污染状况逐渐改善的趋势；王芳和周兴（2013）基于中国31个省份2003～2011年的面板数据，分析了人口规模与环境污染之间的数量关系，发现人口规模对环境污染的影响并不是显著的正向作用，随着人口总量的增长并不一定造成环境污染的加剧；焦若静（2015）以新兴经济体国家为研究单元，测度了不同人口规模下城市化与环境污染之间的关系；肖周燕（2015）借助环境库兹涅茨曲线，定量测算了城市功能定位的人口规模效应，解析了城市功能定位影响人口规模的作用机理，发现人口空间集聚对生产和生活污染的影响不是线性关系，过高或过低的人口集聚都会对生产和生活污染产生负面影响；徐辉和杨烨（2017b）实证分析了中国十大城市群2003～2013年的人口和产业集聚对环境污染的影响，发现工业废水排放量与城市群人口集聚度存在倒“U”形曲线关系，而工业二氧化硫和烟（粉）尘则与城市群人口集聚度存在“U”形曲线关系；徐伟平等（2018）实证分析了中国30个省份2000～2014年的面板数据，发现人口集聚对环境的作用呈“U”形非线性影响，在人口集聚度较低时，人口集聚可以改善环境污染排放的整体状况，但当经过临界点后，人口继续集聚会使环境污染排放更加严重。

二、区域产业集聚空间结构演变

现有研究关于产业集聚规模扩大和空间演变对环境的影响效果存在争议。部分学者认为，产业集聚规模扩大会对环境产生负效应，加剧地区环境污染（王发明，2008；蔺雪芹和方创琳，2008）。Virkanen（1998）发现芬兰南部地区环境污染恶化的一个主要原因是南部区域的产业高度集聚，引起了区域环境污染状况的加重；Frank（2001）对欧盟200个城市的产业集聚状况与其各自的空气污染状况进行了实证分析，发现产业集聚与环境污染之间呈显著相关关系；Ren等（2003）基于上海市1947～1996年的数据，探索上海市水体质量变化与产业集聚及土地利用变化之间的关系，发现产业集聚带来的城市土地利用变化是造成上海水体质量下降的主要原因；张可和汪东芳（2014）发现产业集聚的提升将会造成环境污染的加剧；徐辉和杨烨（2017b）实证分析了中国十大城市群2003～2013年人口和产业集聚对环境污染的影响，发现产业专业化集聚对城市环境污染具有先改善后恶化的作用；纪玉俊和邵泓增（2018）构建了产业集聚水平的平方项和立方项的面板回归模型，发现产业集聚与环境污染之间存在“N”形关系，同时就中国平均水平而言，产业集聚水平还没有发展到抑制环境污染的程度。

此外，还有学者从生态学视角出发，认为产业集聚对环境具有正向作用，产业集聚程度的不断提升会改善城市环境污染状况（王崇峰等，2009；Ikazaki and Naito，2009）。陈建军和胡晨光（2008）发现长三角地区的产业集聚有助于改善环境状况，产业集聚通过改善集聚区域居民生活水平、促进地区技术进步来提升区域环境质量；Zeng和Zhao（2009）发现产业集聚将有利于改善城市环境污染状况；List和Gallet（1999）、沈静等（2012）发现产业集聚对环境的正向效应受到不同经济发展水平、技术进步和产业结构的调节作用；刘习平和宋德勇（2013）发现产业集聚能够改善城市环境状况；李勇刚和张鹏（2013）发现产业集聚的提升可以改善环境污染状况；杨仁发（2015a）认为产业集聚对环境污染的影响存在阈值，两者存在倒“U”形曲线关系；马素琳等（2016）认为较高的产业集聚度会改善空气质量，因此建议政府相关部门不断提高产业集聚度，减少能源消费需求，以改善空气质量；李粉等（2017）利用1999～2013年中国21个两位数工业行业的面板数据进行向量自回归分析，发现工业集聚程度的提高能显著减少工业污染排放，促进技术创新；周锐波和石思文（2018）基于2003～2014年中国省域面板数据，考虑了产业集聚与环境污染的内生性，通过联立方程模型探索产业集聚与环境污染的相互影响机制，发现产业集聚具有知识共享和技术溢出效应，有助于提高企业生产效率和管理水平，降低单位产出能耗，改善生态环境。

三、区域土地利用空间结构演变

城市化进程的深入表现为城市土地利用结构的变化，而这种变化显然会影响环境（苏维词，2000）。部分学者从生态角度出发，考察了土地空间演变对环境的影响。朱磊等（2008）发现土地利用集中分布不利于环境质量的提升，而土地利用分散布局能缓解环境压力；钱敏等（2015）发现如果盲目应用飞地式增长会造成城镇的无序蔓延，产生一系列生态环境问题。

土地利用结构变化不仅会改变景观面貌，而且会影响生态过程的时空分布，进而作用于区域生态环境。郭旭东等（1999）分析了土地利用变化对区域气候、水质、水量和土壤的影响过程；李晓文等（2003）研究了西部地区干旱区城市的土地利用变化及其生态效益，发现城市用地变化使生态环境较差的地区生态环境质量有所增加，而使生态环境质量较好的地区生态环境质量降低；张杨等（2011）运用区域生态环境质量指数和区域土地利用变化类型生态贡献率，分析与评价了1996～2006年武汉市土地利用变化的生态环境效应，发现武汉市土地利用变化带来了生态环境改善和生态环境恶化两种效应；杨依天等（2013）研究了和田绿洲土地利用变化对环境的影响，发现耕地扩张提高了土地利用综合水平，但危及了生态安全；徐薬等（2016）定量分析了启东市沿海地区2002～2014年土地利用及其生态服务功能价值的变化状况，发现在土地利用的经济社会功能增强的同时，系统生态服务价值大幅下降。

综合现有文献可以发现，城市群空间结构演变主要通过两个途径影响环境污染：①通过改变产业空间分布影响产业集聚规模和产业结构（苑清敏等，2015），从而影响城市群环境污染（郭荣朝和苗长虹，2010）；②通过改变人口与土地利用空间分布，影响人口集聚规模（王兴杰等，2015）和土地利用模式（朱政等，2011），从而影响城市群环境污染。

第三章　西部地区城市群空间结构演变进程考察

第一节　城市群空间结构的测度方法

一、人口集聚空间结构

（1）城市基尼系数

城市基尼系数是由 Marshall（1997）在研究不同规模城市的发育成长状况时提出的，计算公式如下：

$$G=\frac{T}{2S(n-1)} \tag{3-1}$$

式中，G 表示城市基尼系数（这里表示人口规模基尼系数）；T 表示城市群中各城市之间人口数量之差的绝对值总和；S 表示城市群总人口；n 表示城市群内部城市数量。城市基尼系数的取值范围是 0～1，城市基尼系数越接近 0，城市群城市人口规模分布越分散，城市人口规模差异越小；城市基尼系数越接近 1，城市群城市人口规模分布越集中，城市人口规模差异越大。本书参考周灿和曾刚（2019）的研究，将西部地区城市群的基尼系数分为三个层次，即分散（0～0.3）、均衡（0.3～0.5）、集聚（0.5～1.0）。

（2）首位城市集聚度

利用首位城市集聚度表示首位城市在整个城市群中的比重，即首位城市的人口或经济总量/整个城市群的人口或经济总量（李佳洺等，2014）。

城市基尼系数能反映城市群的整体集聚程度，而首位城市集聚度则能反映城市群内部首位城市相比其他城市人口或者经济指标的差距程度。城市基尼系数和首位城市集聚度具有较强的互补性，综合两个指标的测度结果，可以大体判断城市群空间结构的类型。城市基尼系数和首位城市集聚度都高，表明城市群呈现单中心空间结构；城市基尼系数高而首位城市集聚度低，表明城市群呈现双中心或多中心空间结构；城市基尼系数低而首位城市集聚度高，没有对应的理论模式；城市基尼系数和首位城市集聚度都较低，表明城市群中心城市不突出，呈现分散化的空间结构。

（3）城市群 Zipf 维数

$$P_i = P_0 i^{-q} \tag{3-2}$$

式中，P_i表示城市群中第 i 个城市的非农业人口数；P_0表示城市群中首位城市的非农业人口数；i 表示城市群内部城市的非农业人口数排名（i=1，2，3，…，n，n 表示城市群内部城市个数）；q 表示 Zipf 维数。当 q=1 时，城市群内部城市人口规模呈位序–规模分布；当 q>1 时，城市群内部城市人口规模分布差异较大，首位城市的中心性较强；当 q<1 时，城市群内部城市人口规模分布较为集中，排在中间位序的城市较多。本书在计算城市群 Zipf 维数时拟选择城市非农业人口数，而不使用城市常住人口数或市镇人口数，主要原因是使用后者将会包含一部分农业人口，高估了城市人口。

常见的 Zipf 维数估计方法，通常是对式（3-2）两边同时取对数，估计方程如下：

$$\ln P_i = \alpha - q \ln i + u_i \tag{3-3}$$

式中，α 表示 $\ln P_0$；u_i表示可解释的误差项，其余参数含义与式（3-2）中参数含义相同。Zipf 回归方程可以通过普通最小二乘法估计。然而，具有争议的是 Zipf 定律对于小样本的最小二乘估计会造成系数的偏误。本书参考 Gabaix 和 Ibragimov

(2007)、沈体雁和劳昕(2012)的做法，在小样本条件下，采取 rank-minus-half 方法消除偏差，即将因变量(位序 i 的对数)改成 $i-0.5$ 的对数，具体如下：

$$\ln P_i = \alpha - q\ln(i-0.5) + u_i \tag{3-4}$$

二、产业集聚空间结构

目前，有很多指标可以用来衡量产业集聚水平，较常用的有基尼系数、Elison-Glaser 指数、区位熵、H 指数等。区位熵只体现了城市群中单个城市相对其他城市的集聚特征，没有体现整体的分布情况。H 指数克服了上述问题，考虑了城市群中各个城市集中的情况，并且可以直接用原始数据计算得到，不需要中间的估计过程。因此，本书借鉴陈立泰和张祖妞(2010)、刘岳平和文余源(2016)的研究方法，使用 H 指数衡量城市群产业集中程度。H 指数的计算公式如下：

$$\mathrm{H} = \sum_{i=1}^{n}\left(\frac{X_i}{X}\right)^2 \tag{3-5}$$

式中，H 表示城市群集中指数；n 表示城市群中城市的个数；X 表示城市群的第二产业(第三产业)总产值；X_i 表示城市群中第 i 个城市的第二产业(第三产业)产值。

三、土地利用空间结构

(1)土地利用 H 指数

本书借助 H 指数对西部地区城市群土地利用空间结构进行测定，H 指数的计算公式如下：

$$\mathrm{H} = \sum_{i=1}^{n}\left(\frac{A_i}{A}\right)^2 \tag{3-6}$$

式中，H 表示城市群集中指数；n 表示城市群中城市的个数；A 表示城市群的建设用地总面积；A_i 表示城市群中第 i 个城市的建设用地面积。

（2）城市群 Zipf 维数

本书借助 Zipf 维数对西部地区城市群土地利用等级规模分布进行测度，城市群土地利用 Zipf 维数计算公式如下：

$$L_i = L_0 i^{-q} \tag{3-7}$$

式中，L_i 表示城市群中第 i 个城市的建成区面积；L_0 表示城市群中首位城市的建成区面积；i 表示城市群中城市建成区面积排名（i=1，2，3，…，n，n 表示城市群内部城市个数）；q 表示 Zipf 维数。当 q=1 时，城市群内部城市土地利用结构呈位序–规模分布；当 q>1 时，城市群内部城市土地利用结构差异较大，首位城市的中心性较强；当 q<1 时，城市群内部城市土地利用结构分布较为集中，排在中间位序的城市较多。

第二节　西部地区城市群空间结构的测度与演变过程分析

一、人口集聚空间结构

分别利用式（3-1）、式（3-3）和首位城市集聚度计算方法，从三个维度对西部地区城市群 2000～2016 年的人口空间结构进行测度，结果如图 3-1～图 3-3 所示。

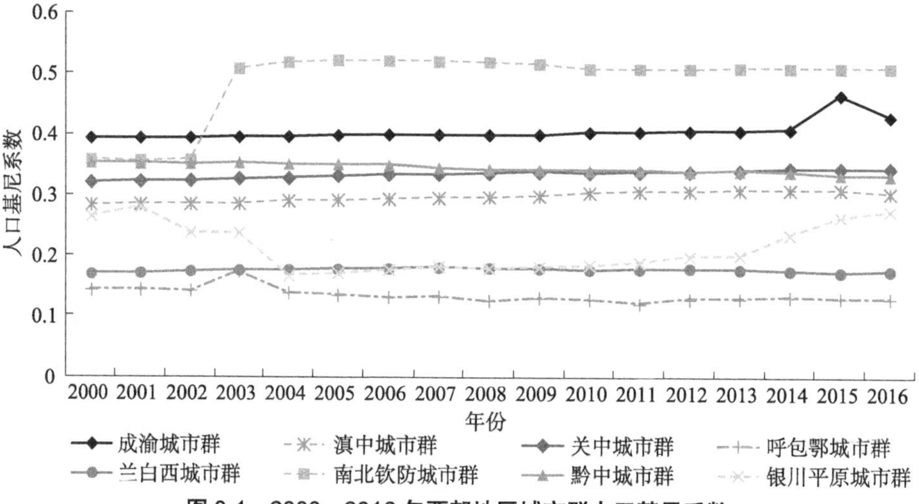

图 3-1　2000～2016 年西部地区城市群人口基尼系数

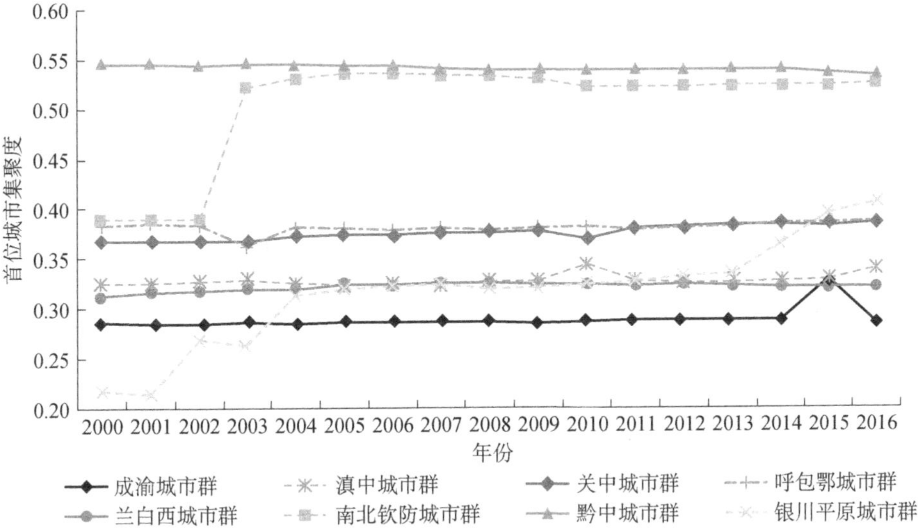

图 3-2 2000～2016 年西部地区城市群首位城市集聚度

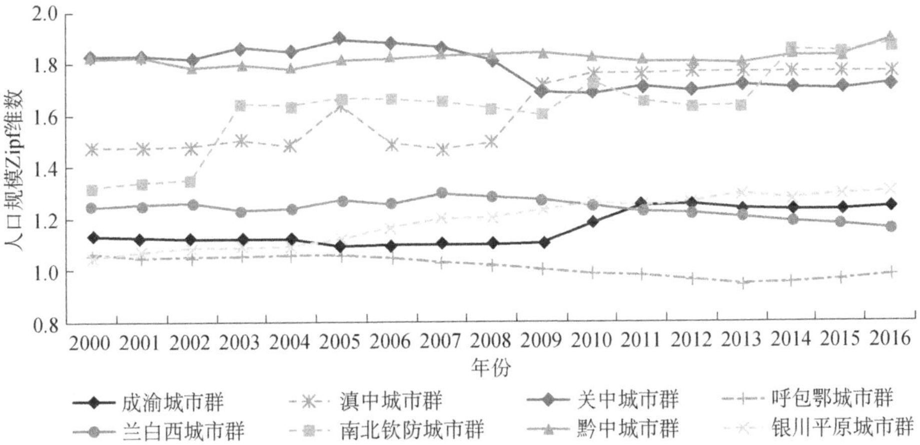

图 3-3 2000～2016 年西部地区城市群人口规模 Zipf 维数

观察图 3-1～图 3-3 可以发现，整体来看西部地区城市群的人口基尼系数分布在 0.120～0.530，大部分城市群人口集聚度较高，且城市群的人口基尼系数随时间变化不大，较为稳定，各城市群之间人口集聚程度有较大差异。西部地区城市群首位城市集聚度分布在 0.200～0.550，大多数城市群该指标随时间变化不大，但各城市群之间差异较大。除呼包鄂城市群外，其余城市群人口规模 Zipf 维数在考察期内均大于 1.000，人口规模分布差异较大，并呈现集聚分布，城市群中心城市首位度较高。各城市群的人口集聚特征如下。

南北钦防城市群：①人口基尼系数最大，远高于其他城市群。在考察期内，人口基尼系数由2000年的0.358上升到2016年的0.512，显示出人口的高度集聚状态。2002～2003年，人口基尼系数出现了一次大幅度的增长，由2002年的0.357猛增到2003年的0.509，这与2002年南宁市进行行政区划调整有关。在2000～2002年和2003～2016年两个时间段内，人口基尼系数都处于相对稳定的状态。②首位城市集聚度较高，由2000年的0.390上升到2016年的0.525，同样在2002～2003年出现一次大幅度的增长，在2000～2002年和2003～2016年两个时间段内，首位城市集聚度都处于相对稳定的状态。这与人口基尼系数的变化趋势是相同的。③城市群人口规模Zipf维数在考察期内均大于1.300，且呈波动上升态势，由2000年的1.322上升到2016年的1.876，其中在2002～2003年出现一次大幅度的增长，反映了2002年南宁市行政区划调整对整个城市群人口规模集聚的影响。综合以上分析，南北钦防城市群人口集聚度较高，中心城市首位度较高，人口规模分布呈现单中心的人口集聚空间结构。

成渝城市群：①人口基尼系数居第二位，且波动较小，在整个考察期内整体上缓慢上升，由2000年的0.393上升到2015年的0.466，但是在2015～2016年又出现了下降趋势，说明人口规模分布呈现高度集聚状态，且集聚度总体上缓慢提升。②首位城市集聚度总体处于最低水平，由2000年的0.280上升到2015年的0.330，整体上呈缓慢上升态势，在2014～2015年出现较大上升趋势，2016年又恢复到平均水平，整个考察期内首位城市集聚度很低。③城市群人口规模Zipf维数在考察期内均大于1.000，且呈波动上升态势，由2000年的1.131上升到2016年的1.241，说明城市群人口规模分布较为集聚。综合以上分析，成渝城市群人口规模虽然相对集中，但是人口规模却没有高度集中在中心城市，城市群人口规模分布呈双中心或多中心空间结构，这与成渝城市群的发展历史一致。成渝城市群属于发展较为成熟的城市群，在人口城市化进程中，各城市发展相对均衡，避免了单中心城市群资源配置效率低的缺陷。

黔中城市群：①人口基尼系数居第三位，且波动较小，在整个考察期内缓慢下降，由2000年的0.353下降到2016年的0.334，人口规模分布较为集聚，集聚度缓慢下降。②首位城市集聚度处于最高水平，由2000年的0.545下降到2016年的0.535，呈波动下降态势，首位城市集聚度很高。③城市群人口规模 Zipf 维数在考察期内均大于 1.700，且呈波动上升态势，由 2000 年的 1.817 上升到 2016 年的 1.891，说明城市群人口规模分布较为集聚。综合以上分析，黔中城市群人口规模分布集中，首位城市集聚度高，大量人口集中在中心城市，人口规模分布呈现单中心空间结构。

关中城市群：①人口基尼系数居第四位，且波动较小，在整个考察期内波动上升，由 2000 年的 0.321 上升到 2016 年的 0.346，人口规模分布较为集聚，集聚度波动上升。②首位城市集聚度处于中等水平，由 2000 年的 0.368 上升到 2016 年的 0.382，同样呈波动上升态势，首位城市集聚度较高。③城市群人口规模 Zipf 维数较高，在考察期内均大于 1.700，且呈波动下降态势，由 2000 年的 1.827 下降到 2016 年的 1.720，说城市群人口规模分布较为集聚。综合以上分析，关中城市群人口规模分布集中，首位城市集聚度高，大量人口集中在中心城市，集聚程度总体上缓慢增加，人口规模分布呈现单中心空间结构。

滇中城市群：①人口基尼系数处于较低水平，且波动较小，在整个考察期内波动上升，由 2000 年的 0.284 上升到 2016 年的 0.305，人口规模分布集聚度不高，集聚度波动上升。②首位城市集聚度处于中等偏低水平，在 0.300～0.350，同样呈波动上升态势，首位城市集聚度不高。③城市群人口规模 Zipf 维数较高，在考察期内均大于 1.400，且呈波动上升态势，由 2000 年的 1.472 上升到 2016 年的 1.769，说明城市群人口规模分布较为集聚。综合以上分析，滇中城市群人口规模分布集中，首位城市集聚度高，大量人口集中在中心城市，集聚程度总体上缓慢增加，人口规模分布呈现单中心空间结构。

银川平原城市群：①人口基尼系数处于较低水平，整体上呈先下降后上升态势，2000 年和 2016 年的数值相差不大，但在 2001～2002 年和 2003～2004 年出现明显下降，在 2013～2016 年出现明显上升，城市群人口规模分布集聚度不高。②首位城市集聚度处于中等偏低水平，但呈逐年上升态势，由 2000 年的 0.218 上升到 2016 年的 0.405，首位城市集聚度逐渐提升，人口向中心城市集中程度高于城市群中其他城市集中程度。③城市群人口规模 Zipf 维数较低，在 1.000～1.300，且呈逐年上升态势，这也和人口基尼系数、首位城市集聚度的结果相一致，说明中心城市的集聚度在逐年提升。

兰白西城市群：①人口基尼系数处于较低水平，且整体变化幅度最小，在 0.160～0.180，人口规模分布较分散。②首位城市集聚度处于偏低水平，在

0.310～0.330，波动较小，首位城市集聚度较低。③城市群人口规模 Zipf 维数较低，在 1.100～1.300，整体波动不明显，这也和人口基尼系数、首位城市集聚度的结果相一致，人口规模分布较分散，集聚度不高。

呼包鄂城市群：①人口基尼系数处于最低水平，且整体变化幅度很小，由 2000 年的 0.143 先缓慢上升后波动下降到 2016 年的 0.131，人口规模分布较分散。②首位城市集聚度处于中等水平，在 0.370～0.390，整体呈小幅波动上升态势。③城市群人口规模 Zipf 维数处于最低水平，整体波动不明显，表明城市群内部城市人口规模呈位序-规模分布，这可能与考察期内呼包鄂城市群正处于发展初期有关。

综上所述，西部地区城市人口空间结构整体呈明显的集聚态势，人口规模分布具有中心—外围空间结构特征，但各城市群之间集聚程度存在差异。南北钦防城市群、成渝城市群、黔中城市群人口集聚度较强，人口基尼系数居前三位，地处西部地区城市群的南部，城市群发展较成熟。兰白西城市群、银川平原城市群、呼包鄂城市群人口空间集聚度相对较低，在地理空间上连片分布，地处西部地区城市群的北部，城市群发展不太成熟。城市群作为一个整体，吸引着大量的人口流入，但在城市群内部各城市人口分布也存在差异，具体表现为：中心城市吸引人口的强度较大，城市人口分布具有明显的中心—外围空间结构特征。成渝城市群具有多中心空间结构特征，其余七个城市群均具有单中心人口空间结构特征。西部地区城市群在考察期内，人口空间集聚度基本呈缓慢上升或波动上升态势。

二、群产业集聚空间结构

利用式（3-5）对西部地区城市群 2000～2016 年产业空间结构进行测度，分别使用第二产业和第三产业计算 H 指数，结果如图 3-4 和图 3-5 所示。

观察图 3-4 和图 3-5 可以发现，在 2000～2016 年，西部地区城市群第二产业集聚度总体呈波动下降态势，第三产业集聚度总体呈波动上升态势。

黔中城市群第二产业集聚度在整个考察期内处于最高水平，且呈相对平稳略有下降态势，H 指数始终在 0.420～0.450；第三产业集聚度处于中等水平，且呈相对平稳略有上升态势，H 指数始终在 0.430～0.450。这说明，黔中城市群第二产业逐渐退出中心城市，向外围城市转移，而第三产业逐渐在中心城市集聚，但产业转移和集聚速度较慢。

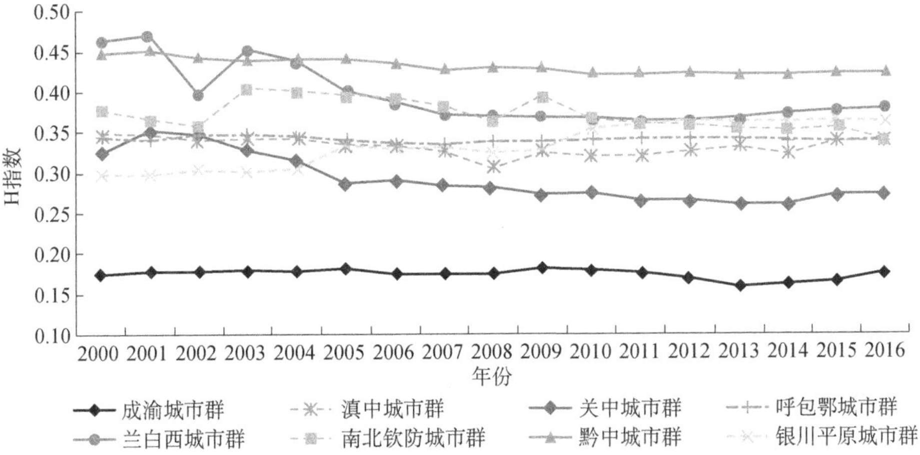

图 3-4　2000～2016 年西部地区城市群第二产业空间结构

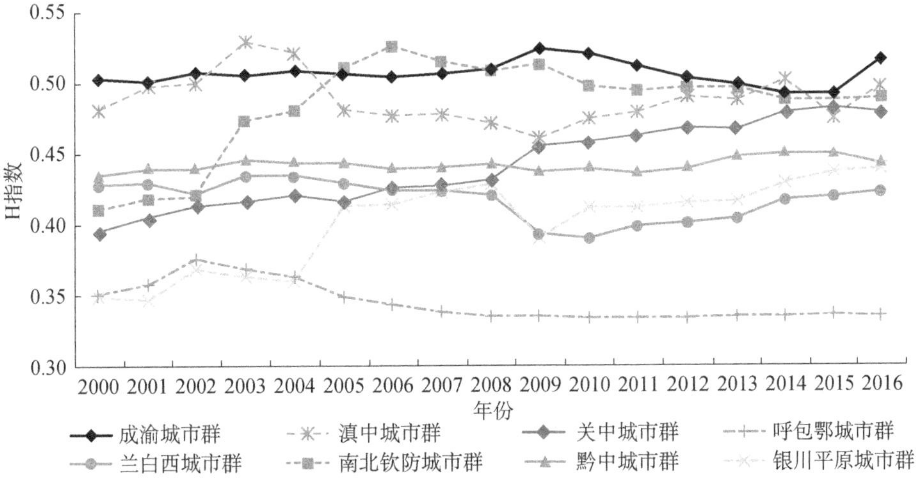

图 3-5　2000～2016 年西部地区城市群第三产业空间结构

兰白西城市群第二产业集聚度在 2000～2016 年仅次于黔中城市群，居第二位，且呈波动下降态势，在 2001～2002 年和 2002～2003 年分别出现一次大幅度下降和上升，H 指数由 2000 年的 0.463 波动下降到 2016 年的 0.378；第三产业集聚度呈波动下降态势。这说明，白兰西城市群第二产业逐渐退出中心城市，向外围城市转移，第三产业呈现分散式发展，没有表现出很强的空间集聚特征。

南北钦防城市群第二产业集聚度在 2000～2016 年居第三位，且呈波动下降态势，H 指数由 2000 年的 0.378 下降到 2016 年的 0.340；第三产业集聚度表现为 2000～2006 年集聚上升，之后相对稳定。这说明，在整个考察期内南北钦防城市群第二产业逐渐退出中心城市，向外围城市转移，而第三产业首先在中心城市得到快速发展，之后逐渐在外围城市也发展起来。

呼包鄂城市群第二产业集聚度在 2000～2016 年保持中等水平，且相对稳定，H 指数始终在 0.335～0.347，波动幅度较小；第三产业集聚度呈先上升后波动下降态势，且在西部地区城市群中处于最低水平。这说明，在整个考察期内呼包鄂城市群第二产业的空间分布变化较小，第三产业分散式发展，没有表现出很强的空间集聚特征。

银川平原城市群第二产业集聚度在 2000～2016 年保持中等水平，且呈波动上升态势，H 指数由 2000 年的 0.298 上升到 2016 年的 0.363；第三产业集聚度呈波动上升态势，变化幅度较大，由 2000 年的 0.350 上升到 2016 年的 0.439。这说明，在整个考察期内银川平原城市群第二产业和第三产业都更多地集中在中心城市，外围城市的产业集聚度很低。

滇中城市群第二产业集聚度在 2000～2016 年保持中等水平，且相对稳定，H 指数始终在 0.300～0.350，波动幅度较小；第三产业集聚度较高，且呈波动上升态势。这说明，在整个考察期内滇中城市群第二产业的空间分布变化较小，第三产业相对集中在中心城市。

关中城市群第二产业集聚度在 2000～2016 年下降幅度较大，H 指数由 2000 年的 0.324 下降到 2016 年的 0.274；第三产业集聚度呈上升态势，H 指数由 2000 年的 0.396 上升到 2016 年的 0.479。这说明，在整个考察期内关中城市群第二产业逐渐迁出中心城市，第三产业逐渐集中到中心城市。

成渝城市群第二产业集聚度在 2000～2016 年处于最低水平，H 指数在 0.158～0.181；第三产业集聚度较高，且波动较小，H 指数在 0.490～0.524。这说明，在整个考察期内成渝城市群第二产业分布较分散，且发展程度缓慢，但第三产业集聚度很高，城市群的整体发育程度较高。

总体来看，西部地区城市群中除银川平原城市群外，其余城市群的第二产业集聚度逐渐降低；城市群内部第三产业集聚度的变化差异较大，成渝城市群、南北钦防城市群、关中城市群、滇中城市群和银川平原城市群第三产业集聚度在波动中提高，而兰白西城市群和呼包鄂城市群第三产业集聚度在波动中降低，黔中城市群第三产业集聚度基本保持稳定。这说明，总体上西部地区城市群第二产业逐渐迁出中心城市，而第三产业在部分城市群表现为向中心城市集聚，在部分城市群表现为向外围城市扩散。

三、土地利用空间结构

利用式（3-6）和式（3-7）从两个维度对西部地区城市群2000～2016年土地利用空间结构进行测度计算，结果如图3-6和图3-7所示。

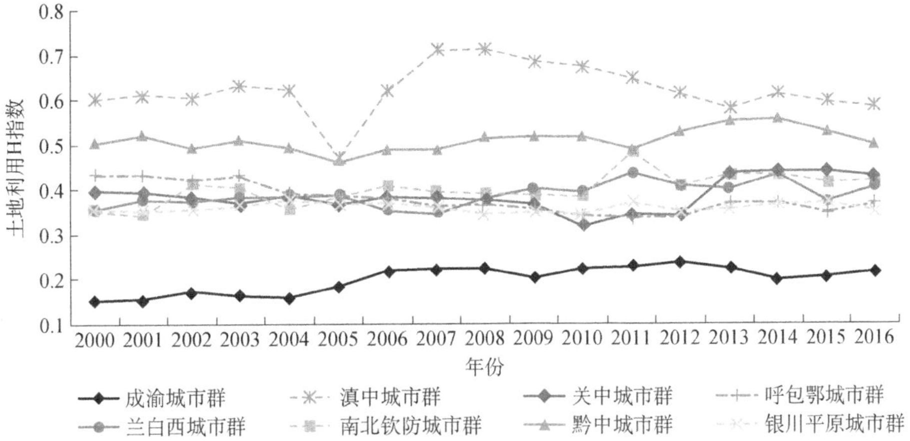

图 3-6　2000～2016 年西部地区城市群土地利用 H 指数

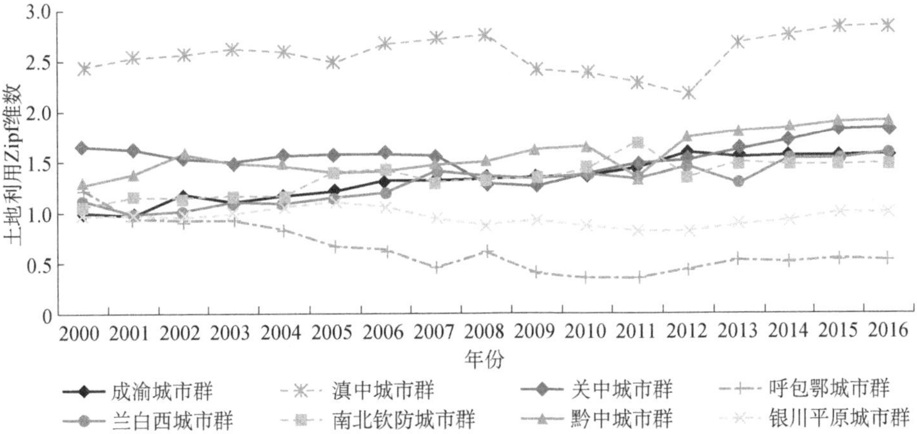

图 3-7　2000～2016 年西部地区城市群土地利用 Zipf 维数

观察图 3-6 和图 3-7 可以发现，西部地区城市群土地利用 H 指数整体呈波动上升态势，滇中城市群波动最为明显，2000～2016 年大多数城市群土地利用空间结构具有集聚特征。

滇中城市群土地利用 H 指数变化最大，在 2004～2005 年出现急剧下降态势，这与曲靖市建设用地面积由 2004 年的 26 平方千米扩张到 2005 年的 89 平方千米有关。外围城市建设用地的高速扩张降低了城市群土地利用集聚度。滇中城市群土地利用 Zipf 维数处于最高水平，且都大于 2.000，土地利用首位城市中心性强，城市建设用地大多数集中在中心城市。

黔中城市群土地利用 H 指数在西部地区城市群中居第二位，土地利用集中度较高，土地利用 Zipf 维数呈波动上升态势，其值始终大于 1.200。这说明，黔中城市群有较多的建设用地分布在中心城市，且随着时间的推移新增建设用地也更多地集中在中心城市。

呼包鄂城市群、关中城市群和南北钦防城市群土地利用 H 指数变化趋势较为相似，均处于中等水平，且在考察期内变化幅度均很小，在图中显示为一定程度的交叉重叠，说明这三个城市群在土地利用上空间集聚度不高，且变化不明显。但是，这三个城市群在土地利用 Zipf 维数上表现出很大的区别，呼包鄂城市群土地利用 Zipf 维数小于 1.300 且呈波动下降态势，说明其土地利用首位城市的中心性不强，城市群中各城市的建成区面积差异不大，分布较均匀，这与该城市群所处地理位置及经济发展阶段有关。呼包鄂城市群尚处于城市群发展初期，因此使用建设用地面积测出的城市群土地利用集聚度偏低，且土地利用空间结构目前尚未表现出显著集聚特征。关中城市群土地利用 Zipf 维数在 1.500 左右变化，说明城市群内部土地利用呈现出很强的中心性，有较多的建设用地分布在中心城市西安。南北钦防城市群土地利用 Zipf 维数始终在 1.000～1.700，且呈波动上升态势，说明城市群土地利用首位城市的中心性较强，有较多的建设用地分布在中心城市。

兰白西城市群土地利用 H 指数在西部地区城市群中处于中等水平，土地利用集中度不强，在考察期内呈波动上升态势，由 2000 年的 0.353 上升到 2016 年的 0.403。土地利用 Zipf 维数在 1.000～1.600，且呈波动上升态势，说明兰白西城市群土地利用集聚度不强，建设用地在中心城市的扩张速度大于外围城市。

银川平原城市群土地利用 H 指数在西部地区城市群中处于中等偏低水平，

变化很小，始终在 0.340～0.380，土地利用 Zipf 维数在 1.000 左右，说明城市群土地利用的首位城市中心性不强，各城市土地利用较分散。

成渝城市群土地利用 H 指数处于最低水平，且明显低于其他城市群，在整个考察期内呈波动上升态势，由 2000 年的 0.153 上升到 2016 年的 0.214。这可能与成渝城市群包含城市数量远多于其他城市群有关，土地利用较分散，各城市差距不大。成渝城市群土地利用 Zipf 维数始终大于 1.000，且呈波动上升态势，说明城市群土地利用集聚度在逐渐增强。

总体来看，西部地区大多数城市群的土地利用空间结构具有显著的空间集聚特征，且这种集聚仍在强化，但强化速度较缓慢。这说明，西部地区城市群的中心城市建设用地面积显著大于外围城市，且随着时间的推移，中心城市建设用地扩张速度大于外围城市。

第四章　西部地区城市群经济增长进程考察

第一节　经济增长测度指标选择

不同经济学家对经济增长的界定和表述存在差异。马克思在《资本论》中指出，经济增长是社会物质财富的积累过程。Lewis（1955）在《经济增长理论》一书中将经济增长界定为人均产量的增长，而没有给经济增长附加其他的内容。Kuznets（1971）在《现代经济增长：发现与思考》中指出，经济增长可以理解为一个国家的经济增长，可定义为对国民提供日益增长的不同经济产品能力的长期上升，这种增长的能力以技术进步以及所需要的制度和意识形态的调整为基础。格林沃尔德（Greenwald）在《现代经济词典》中提到，经济增长是一国或一个地区商品和劳务生产能力的提升。萨谬尔森（1996）认为，经济增长是在一定时期内，一国总产出的增长，通常用一国的实际 GDP（或实际潜在 GDP）的年增长率表示。《新帕尔格雷夫经济学大辞典》将经济增长定义为，以不变价格计算的人均国民收入的变化率。总体而言，经济增长基本是以人均的概念衡量的，《新帕尔格雷夫经济学大辞典》更着重强调了这种人均收入的增长是以固定价格为前提的，即以不变价格进行计算。

综合上述定义，本书认为经济增长是指在一定时期内，一个国家或地区人均产出（或人均收入）水平的持续增加。经济增长率的高低能够衡量一个国家或地区总体经济实力的增长速度。因此，在本章第二节的分析中，使用实际人均 GDP 及变化率表征经济增长。

第二节　内部经济增长的空间分异

随着西部大开发的推进，西部地区各城市经济增长取得了令人瞩目的成绩。但由于经济基础、地理位置等因素，这些地区与东部地区仍存在一定差距。为观察西部地区城市群内部 2000～2017 年的经济增长状况，本节分别绘制了西部地区城市群 2000～2017 年人均 GDP（以 2000 年不变价格计算）的变化趋势，并与中国人均 GDP 进行对比，具体如图 4-1～图 4-8 所示。

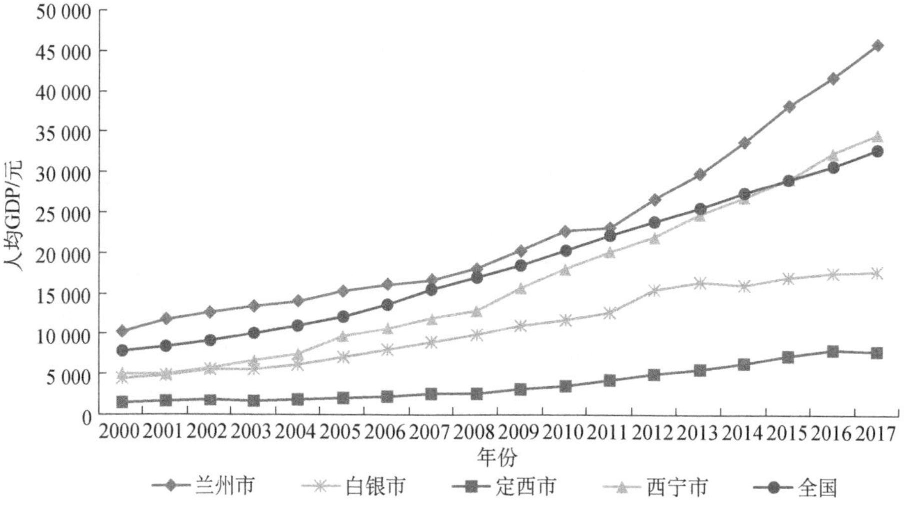

图 4-1　2000～2017 年兰白西城市群内部经济增长趋势

观察图 4-1 可以发现，2000～2017 年兰白西城市群内部经济增长呈上升态势，兰州市人均 GDP 一直处于领先地位，且在考察期内一直高于全国平均水平。定西市人均 GDP 处于最低水平，且在考察期内一直低于全国平均水平，整体呈缓慢上升态势。从增量来看，兰州市、白银市、定西市和西宁市 2000～2017 年人均 GDP 分别增长了 3.41 倍、2.96 倍、4.37 倍和 6.56 倍，西宁市增长速度最快，白银市的增长速度远低于兰州市，经济增长的差距逐渐拉大。

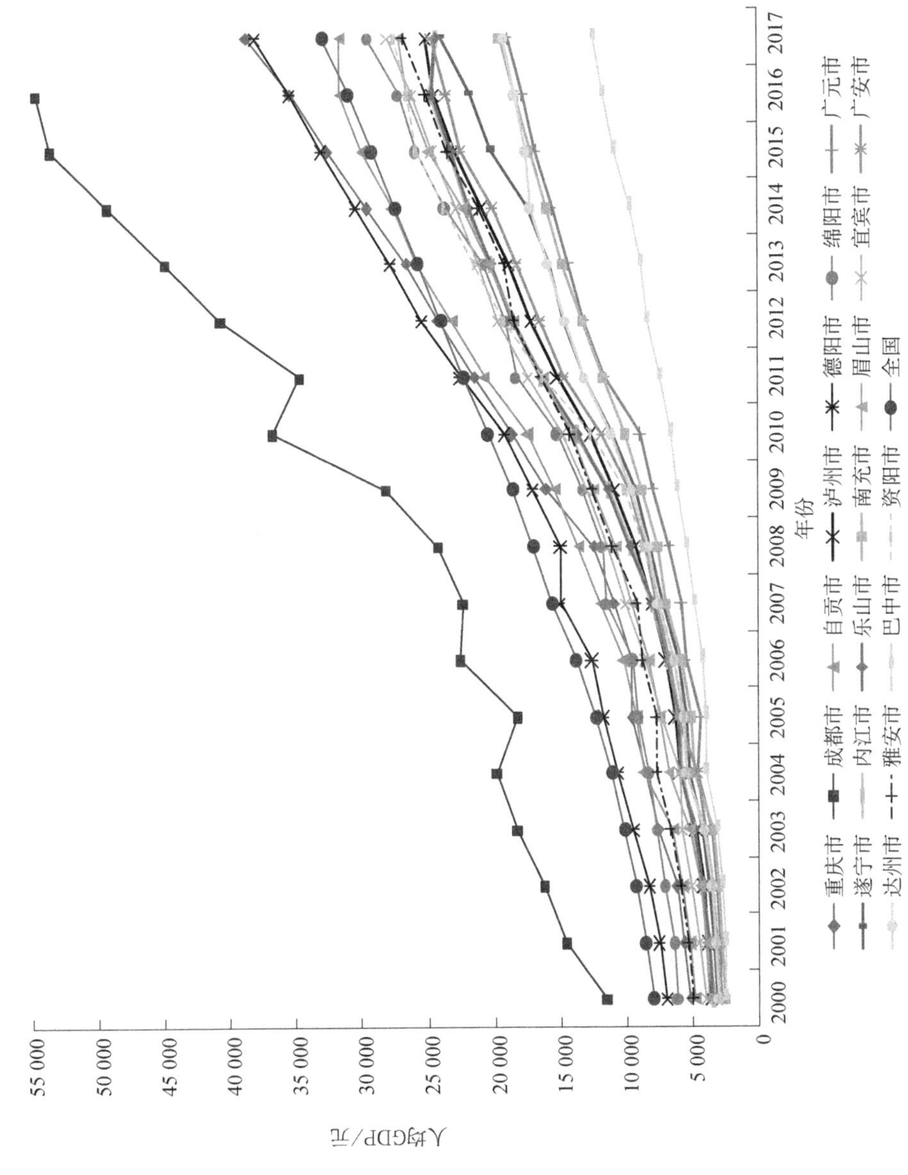

图 4-2　2000~2017 年成渝城市群内部经济增长趋势

观察图 4-2 可以发现，2000～2017 年成渝城市群内部经济增长呈波动上升态势，成都市人均 GDP 一直处于领先地位，且在考察期内一直高于全国平均水平。巴中市人均 GDP 处于最低水平，且在考察期内一直低于全国平均水平。2000～2017 年，增长幅度排名前五的城市为资阳市、广安市、南充市、遂宁市和重庆市，分别增长了 8.36 倍、7.98 倍、6.81 倍、6.50 倍、6.48 倍。除成都市和巴中市外，其他城市经济增长相差不大，且增长趋势类似，基本低于全国平均水平。中心城市成都市与其他城市的经济增长差距很大，且随着时间的推移这种差距逐渐扩大。

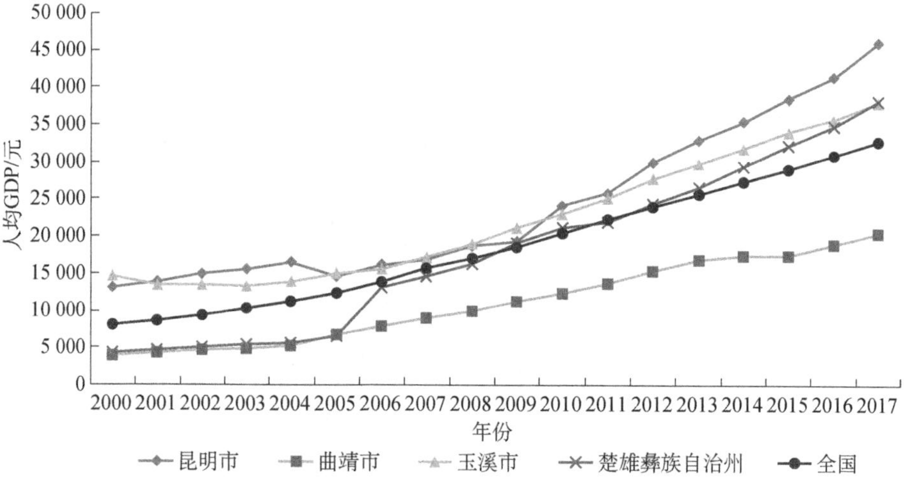

图 4-3　2000～2017 年滇中城市群内部经济增长趋势

观察图 4-3 可以发现，2000～2017 年滇中城市群内部经济增长呈波动上升态势，整体经济发展水平和全国平均水平相差不大。昆明市和玉溪市一直处于较高水平，且均高于全国平均水平。从增量来看，昆明市、曲靖市、玉溪市和楚雄彝族自治州 2000～2017 年人均 GDP 分别增长了 2.50 倍、4.17 倍、1.60 倍和 8.08 倍。楚雄彝族自治州人均 GDP 增长幅度最大，曲靖市虽然人均 GDP 处于最低水平，但总的增长幅度排名第二。中心城市昆明市与其他外围城市的经济增长差距不大。

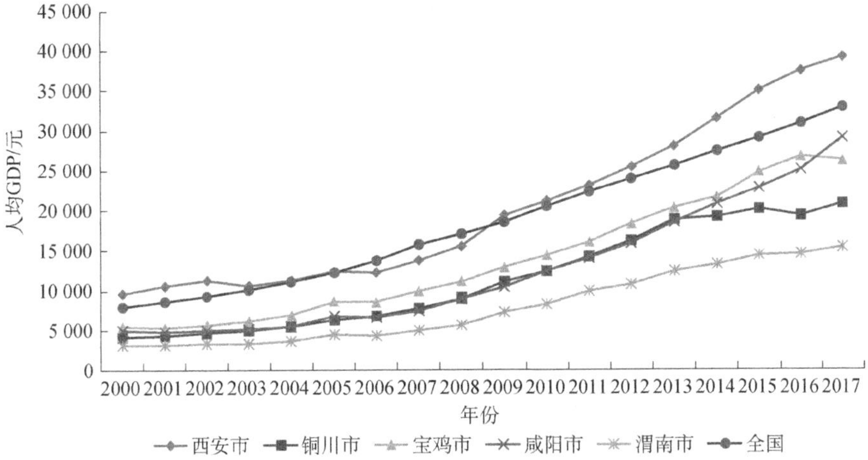

图 4-4　2000～2017 年关中城市群内部经济增长趋势

观察图 4-4 可以发现，2000～2017 年关中城市群内部经济增长呈波动上升态势，西安市人均 GDP 一直处于领先地位，且在考察期内大多数年份高于全国平均水平。其余四个城市都低于全国平均水平，渭南市人均 GDP 处于最低水平，从增量来看，西安市、铜川市、宝鸡市、咸阳市和渭南市 2000～2017 年人均 GDP 分别增长了 3.13 倍、3.97 倍、3.84 倍、4.84 倍、3.88 倍，咸阳市增长幅度最大，这可能是由于近年来实施西咸一体化发展战略，西安市部分产业转移到咸阳市，加快了咸阳市的经济增长速度。中心城市西安市与外围城市的经济增长差距很大，且随着时间的推移这种差距逐渐扩大。

图 4-5　2000～2017 年呼包鄂城市群内部经济增长趋势

观察图 4-5 可以发现，2000～2017 年呼包鄂城市群内部经济增长呈大幅度波动上升态势，呼和浩特市、包头市、鄂尔多斯市人均 GDP 均远高于全国平均水平，三个城市经济增长初始水平接近，但从 2005 年开始鄂尔多斯市人均 GDP 处于最高水平。从增量来看，呼和浩特市、包头市、鄂尔多斯市 2000～2017 年人均 GDP 分别增长了 7.06 倍、6.82 倍、11.04 倍。鄂尔多斯市经济增长幅度最大，呼和浩特市次之，包头市最后，呼和浩特市作为中心城市，在人均 GDP 上并没有表现出优势，反而最低，这可能与鄂尔多斯市有丰富的煤炭资源、呼和浩特市重工业发展较好有关。

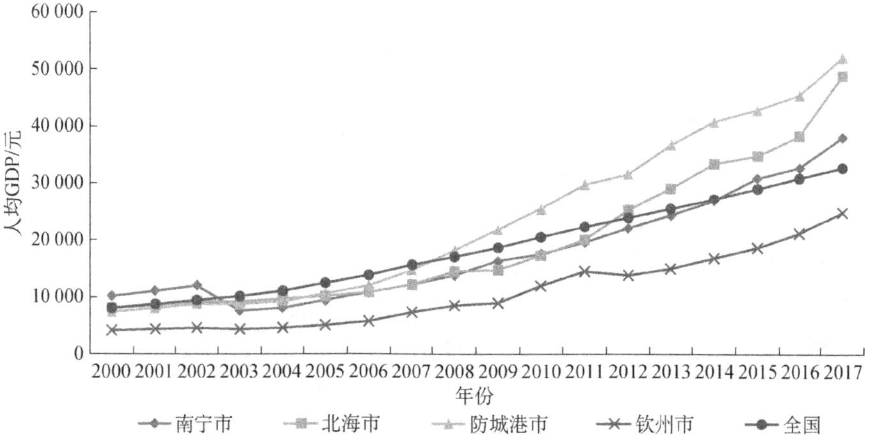

图 4-6　2000～2017 年南北钦防城市群内部经济增长趋势

观察图 4-6 可以发现，2000～2017 年南北钦防城市群内部经济增长呈波动上升态势，而作为中心城市的南宁市处于中等水平，大多数年份略低于全国平均水平。防城港市在多数年份经济发展最好，这可能与其是港口城市有关，钦州市人均 GDP 最低。从增量来看，南宁市、北海市、防城港市、钦州市 2000～2017 年人均 GDP 分别增长了 2.75 倍、5.04 倍、6.02 倍、5.03 倍。2017 年，防城港市人均实际 GDP（以 2000 年为基期）为 52 132.29 元，比南宁市高 14 061.42 元，北海市人均 GDP 也略高于南宁市。北海市地理位置优越，同时拥有深水海港、全天候机场、高铁、高速公路等设施，在中国西南地区具有显著优势；防城港市是广西壮族自治区北部湾经济区的核心城市之一，是中国西南地区便捷的出海口之一，而且在地理上距离东盟很近，便利的交通带动了防城港市经济的发展。

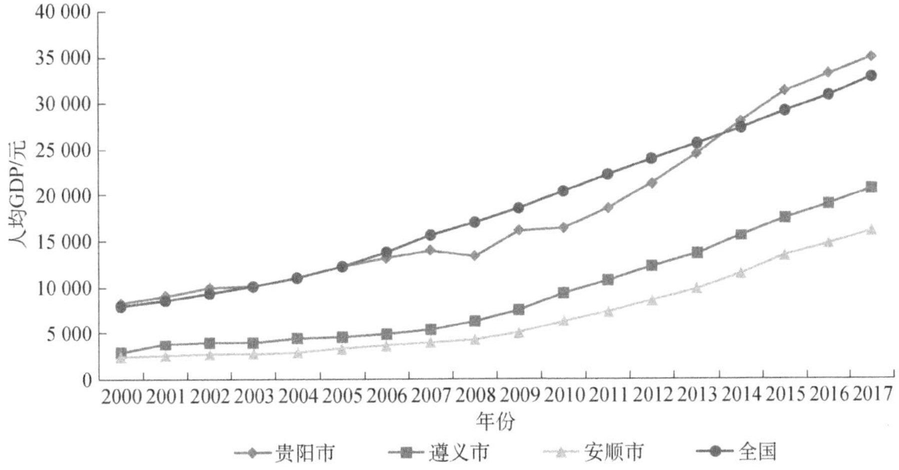

图 4-7　2000～2017 年黔中城市群内部经济增长趋势

观察图 4-7 可以发现，2000～2017 年黔中城市群内部经济发展较落后，贵阳市作为中心城市，多数年份的人均 GDP 低于全国平均水平，且在 2007～2008 年出现经济负增长趋势，这可能与由美国次贷危机引发的全球金融危机有关，遵义市和安顺市各年人均 GDP 都低于全国平均水平。从增量来看，贵阳市、遵义市、安顺市 2000～2017 年人均 GDP 分别增长了 3.25 倍、6.44 倍、5.62 倍，遵义市的增长幅度最大。中心城市贵阳市与其他外围城市的经济增长差距较大，且随着时间的推移这种差距逐渐扩大。

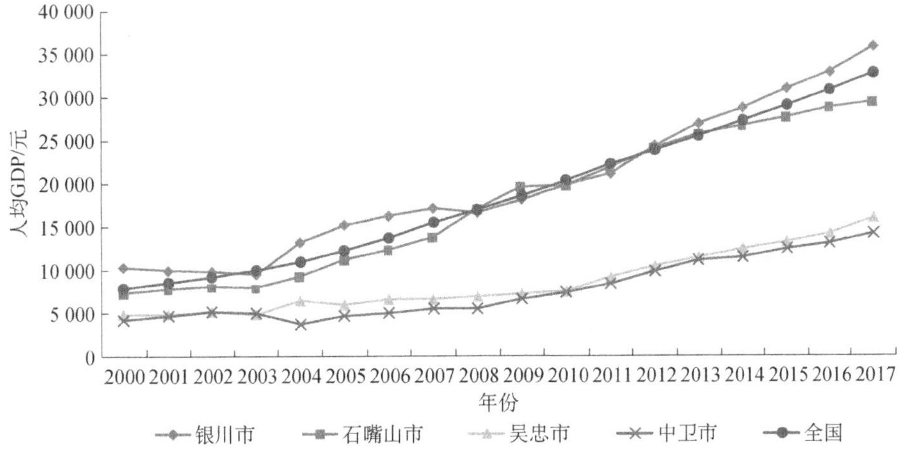

图 4-8　2000～2017 年银川平原城市群内部经济增长趋势

观察图 4-8 可以发现，2000～2017 年银川平原城市群内部经济发展较落后，银川市作为中心城市，多数年份的人均 GDP 接近全国平均水平，且在 2003 年和 2008 年经济出现负增长，这可能与 2003 年爆发严重急性呼吸综合征（severe acute respiratory syndrome，SARS）和 2008 年全球金融危机引发的经济下行有关。从增量来看，银川市、石嘴山市、吴忠市、中卫市 2000～2017 年人均 GDP 分别增长了 2.45 倍、3.02 倍、2.29 倍和 2.42 倍，银川市和石嘴山市人均 GDP 增长趋势类似，处于中等水平，吴忠市和中卫市人均 GDP 远低于全国平均水平。

第三节　整体经济增长空间相关性检验

地理学第一定律认为，一切事物都相关，相近的事物联系更紧密。城市群是在城市化进程中形成的一种区域空间形态，是以中心城市为核心向周围辐射构成的多个城市的集合体，存在模仿行为、溢出效应、截面上个体空间互相竞争和合作等（沈体雁等，2010），因此存在空间相关性。即 A 地区的一种属性值与 A 地区相互邻近区域的同一属性值是相关的。因此，借助空间计量方法对西部地区城市群的经济增长数据进行空间相关性分析，测度城市群之间经济增长是否具有空间相关性。本书选择全域莫兰指数（Moran's I）进行空间相关性测度，Moran's I 的计算公式如下：

$$\text{Moran's I}=\frac{\sum_{i=1}^{n}\sum_{j=1}^{n}W_{ij}\left(Y_i-\bar{Y}\right)\left(Y_j-\bar{Y}\right)}{S^2\sum_{i=1}^{n}\sum_{j=1}^{n}W_{ij}} \tag{4-1}$$

式中，$S^2=\frac{1}{n}\sum_{i=1}^{n}\left(Y_i-\bar{Y}\right)^2$；$\bar{Y}=\frac{1}{n}\sum_{i=1}^{n}Y_i$；$Y_i$ 表示第 i 城市的观测值；n 表示地区总数；W_{ij} 表示距离权重矩阵（distance based spatial weights）。假定空间相互作用的大小取决于区域行政中心之间的距离，即随着距离的增加，作用力减弱，其取值取决于所选的函数形式（如距离的倒数或倒数的平方、欧氏距离等）。本章使用两城市群中心城市距离的倒数来测算，如式（4-2）所示。

$$W_{ij}=\begin{bmatrix} 0 & \dfrac{1}{(d_{1,2})^2} & \cdots & \dfrac{1}{(d_{1,8})^2} \\ \dfrac{1}{(d_{2,1})^2} & 0 & \cdots & \dfrac{1}{(d_{2,8})^2} \\ \vdots & \vdots & & \vdots \\ \dfrac{1}{(d_{8,1})^2} & \dfrac{1}{(d_{8,2})^2} & \cdots & 0 \end{bmatrix} \tag{4-2}$$

式中，$d_{i,j}$表示第 i 城市群的中心城市与第 j 城市群的中心城市之间的距离。

Moran’s I 的取值范围是[−1,1]，Moran’s I 大于 0，表示区域某种属性值存在正的空间相关性；Moran’s I 小于 0，表示区域某种属性值存在负的空间相关性；如果 Moran’s I 接近 0，表示属性是随机分布的，或者不存在空间自相关性（沈体雁等，2010）。下面通过 Moran’s I 检验西部地区城市群经济增长的空间相关性。如果西部地区城市群经济增长具有空间相关性，在实证分析中必须要控制空间相关性；如果检验结果表明不存在空间相关性，则可使用一般的计量模型。应用式（4-1）检验 2000～2017 年西部地区城市群经济增长的空间相关性，结果如表 4-1 所示。

表 4-1　2000～2017 年西部地区城市群整体人均 GDP Moran’s I 值

项目	2000 年	2001 年	2002 年	2003 年	2004 年	2005 年
Moran’s I 值	−0.553*	−0.547**	−0.554**	−0.597**	−0.572**	−0.570*
Z 统计量	−1.605	−1.557	−1.553	−2.034	−1.858	−1.564
项目	2006 年	2007 年	2008 年	2009 年	2010 年	2011 年
Moran’s I 值	−0.569*	−0.560*	−0.577**	−0.546*	−0.549**	−0.559*
Z 统计量	−1.570	−1.534	−1.644	0.080	−1.505	−1.605
项目	2012 年	2013 年	2014 年	2015 年	2016 年	2017 年
Moran’s I 值	−0.557*	−0.557*	−0.547**	−0.528**	−0.527**	−0.524**
Z 统计量	−1.557	−1.552	−1.577	−1.524	−1.605	−1.587

**、*分别表示在 5%、10%水平下显著

表 4-1 显示，西部地区城市群经济增长之间存在空间相关性，在考察期内，西部地区城市群的 Moran's I 均为负，且大多数通过了 5%水平的显著性检验，说明西部地区城市群经济增长并未对它邻近的城市群产生带动作用，反而对其产生削弱作用，这与现实情况基本相符。例如，呼包鄂城市群经济发展水平处于最高水平，与其相邻的银川平原城市群经济发展处于较低水平。成渝城市群和黔中城市群的经济发展也存在类似现象。因此，在建立模型分析城市群空间结构演变对城市群经济增长的影响效果时，不能假设西部地区城市群经济增长互相独立，而需要控制城市群经济增长的空间依赖性。

第四节　经济增长的历史与现状分析

为了反映西部地区城市群整体经济增长随时间的变化，在此计算出西部地区城市群 2000～2017 年人均 GDP 和人均 GDP 年均增长率（图 4-9 和表 4-2）。由图 4-9 和表 4-2 可对西部地区城市群经济增长的历史与现状进行分析。

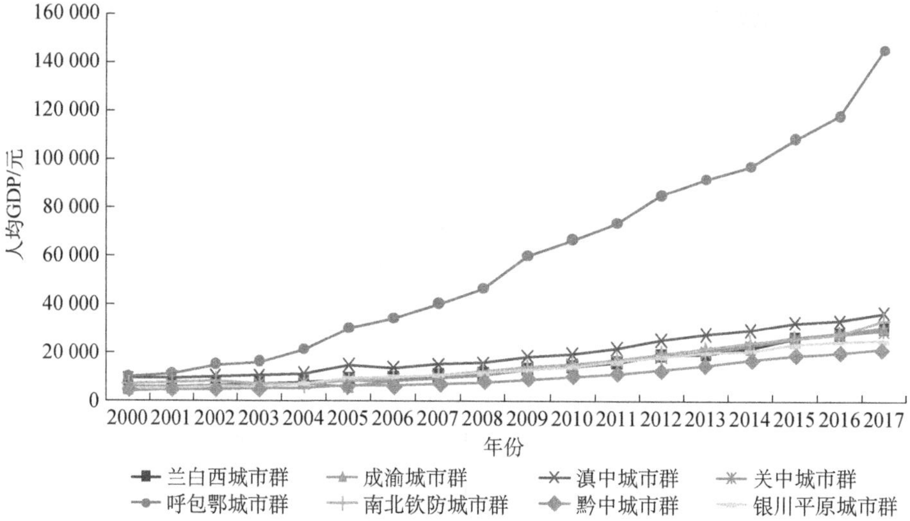

图 4-9　2000～2017 年西部地区城市群人均 GDP

观察图 4-9 和表 4-2 可以发现，西部地区城市群人均 GDP 逐年增长，呼包鄂城市群人均 GDP 明显高于其他城市群。2000～2017 年，呼包鄂城市群的增长速度最快，年均增长率为16.89%，人均GDP由2000年的10 235.65元增加到2017年的145 334.53元，增长了13.20倍。呼包鄂城市群是中国重要的能源重化工业基地，拥有丰富的煤炭和天然气资源，黄河也为其发展提供了丰富的水资源，从目前来看经济增长水平呈不断上升态势。与其他西部地区城市群相比，丰富的自然资源和先天的区位优势，是呼包鄂城市群经济快速发展的主要推动力。

表4-2　2000～2017年西部地区城市群人均GDP年均增长率

城市群名称	年均增长率/%
兰白西城市群	10.51
成渝城市群	11.28
滇中城市群	8.48
关中城市群	9.55
呼包鄂城市群	16.89
南北钦防城市群	9.58
黔中城市群	9.89
银川平原城市群	9.44

滇中城市群人均GDP年均增长率为8.48%，人均GDP由2000年的9208.19元增加到2017年的36 717.96元，增长了2.99倍，虽然滇中城市群增长速度在西部地区城市群中最慢，但其各年人均GDP始终居第二位。滇中城市群是云南省的经济发展核心地区，集中了全省近一半的山间平地，是中国连接东南亚国家的陆路交通枢纽，是中国重要的烟草、旅游、文化、能源和商贸物流基地，具有巨大的经济发展潜力（杨宇白等，2011）。

成渝城市群人均GDP年均增长率为11.28%，人均GDP由2000年的4999.84元增加到2017年的30 756.01元，增长了5.15倍。成渝城市群是西部地区城市群中包含城市数目最多的城市群，但其经济增长速度仅次于呼包鄂城市群。如此快速的发展得益于成渝城市群良好的区位条件、丰富的自然资源、良好的发展机遇。具体来说：①成渝城市群是长江上游经济带的重要组成部分，具有重要的战略地位。从地理位置来看，成渝城市群位于青藏高原和云贵高原之间，是东南沿海地区进入西藏的必经之地；同时，经过长江航道，与长江经济带紧密联系；北经宝成铁路和陇海铁路，进入新疆维吾尔自治区等西北地区。②成渝城市群具有丰富的自然资源，且储量高、开发成本低、运输方便。其在天然气方面的探索也处于领先地位，是中国最早开发利用天然气的地区之一。③随着近年来国家深入推进城市群发展，成渝城市群迎来了新的发展机遇。2019 年 4 月，国家发展和改革委员会印发了《2019 年新型城镇化建设重点任务》，其中重点提到扎实开展成渝城市群发展规划实施情况跟踪评估，研究提出支持成渝城市群高质量发展的政策举措，培育形成新的重要增长极。

兰白西城市群、黔中城市群和银川平原城市群人均 GDP 年均增长率都在 9%～11%。其中，兰白西城市群人均 GDP 年均增长率为 10.51%，人均 GDP 由 2000 年的 5473.29 元增加到 2017 年的 29 942.37 元，增长了 4.47 倍，保持着中低速增长。兰白西城市群是甘肃省、青海省经济发展的核心区，拥有国家能源重化工基地，为中西部合作交流提供平台，属于中国青藏高寒区、西北干旱区和东部季风区三大自然区的过渡地带（贾卓等，2013）。兰白西城市群经济增长速度不高的原因可能在于，首先，作为一级中心城市的兰州市经济发展水平不高，规模小，辐射带动能力不强；其次，该城市群的主要交通运输方式为公路运输，城市群整体交通运输网不发达，中心城市的带动辐射作用较弱。

黔中城市群人均 GDP 年均增长率为 9.89%，人均 GDP 由 2000 年的 4416.28 元增加到 2017 年的 21 944.84 元，增长了 3.97 倍，保持着中低速增长，其人均 GDP 在考察期内也一直处于较低水平。黔中城市群作为贵州省经济实力最强、发展条件最佳的重点区域，其经济发展速度在西部地区城市中却处于中等偏下水平，这可能是受交通运输、仓储设施、信息通信、货物包装与搬运等基础设施建设方面的制约。

银川平原城市群人均 GDP 年均增长率为 9.44%，人均 GDP 由 2000 年的 5410.14 元增加到 2017 年的 25 057.57 元，增长了 3.63 倍，保持中低速增长，其 2017 年人均 GDP 在西部地区城市群中处于较低水平。银川平原城市群是宁夏回族自治区的经济与文化中心，但该城市群的发展还处于发展初期。城市群空间结构紧凑度低，空间结构不稳定，中心城市对周围城市的带动辐射作用不明显，成为制约银川平原城市群经济增长的重要因素。

关中城市群人均GDP年均增长率为9.55%，人均GDP由2000年的6194.52元增加到2017年的29 199.58元，增长了3.71倍，增长速度较慢。关中城市群地处陕西省中部，聚集了陕西省大部分的科技资源，具有带动陕西省经济快速增长的巨大潜力。但在考察期内，关中城市群经济增长总量和速度却明显落后于呼包鄂城市群、成渝城市群。其原因可能在于，关中地区产业升级调整和结构优化受诸多方面的制约，军民融合发展的体制难题难以破解，使得其产业发展始终处于一个较低的层次。此外，除西安市，城市群内部其余城市缺少有竞争力的大企业或企业集群，西安市与其余城市之间的纵向产业链延伸与合作尚不成熟，这些都是影响关中城市群经济增长速度的重要原因。

南北钦防城市群人均GDP年均增长率为9.58%，人均GDP由2000年的7137.26元增加到2017年的33 827.69元，增长了3.74倍，增长速度较慢，2017年人均GDP在西部地区城市群中处于中等水平。南北钦防城市群地处广西壮族自治区，是西部地区城市群中地理位置最靠南的城市群，是西部大开发的唯一沿海区域，具有成为西部沿海地区现代化港口群、产业群和城市群经济高速发展的重要区位优势。北海市、钦州市、防城港市都是港口城市，是中国的沿海开放城市，享有国家沿海开放城市优惠政策，这是该城市群最大的特色和优势。

为进一步反映西部地区城市群的整体经济增长情况，在此测度了城市群整体人均GDP，结果如图4-10所示。

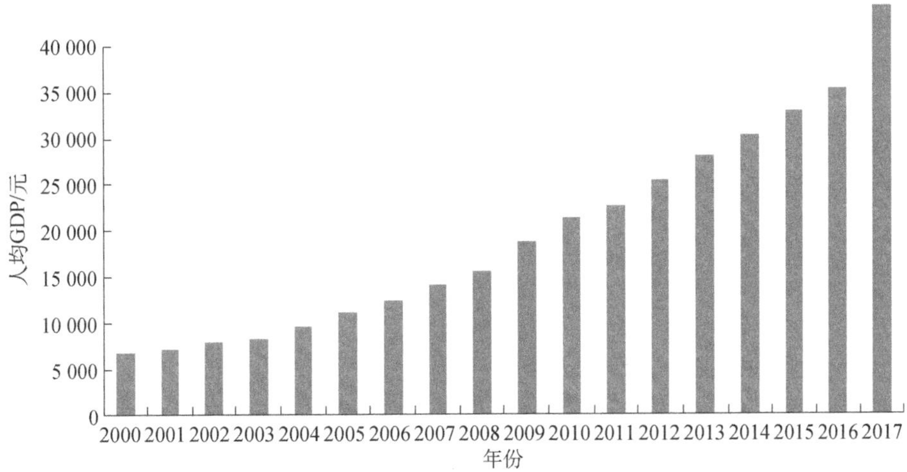

图4-10　2000～2017年西部地区城市群整体人均GDP变化

图 4-10 显示，2000～2017 年西部地区城市群整体经济增长呈稳定增长态势，增长速度接近匀速增长。结合图 4-9 和表 4-2 可以得出，西部地区城市群在考察期内，从整体经济发展来看，人均 GDP 的年均增长率由高到低依次为：呼包鄂城市群、成渝城市群、兰白西城市群、黔中城市群、南北钦防城市群、关中城市群、银川平原城市群和滇中城市群。人均 GDP 年均增长率最高的呼包鄂城市群为 16.89%，最低的滇中城市群为 8.48%，各城市群存在显著差异。

第五章　西部地区城市群环境污染进程考察

第一节　环境污染测度指标选择

环境污染主要表现在大气、水、废弃物、噪声等方面，当前研究根据具体的研究目的和数据的可获得性，在选择何种指标表征环境污染上做了大量尝试。部分学者认为可以利用单项指标来表征环境的整体污染，还有学者尝试构造综合污染指数来表征环境的整体污染。李姝（2011）采用广义矩方法研究城市化和产业结构调整对环境污染的影响，将排放废气、废水的达标率视为判断环境污染的指标；Criado 等（2011）对环境污染进行研究时，发现可利用工业废水、粉尘等指标来表征某区域污染的情况；杨仁发（2015a）发现从全球范围来看，中国二氧化硫排放量最大，并且该项数据的连续性较好也较为准确，他建议将工业二氧化硫排放量作为表征环境污染的主要指标；聂飞和刘海云（2015）在研究经济增长、环境污染、外商直接投资三者之间的关系时，选择将人均二氧化硫排放量作为表征环境污染的指标；屈小娥（2015）综合多项指标构建了综合指数，来表征环境污染水平。众多文献中关于环境污染指标的选择尚未达成一致，基于此，本章在选择环境污染指标时，主要考虑数据指标的一致性和可获得性。

在西部地区的地级市层面，政府公开的环境污染数据缺失较多，较难获得各项污染物的连续数据。在此通过查找统计年鉴及各类数据库，获得了比较完整的城市工业二氧化硫排放数据。考虑到数据的可获得性与一致性，本章没有选择构建环境污染综合指数或多类环境污染指标来表征环境污染，而是选择工业二氧化硫排放量这一指标来表征西部地区城市群的环境污染状况。

第二节　内部环境污染的空间分异

基于地理学第一定律，本章借助空间计量经济学方法，对西部地区城市群内部环境污染状况进行空间相关性分析，选择全域 Moran's I 进行空间相关性测度。Moran's I 的计算公式见式（4-1）。

需要说明的是，在式（4-1）中 W_{ij} 表示距离权重矩阵，在本章用简单邻近空间权重矩阵计算，其值大小取决于区域之间是否相互邻近，如果在地理空间上邻近定义为 1，如果不邻近定义为 0，区域自身间权重为 0，即

$$W_{ij}=\begin{cases}1 & \text{区域}i\text{和}j\text{相邻}\\0 & \text{区域}i\text{和}j\text{不相邻}\end{cases} \tag{5-1}$$

$-1 \leqslant$ Moran's I $\leqslant 1$，Moran's I >0，表示观测值存在正的空间相关性；Moran's I <0，表示观测值存在负的空间相关性；Moran's I=0，表示观测值没有空间相关性。

城市群是一个由不同城市构成的综合有机体，所以城市群整体环境污染状况由其内部城市的环境污染状况所决定。因此，在分析城市群整体环境污染的空间分布特征之前，需要分析城市群内部城市环境污染的空间分异，探索西部地区城市群内部环境污染的空间分布特征，以便为研究城市群整体环境污染空间分异提供依据。本章以西部地区城市群包含城市的工业二氧化硫排放量作为环境污染的替代指标，对西部地区城市群内部城市环境污染状况进行空间分析。

采用式（4-1）对西部地区城市群内部城市环境污染状况的空间相关性进行检验，为了进一步进行纵向比较分析，计算出 2003～2016 年西部地区城市群内部城市环境污染 Moran's I 值，如表 5-1 所示。

表 5-1　2003～2016 年西部地区城市群内部城市环境污染 Moran's I 值

项目	2003 年	2004 年	2005 年	2006 年	2007 年	2008 年	2009 年
Moran's I 值	0.053*	0.053*	0.051*	0.061**	0.072	0.088*	0.071*
Z 统计量	1.612	1.602	1.577	1.674	0.871	1.609	1.642
项目	2010 年	2011 年	2012 年	2013 年	2014 年	2015 年	2016 年
Moran's I 值	0.126	0.166***	0.248*	0.289*	0.248*	0.245***	0.444**
Z 统计量	0.741	2.568	1.930	1.876	1.765	2.561	1.972

***、**、*分别表示在 1%、5%、10%水平下显著

观察表 5-1 可以发现，当以工业二氧化硫排放量度量环境污染状况时，Moran's I 值均为正，且大多数通过了 10%水平的显著性检验，说明城市群内部城市环境污染之间存在较显著的正空间相关性。即一个城市的环境污染水平会受到周围城市环境污染的影响，存在空间溢出效应。环境污染在地理空间分布上表现为集聚分布特征，即高污染城市与高污染城市集聚分布，低污染城市与低污染城市集聚分布。同时，Moran's I 值逐年波动式上升，表明西部地区城市群内部城市环境污染具有正的空间相关性，西部地区城市群内部越来越多的环境污染型城市集聚分布，且这种集聚态势呈现稳定态势。

全域 Moran's I 表征的是全域空间相关性，反映了西部地区城市群内部环境污染状况是否集聚，但是不能表征西部地区城市群内部不同城市各自属于哪种集聚类型，因此需要进行局域空间自相关分析。在此利用 2016 年西部地区城市群内部城市环境污染状况的空间自相关性结果，绘制出西部地区城市群内部城市环境污染状况的 Moran's I 散点图。Moran's I 散点图将西部地区城市群内部环境污染状况的集聚类型分为四个象限：第一象限内的城市，本身及其周边城市的环境污染程度均较高，属于高高集聚；第二象限内的城市，周边被环境污染程度高的城市环绕，与周边城市相比，象限内的城市环境污染程度较低，属于低高集聚；第三象限内的城市，城市自身及其周边城市均为环境污染程度较低的城市，属于低低集聚；第四象限内的城市，环境污染程度较高，周边城市环境污染程度较低，属于高低集聚。第一象限和第三象限内的城市，城市群内部城市环境污染状况空间分布具有正的空间相关性；第二象限和第四象限内的城市，城市群内部城市环境污染状况空间分布具有负的空间相关性。另外，兰白西城市群中的海东市是 2013 年设立的，之前的统计数据中缺乏城市建设

用地数据和环境污染数据，因此在测度中没有考虑海东市。2016 年，西部地区城市群内部环境污染状况的 Moran's I 散点图如图 5-1 所示。

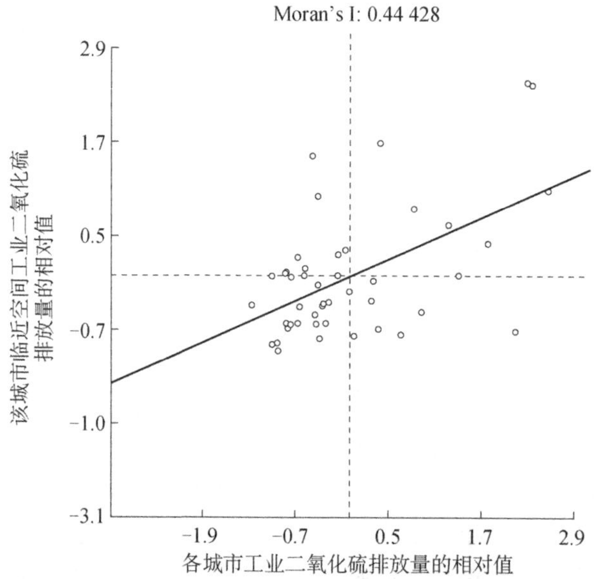

图 5-1　2016 年西部地区城市群内部环境污染状况的 Moran's I 散点图

为了进一步显示西部地区城市群内部环境污染状况的具体集聚类型，可以根据莉萨（LISA）显著性水平（$p \geqslant 0.05$）将集聚类型分为四类。2016 年西部地区城市群内部环境污染集聚类型如表 5-2 所示。

表 5-2　2016 年西部地区城市群内部环境污染集聚类型

集聚类型	具体城市
高高集聚	呼和浩特市、包头市、鄂尔多斯市、石嘴山市
低高集聚	楚雄彝族自治州
低低集聚	广元市、南充市、巴中市、达州市
高低集聚	重庆市

观察表 5-2 可以发现，西部地区城市群内部环境污染状况存在空间分异，且具有明显的空间相关性，城市环境污染状况类似的城市在空间上集聚分布，环境污染程度高的城市趋于集聚分布，环境污染程度低的城市在空间上趋于邻近分布。高高集聚的城市群主要是呼包鄂城市群；低低集聚的城市群主要是成

渝城市群。

城市间的环境污染相互关联，而城市群是多个城市构成的有机体，因此城市群内部城市的变化会导致城市群整体的变化。由于城市间环境污染存在空间相关，城市群整体环境污染是否存在空间相关性需要进一步检验。

第三节　整体环境污染空间相关性检验

通过计算全域 Moran's I 来检验西部地区城市群环境污染是否存在空间相关性。利用 GeoDa 软件，运用式（4-1）对 2003～2016 年西部地区城市群环境污染状况的空间相关性进行检验，结果见表 5-3。

表 5-3　2003～2016 年西部地区城市群环境污染 Moran's I 值

项目	2003 年	2004 年	2005 年	2006 年	2007 年	2008 年	2009 年
Moran's I 值	0.132*	0.124**	0.119*	0.230*	0.135***	0.129**	0.124**
Z 统计量	1.68	1.97	1.66	1.72	3.16	2.57	2.19
项目	2010 年	2011 年	2012 年	2013 年	2014 年	2015 年	2016 年
Moran's I 值	0.134***	0.105***	0.133**	0.132*	0.116*	0.124**	0.163**
Z 统计量	3.19	2.79	2.21	1.68	1.72	1.98	2.11

***、**、*分别表示在 1%、5%、10%水平下显著

观察表 5-3 可以发现，西部地区城市群环境污染具有空间相关性。2003～2016 年，西部地区城市群环境污染的 Moran's I 值均不为 0，且均通过了显著性检验，具有显著的空间相关性，Moran's I 值为正，表明西部地区各大城市群环境污染之间存在较显著的正空间相关性。即一个城市群的环境污染水平会受到周围城市群环境污染的影响，存在空间溢出效应。2003～2016 年，Moran's I 值变化较小，具有较为稳固的特征，西部地区城市群在环境污染方面的集聚特征较稳定。Moran's I 值为正，还表明城市群在环境污染方面呈集聚分布态势，高污染城市群的邻近城市群一般环境污染程度也较高。另外，因为西部地区城市群环境污染的 Moran's I 值显著为正，所以在建立模型实证分析城市群空间结构演变对城市群环境污染的影响时，需要考虑城市群环境污染的空间依赖性，不能假设西部地区城市群环境污染互相独立。

第四节　环境污染的历史与现状分析

西部地区城市群环境污染随着时间的推移呈动态变化态势，为了更加深入地了解变化规律与特征，测度了2003～2016年西部地区城市群的工业二氧化硫排放总量，并计算出西部地区城市群工业二氧化硫排放总量的年均增长率，结果如图5-2和表5-4所示。

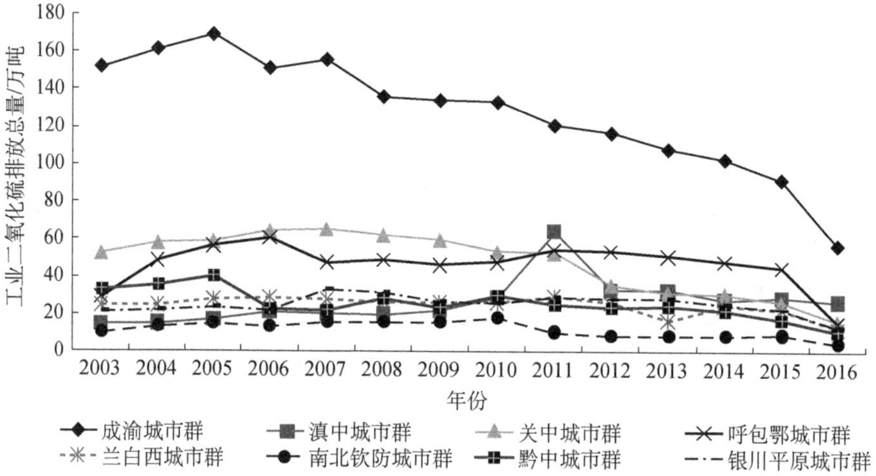

图5-2　2003～2016年西部地区城市群工业二氧化硫排放总量

表5-4　2003～2016年西部地区城市群工业二氧化硫排放总量年均增长率

城市群名称	年均增长率/%
成渝城市群	−7.36
关中城市群	−8.71
黔中城市群	−8.53
南北钦防城市群	−5.91
滇中城市群	4.85
兰白西城市群	−5.18
呼包鄂城市群	−4.76
银川平原城市群	−3.74

观察图5-2和表5-4可以发现，成渝城市群工业二氧化硫排放总量在2003～

2016年呈显著减少态势，由2003年的152.04万吨下降到2016年的56.30万吨，年均增长率为-7.36%，从该城市群工业二氧化硫排放总量的演变趋势来看，未来还会继续下降。如果以工业二氧化硫排放总量表征环境污染，成渝城市群工业二氧化硫污染得到了明显改善，整体呈逐年向好态势，这可能是因为成渝城市群采取了一系列行之有效的措施来保护环境，如调整产业结构、实施严格的环境规制等。

关中城市群、黔中城市群和南北钦防城市群工业二氧化硫排放总量在2003～2016年整体呈波动下降态势，三个城市群工业二氧化硫排放总量年均增长率分别为-8.71%、-8.53%和-5.91%。这表明，三个城市群的环境污染在恶化后逐渐改善，工业二氧化硫排放总量年均增长率的大幅下降也表明环境质量逐年改善，这可能与近年来环境治理的大量投入、铁腕治霾下企业污染排放受到严格控制、机动车尾气排放监管严格有关。

呼包鄂城市群工业二氧化硫排放总量在2003～2016年呈波动下降态势，年均增长率为-4.76%。2004～2015年，工业二氧化硫排放总量始终高于2003年。在发展的初期阶段，呼包鄂城市群工业二氧化硫排放总量不断增加，涨幅较大，之后不断减少，呈明显下降态势，说明该城市群环境污染先进入恶化期，再进入改善期。

滇中城市群工业二氧化硫排放总量在2003～2016年呈波动上升态势，年均增长率为4.85%。2011年以前，滇中城市群环境污染现象非常严重，工业二氧化硫排放总量呈明显上升态势，由2003年的14.26万吨上升到2011年的63.95万吨，增幅较大，对环境造成了严重污染，导致城市群环境状况不容乐观。后期采取有效措施对逐渐恶化的环境进行控制，工业二氧化硫排放总量不断下降，环境质量得以提升。若只从演化趋势来看，滇中城市群环境污染下降趋势可能继续保持。

兰白西城市群工业二氧化硫排放总量在2003～2016年整体呈下降态势，由24.07万吨下降到12.06万吨，年均增长率为-5.18%，说明兰白西城市群的环境质量已有提高。

银川平原城市群工业二氧化硫排放总量，在2003～2016年呈波动下降态势，由21.16万吨下降到12.90万吨，年均增长率为-3.74%。对银川平原城市群工业二氧化硫排放总量的变化趋势进行分析不难发现，银川平原城市群环境污染先进入恶化期再进入改善期，尤其是近年来，该城市群在环境方面采取了很多有效措施，质量改善现象非常明显。

为了进一步反映西部地区城市群环境污染状况及其演变特征，在此计算出西部地区城市群工业二氧化硫排放总量和工业二氧化硫排放均值，结果如图5-3所示。

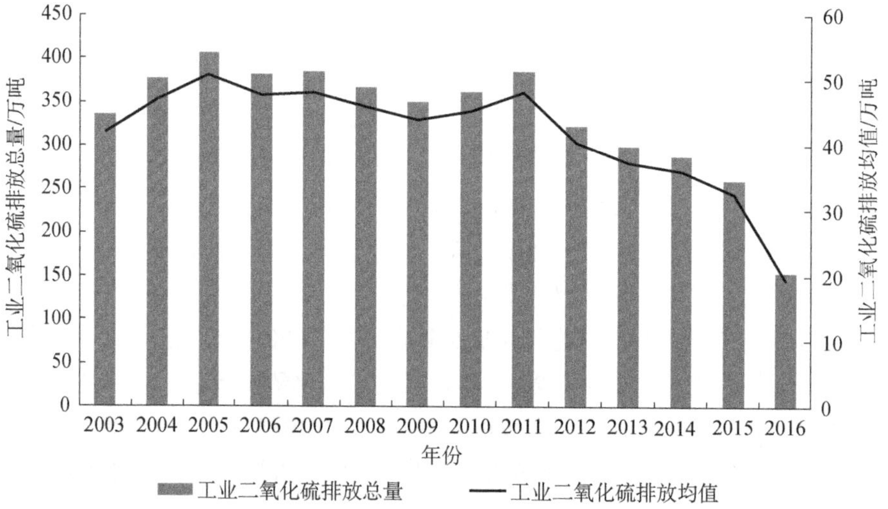

图 5-3　2003～2016 年西部地区城市群环境污染状况

观察图5-3可以发现，西部地区城市群环境污染状况呈改善态势。具体来看，西部地区城市群环境污染状况先恶化后改善，然后又恶化再逐渐改善。

除滇中城市群，西部地区其余七个城市群工业二氧化硫排放总量在2003～2016年总体呈下降态势，环境质量水平逐渐提升。从工业二氧化硫排放总量年均增长率来看，关中城市群下降幅度最大，年均增长率为−8.71%，环境改善最为明显；其次是黔中城市群和成渝城市群，年均增长率分别为−8.53%和−7.36%；余下依次是南北钦防城市群、兰白西城市群、呼包鄂城市群和银川平原城市群，年均增长率分别为−5.91%、−5.18%、−4.76%和−3.74%。滇中城市群工业二氧化硫排放总量年均增长率为4.85%，这说明，滇中城市群虽然在2011年之后环境污染状况出现好转，但2003～2016年总体环境质量水平在下降。从西部地区城市群整体来看，环境污染状况表现出波动特征，但整体趋于改善。

第六章　西部地区城市群空间结构演变对经济增长与环境污染的影响机制

第一节　城市群空间结构演变的微观基础

微观主体在城市内与城市间的行动是城市群空间结构演变的微观基础，从微观主体行为出发，能更好地探寻城市群空间结构演化的特征与规律。城市群由多个城市组成，每个城市的基本要素都包括居民、政府、企业以及其他各种社会组织等。本节分析居民、企业、政府的目标函数及约束条件，探讨微观主体行为对城市群空间结构演变的影响。

一、居民空间行为的驱动

在城市群发展过程中，不仅大量农民会涌入城市，而且城市居民也会在不同城市间流动，这些都会重塑城市群内部人口就业与居住的空间行为，在宏观上表现为城市群内部人口规模空间分布的演变。居民的空间需求主要包括消费、就业、居住、休闲、通勤等，其中就业空间与居住空间需求是决定居民区位选择的主要因素。

1. 居民就业空间行为的驱动

农村居民就业形式的转变是城市化的一个重要特征，农村居民的就业方式由纯农业就业，转变为兼业就业，再转变为非农就业。其中，纯农业就业的农村居民，其就业空间为农村的土地资源，由于没有其他收入来源，农业用地显得非常稀缺，且居民具有很强的积极性和强烈的意愿去扩大农业耕种面积，因此就业空间稳定在农村。随着城市的发展，其丰富的资源和相对较高的工资吸引着农业劳动者，于是就出现了兼业居民。这部分居民以农业生产为主，农闲时期在附近从事非农业，这时他们对土地的依赖减弱，扩大种植的愿望并不强烈。对于这部分居民，其就业空间有所扩张，但往往只是短时间的，对区域空间结构的影响不大。再后来，受城市化影响较大的区域，从事非农业的农村居民增多，其就业空间不受农村土地的限制，且随着企业的搬迁或经营范围的扩大，这部分居民就会搬离原来的村庄，使得就业空间转移到城镇地域，从而对该区域的空间结构产生较大影响。

2. 居民居住空间行为的驱动

由于居民就业形式的转变，相应的居住地也会发生改变，农村居民由于选择从事非农业生产，其居住地也由农村扩展到城镇地域。假设在同一城市中，通勤成本只与距离远近有关，居民的工作地点在城市中心，房屋居住的舒适度都相同，不考虑住宅拥挤程度和其他外界事物的影响，根据区位平衡理论，家庭总开支要在总收入的约束条件内，因此需要调节总支出中住宅费用、通勤成本、购买其他商品支出的比例，使得个人效用达到最大化。互换论认为，决定住宅区位选择的两个因素是住宅费用和通勤成本，并且最终的区位选择是这两个因素共同作用的结果。如果仅考虑通勤成本，居民必然会选择城市中心或者接近城市中心的地方，这些需求就会推高城市中心的土地租金。远离城市中心的郊区住宅费用较低，但通勤成本较高。因此，居民在进行区位选择时，需要在住宅费用和通勤成本之间进行替代选择，并选择综合费用最低的位置。居民对住宅地的选择最终会影响房地产开发商对开发地的选择，居民会通过购买或不购买某个房地产开发项目对该项目进行“投票”，其争相购买的楼盘项目的邻近区位常常会被其他开发商迅速开发。虽然居民对房地产楼盘的区位开发不具有选择权，但他们能够通过购买行为反馈给房地产开发商，从而对房地产开发商之后的投资行为产生影响，尽管这种影响具有时间延迟性，但却是影响地域空间结构的重要力量。

二、企业空间行为的驱动

企业的驱动作用主要表现在企业为了追求利润最大化，自主决定其区位选择，从而影响城市群空间结构的行为。根据新经济地理学观点，在工业化初期或中期，中心城市由于企业的聚集而产生本地市场效应和价格指数效应，进一步促使其他企业等微观经济主体的进入：一方面，企业生产要素的增加和规模的扩大通过内部规模效应实现收益递增；另一方面，企业之间的邻近和溢出效应使得收益递增。无论是内部规模效应，还是外部经济效应，都会导致产业集聚，并且集聚过程不断自我强化、循环累积（陈秀山和张可云，2003）。当企业集聚达到一定规模时，由于价格竞争效应的存在，企业盈利能力下降，企业整体或部分生产环节外迁。像这种在市场机制作用下，企业自发调整自身行为的机制就是市场自组织作用机制。本书设计了深度访谈的提纲，对西安市、兰州市、成都市的十多家企业高层管理人员进行了深度访谈，主要调查了企业空间再区位决策时考虑的影响因素。同时，根据这些深度访谈记录，整理得到企业空间行为的潜在驱动因素，结合相关理论研究，认为企业空间行为受企业区位选择行为和企业组织形式变化两种力量的驱动。

1. 企业区位选择行为的驱动

企业区位具有相对稳定性，但不是一成不变的，而会根据企业内部生产状况和外部环境调整区位选择。在工业化初期，企业大多选择城市中心，但随着企业集聚程度的增大，城市中心土地租金的上升，生产成本增加，就会促使一部分企业远离城市中心。当部分企业扩散到城市边缘后，由于外部性的作用会吸引更多企业集聚在周围，并带动一系列相应的服务产生新的经济活动集聚区。随着新的经济活动集聚区的扩大，有可能在此形成新的城市，新城市的产生又会进一步吸引更多的企业到此集聚。随着中国社会主义市场经济体制的健全和现代企业制度的建立，企业的选址更加自由、更能适应市场需要，因此企业空间行为影响着城市集聚与扩散，从而影响城市群的形成与发展。

2. 企业组织形式变化的驱动

企业组织形式反映了一个企业的财产构成、内部分工协作与外部社会经济联系。随着地区之间经济联系的加强，传统的决定经济集聚的因素逐渐弱化，进而出现了企业跨区域管理模式，企业新的生产组织形式——生产转包应运而生。在生产转包模式下，公司管理人员、研发部门等核心部门多集中在中心城市，而原材料加工、制造厂房或生产基地多分布在远离中心城市的次中心城市或周围小城镇。城市空间向外延伸，从而带动了周围地区经济的发展。这种组织模式加强了城市群内部中心城市与次中心城市及周围小城镇之间的联系，强化了城市群经济网络。

三、政府宏观调控的驱动

政府的驱动作用主要通过宏观调控来实现，具体表现为制定相关政策引导投资环境，以及加强基础设施和人才培养等。政府可以通过产业政策、环境保护政策、人才引进政策等引导企业进行区位选择，还可以通过与相邻地区政府合作建立相应的协调机制，促进城市之间的合作交流和产业分工，进而影响城市群整体的经济发展。

长期以来，中国政府在城市群发展中起着指导和总体规划的作用，但政府扮演的角色并不是一成不变的，而是根据城市群发展阶段的不同不断调整着自身的职能。在城市群发展初期，政府主要通过制定相关政策，完善市场体系，引入先进的技术和人才，为城市群发展提供基础保障；在城市群发展成熟阶段，政府的职责是维持良好的社会秩序，确保市场正常运行，加强对市场的监管，保证交易公平、公正；在城市群发展衰退时，政府可以通过一些宏观调控手段，促进城市群稳定发展。政府合理有效的宏观调控，有助于引导城市群形成合理有序的城市等级规模机构和职能分工，同时政府对城市群进行统一规划，可以使各城市明确其地位、职能，这对于城市群整体经济的发展有着重要的意义。

综上所述，可以得到单个城市中政府、居民和企业之间的联系如下：①政府为居民提供公共物品，居民通过行使选举权和对政府行为的监督，支持政府行使公共权力；②企业通过缴纳税款，增加当地政府的地方预算内收入，同时政府通过政策扶持，降低企业生产成本，吸引更多的企业；③居民为本地企业提供劳动，企业给居民支付劳动报酬，同时居民也是生产产品的消费者。单个城市中政府、居民和企业之间的联系如图 6-1 所示。

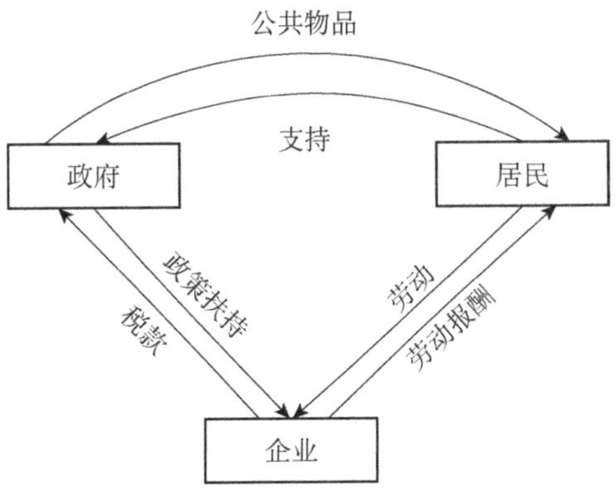

图 6-1　单个城市中政府、居民和企业之间的联系

居民和企业的区位选择会影响劳动力的迁移、产业结构的升级、土地使用类型的变化，进而影响城市群人口空间结构、产业空间结构、土地利用空间结构。微观主体空间行为影响城市群空间结构的过程如图 6-2 所示。

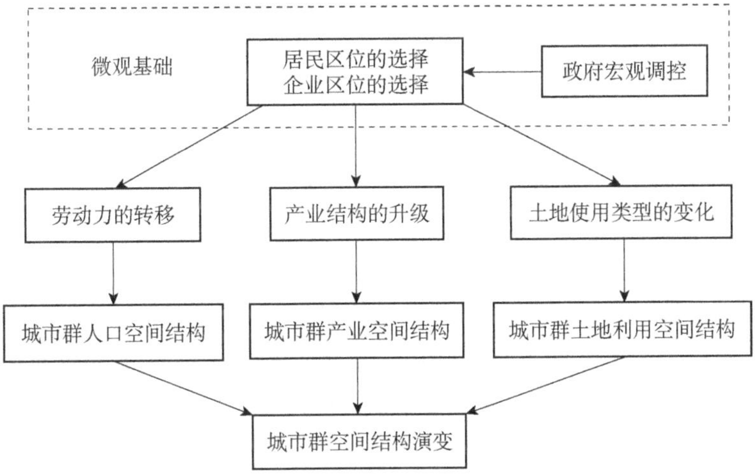

图 6-2　微观主体空间行为影响城市群空间结构的过程

第二节　西部地区城市群空间结构演变对经济增长与环境污染的作用机理

由第六章第一节分析可知，城市群空间结构的演变主要表现为城市群内部要素的空间流动（劳动力、资本等）。本节继续探讨要素流动对经济增长与环境污染的作用机理，主要从以下三方面展开：①要素空间流动、环境污染与经济活动的集聚模型分析；②经济活动集聚、城市群产业空间分布演化；③经济活动集聚、知识溢出与经济增长。

一、要素空间流动、环境污染与经济活动的集聚模型分析

城市群空间结构演变与经济活动的空间分布有关，而技术溢出和环境污染都会影响经济活动的空间分布演化。影响企业区位均衡的力量主要有以下两种：一种是市场接近性优势带来的集聚力，这种力量会促使企业向某个空间区域集聚；另一种是市场竞争带来的分散力。这两种力量的相对强弱直接影响着经济活动的空间分布，其中集聚力又可细分为本地市场效应和价格指数效应（李杰，2009），这两种效应可以形成循环累积因果关系，导致生产活动的进一步集中（安虎森，2005）。还有研究指出，当考虑环境成本时，经济活动的空间集聚会加剧所在地环境污染，如果政府因此而实行环境税收政策，那么就会增加集聚地所在企业的生产成本，从而削弱促使企业向城市中心集聚的集聚力（Kyriakopoulou and Xepapadeas，2013）。接近城市中心的区位拥有便利的交通和多样化的产品，但也存在严重的环境污染，作为消费者和企业劳动力的供给者，居民会在集聚力和分散力这两种力量中权衡，通过选择住宅区的位置来实现自身效用的最大化。根据 Quaas 和 Lange（2004）的研究，如果没有环境污染，工业企业会均匀地分布在两个地区，或者完全集聚在一个地区。但如果存在环境污染，一个更现实的均衡状态可能发生：大多数工业企业集聚在一个地区，而小部分工业企业集聚在另一个地区。这就是大型工业城市发展到一定阶段人口开始下降的原因，制造业带来的环境污染作为分散力，会抑制工业企业的进一步集聚，从而形成工业企业部分集聚的稳定均衡空间结构，而且随着环境污染程度的增加，工业企业空间集聚程度会逐渐降低。本书参考 Kyriakopoulou 和 Xepapadeas（2011）

构建的模型，在考虑环境污染的同时，探讨城市群中企业和居民区位选择的问题。城市群内部要素流动和经济活动的空间集聚，是影响城市群内部城市人均收入增长的重要因素。由此可知，城市群要素空间流动对经济活动空间集聚的作用机理如图 6-3 所示。

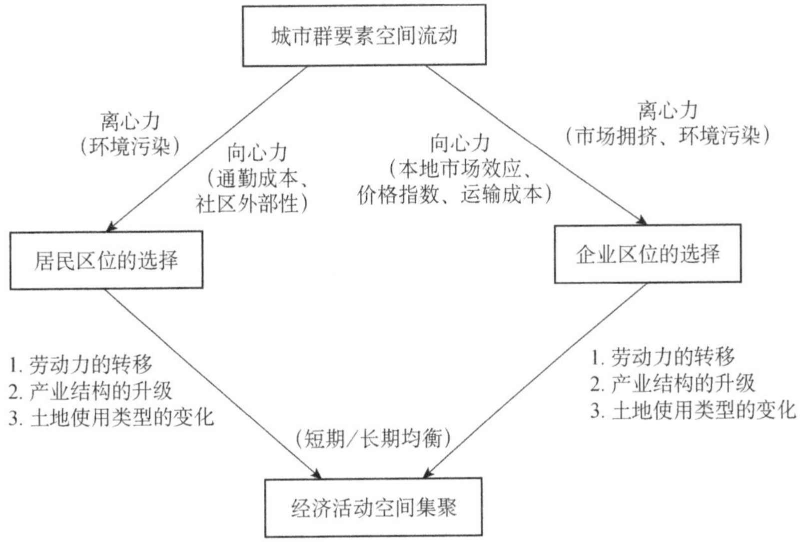

图 6-3　城市群要素空间流动对经济活动空间集聚的作用机理

1. 模型的建立

西部地区每个城市群都是由其内部城市组成的，城市群空间结构的演变体现在城市群内部各城市人口规模、产业结构和土地使用类型的变化。因此，在此以城市群中单个城市为研究对象，探讨影响微观主体区位选择的因素和达到均衡的条件。假设西部地区某城市的空间区域是一条长度为 S 的线，空间区域上任何位置均可作为企业用地或住宅用地，进一步假设该城市存在大量完全相同的企业和家庭，这些企业和家庭可以定址在该城市的任何地方。这些企业利用土地、劳动力和机器生产着单一商品，且在生产过程中还会排出污染物。假设在城市空间区域中存在一个港口，除该港口以外的其他空间区域的土地属性完全一样，并且该港口所在的空间点位置为 $\hat{r}\in[0,S]$。由于港口被用于进口机器，这就产生了“第一自然”（first nature）优势。假设机器以恒定的到岸价格［即成本+保险费+运费（cost，insurance and freight，CIF）］到达港口，但机器在城市内部运输会存在运输成本。如果企业的选址距离港口越远，那么企业为了获得机器将不得不支付越高的运输成本。因此，港口在城市空间上具有运输成本优势，大量企业在选址上会向港口靠拢。

企业在生产过程中排放的污染物会增加城市的总污染浓度，而城市政府会通过环境规制处理这些污染。一般情况下，越是经济活动高度集中的地区，排放的污染物越多，其环境质量越差，所以这些地区的环境政策越严格。反之，经济活动越不集中的地区，其环境质量越好，所以这些地区的环境政策越宽松。这意味着，如果企业决定与其他企业靠近，其将不得不以环境税的形式支付更多费用给政府，此时环境污染就成为企业区位选择的离心力。

在本书建立的模型中，污染会给消费者带来负效用，所以消费者倾向于远离企业以避开污染区域，而聚集的污染会促使纯粹住宅区和工业区的形成。另外，模型假设消费者在企业工作仅花费一个时间单位，而且其中一部分时间还花在了通勤上。因此，消费者有靠近工作场所居住的动力，以免花费大量时间和金钱在通勤上，由此形成了混合区（包含住宅区和工业区）。

消费者究竟选择在哪里居住，还受其居住地空间点上所提供住房服务的影响。参考 Kyriakopoulou 和 Xepapadeas（2011）构建的模型，假设每一个消费者定居所需要的土地恰好是一个单位。消费者定居会投资改善自己的房屋，与此同时该消费者也会从其居住地附近的邻居的房屋投资中受益。简单地说，当消费者买房时，不仅考虑房屋本身的状况，还会考虑整个社区的质量。因此，社区外部性成为消费者选址的向心力。

总的来看，环境污染、通勤成本、运输成本、社区外部性、环境税等多种力量共同作用于企业和消费者的选址，上述力量之间的权衡将直接影响城市内部住宅区和工业区的区位。本节的目的是检验不同参数的变化对城市要素流动、环境污染与经济活动集聚扩散的影响。

（1）消费者行为

消费者从消费和住房服务中得到正效用，但在环境污染中得到负效用。假设其效用函数为

$$U(r)=c(r)^{a}\tilde{H}(r)^{1-a}-P(r)^{\phi} \tag{6-1}$$

式中，c 表示一个单位土地的消费；$\tilde{H}$ 表示一个单位土地提供的住房服务；P 表示一个单位土地的总污染。a 是描述效用函数中消费份额的参数，$0<a<1$；ϕ 是描述污染对效用负面影响的参数，在此假设 $\phi\geqslant 1$，表示污染对效用的负面影响是单调递增的，而且是一个凸函数；r 表示消费者定居在城市空间区域中的空间位置（site）。住房服务可描述为

$$\tilde{H}(r)=\mu\int_0^S \mathrm{e}^{-\mu(r-\overline{r})^2}\left[1-\lambda(\overline{r})\right]H(\overline{r})\mathrm{d}\overline{r}+H(r) \tag{6-2}$$

式中，$\overline{r}$ 表示 r 的补集；$\left[1-\lambda(\overline{r})\right]$表示住宅用地比例；$\lambda(\overline{r})\in[0，1]$，$\lambda(\overline{r})=1$ 表示 S 是一个完全的工业区；μ 表示社区外部性强度；H 表示居住在 r 点的代表性居民进行的所有住房投资。r 点的住房服务依赖于定居在该点的个人投资和居住在该点周围的其他居民的投资。因此，消费者的效用不仅受自身住房投资的正向影响，还受其周围邻居住房投资的正向影响。

$k_1(r,\overline{r})=\mathrm{e}^{-\mu(r-\overline{r})^2}$ 称为核（kernel）函数，该函数表达了居住在 r 点邻近地区的居民住房投资对 r 点的住房服务具有正向影响，但这种正向影响的效果随着 r 与 $\overline{r}$ 距离的增大而减小。从式（6-2）可以看出，社区外部性强度参数 μ 决定了 r 点邻近地区的居民住房投资对 r 点的住房服务影响大小。μ 值越高，只有居住在 r 点非常近的居民住房投资才对 r 点的住房服务具有正向影响，居住在 r 点较远的居民住房投资对 r 点的住房服务正向影响迅速变小。换句话说，μ 值越高，消费者越愿意靠近那些花重金投资自己住房的邻居居住；如果消费者想要远离那些花重金投资自己住房的邻居居住，消费者获得的社区外部性就越小。这说明，社区外部性会对居民选择居住地产生类似向心力的影响。

假设消费者居住在 r 点，但是在 r' 点工作，消费者从企业获得的收入为 $w\mathrm{e}^{-\gamma(r-r')^2}$，其中 γ 为通勤成本参数，w 为企业支付的固定工资。此外，这些职住分离的消费者还能得到政府的一次性环境补贴，即政府重新分配企业因排放污染物而缴纳的环境税给消费者作为环境补贴。企业缴纳的环境税总额为 T，假设政府将 T 在城市所有空间区域上平均分配，那么该城市每单位土地上获得的环境补贴额度为 T/S。假设消费者的收入支出相等，即消费者获得的总收入（从企业获得的收入加上从政府获得的环境补贴）等于其承担的土地租金 $q(r)$、对住房的投资 $H(r)$和消费 $c(r)$之和。那么，消费者可以通过选择

在每单位土地上的消费 c 及住房投资 H 来最大化自身的效用水平，其效用最大化函数表达式为

$$\max_{c,H} c(r)^{a}\tilde{H}(r)^{1-a}-P(r)^{\phi} \tag{6-3}$$

约束条件为预算限制：

$$w\mathrm{e}^{-\gamma(r-r')^{2}}+\frac{T}{S}=q(r)+H(r)+c(r) \tag{6-4}$$

为了便于求得均衡解，假设生活在 r 点的消费者将 r 点邻近地区的居民住房投资 $H(\overline{r})$ 作为一个外生参数 H^{e}。通过这样的假设，本书认为在均衡状态下个人消费者没有意识到自己的投资会影响到其他地区的住房服务，因此这种假设使研究得到的均衡解结论与模型最优解的结论存在一定差异。

构造拉格朗日函数，并分别对 c 和 H 求导，得到以下一阶条件（first order condition，FOC）：

$$ac^{a-1}\tilde{H}^{1-a}=\lambda \tag{6-5}$$

$$(1-a)c^{a}\tilde{H}^{-a}=\lambda \tag{6-6}$$

从一阶条件可得

$$c=\frac{a}{1-a}\tilde{H} \tag{6-7}$$

将式（6-7）代入式（6-4）可以解出 $H(r)$：

$$H(r)=w\mathrm{e}^{-\gamma(r-r')^{2}}+\frac{T}{S}-q(r)-\frac{a}{1-a}\tilde{H}(r) \tag{6-8}$$

将式（6-8）代入式（6-2）可以解出 $\tilde{H}(r)$：

$$\tilde{H}(r)=(1-a)\left\{\mu\int_{0}^{S}\mathrm{e}^{-\mu(r-\overline{r})^{2}}\left[1-\lambda(\overline{r})\right]H(\overline{r})\mathrm{d}\overline{r}+w\mathrm{e}^{-\gamma(r-r')^{2}}+\frac{T}{S}-q(r)\right\} \tag{6-9}$$

综合式（6-9）和式（6-7），可得

$$c(r)=a\left\{\mu\int_0^S \mathrm{e}^{-\mu(r-\bar{r})^2}\left[1-\lambda(\bar{r})\right]H(\bar{r})\mathrm{d}\bar{r}+w\mathrm{e}^{-\gamma(r-r')^2}+\frac{T}{S}-q(r)\right\} \tag{6-10}$$

下面假设效用在空间域是恒定的，否则人们就会有动机地从一个地方迁移到另一个地方以增加他们的效用。该假设可以表示为

$$\bar{u}=c(r)^a\tilde{H}(r)^{1-a}-P(r)^{\phi} \tag{6-11}$$

利用式（6-9）和式（6-10）重新改写式（6-11），得到 $q(r)$为

$$q(r)=\mu\int_0^S \mathrm{e}^{-\mu(r-\bar{r})^2}\left[1-\lambda(\bar{r})\right]H(\bar{r})\mathrm{d}\bar{r}+w\mathrm{e}^{-\gamma(r-r')^2}+\frac{T}{S}-\frac{\bar{u}+P(r)^{\phi}}{a^a(1-a)^{1-a}} \tag{6-12}$$

利用式（6-8）、式（6-9）和式（6-12）可以解出 $H(r)$:

$$H(r)=-\mu\int_0^S \mathrm{e}^{-\mu(r-\bar{r})^2}\left[1-\lambda(\bar{r})\right]H(\bar{r})\mathrm{d}\bar{r}+\frac{\bar{u}+P(r)^{\phi}}{a^a(1-a)^{1-a}} \tag{6-13}$$

由式（6-12）和式（6-13）可得，消费者住宅区的选择与污染物浓度和社区外部性有关。首先，高污染地区居民住宅用地租金较低［$P(r)^{\phi}$越高，$q(r)$越低］，即居民愿意承担较高的土地租金，以在环境更好的地方居住。这也再次验证了现实生活中，住宅用地租金最高的区域在城市郊区的纯粹住宅区，远离污染的企业集聚区。其次，拥有较高住房投资的社区往往土地租金较高。就个人住房投资而言，当邻居增加了投资，基于社区外部性的存在，该个人的投资将减少。因此，人们更愿意住在这样的社区，该社区大量居民对住房的投资高，这种居住意愿会推高该社区的土地租金。

（2）生产者行为

假设所有的企业都生产单一的产品，并以竞争性的价格出售。在空间点 $r\in[0，S]$上的每单位土地的生产函数被定义为

$$f(r)=AL(r)^bK(r)^cE(r)^d \tag{6-14}$$

式中，f 表示每单位土地产出量的函数；L 表示每单位土地的劳动力投入；K 表示每单位土地的机器投入；E 表示每单位土地产生的污染物排放量；A 表示技术水平；b 表示劳动力投入份额；c 表示机器投入份额；d 表示污染物排放份额。

基于前述假设，港口所在位置为 $\hat{r}$，因此将机器从港口运送到城市其他位置都需要花费运输成本，且遵循"冰山"运输成本的运算假设。如果机器以恒定的到岸价格 p_K 到达港口，那么根据"冰山"运输成本的运算假设，就意味着如果有一单位的机器从 $\hat{r}$ 点运输到 r 点，仅有其中一部分 $\mathrm{e}^{-\beta(r-\hat{r})^2}$ 到达 r 点，因此机器在 r 点的价格为

$$p_K(r) = p_K\,\mathrm{e}^{\beta(r-\hat{r})^2} \tag{6-15}$$

式中，β 表示每平方距离单位（per square unit of distance）的运输成本（β>0）。很明显，运输成本随着企业定址位置 r 与港口所在位置 $\hat{r}$ 之间距离的增加而增加。

企业生产过程中产生的污染排放物会损害环境，假设每单位土地上的环境损害函数为

$$D\left[P(r)\right] = P(r)^{\phi} \tag{6-16}$$

式中，D 表示每单位土地的损害；P 表示每单位土地上的总污染物排放量。遵循 Kolstad（1986）的观点，假设污染排放物对经济的损害在所有区域都是累加的，并且这种损害是污染浓度的函数，因此假设 $\phi \geqslant 1$，损害函数的一阶导数大于零$\left[D'(P) > 0\right]$，损害函数的二阶导数也大于零$\left[D''(P) \geqslant 0\right]$。每一个企业都必须为其产生的每一单位的污染排放物缴纳环境税，税收函数与该地总污染物排放量的边际损害有关。税收函数可表示为

$$\tau(r) = \theta\phi P(r)^{\phi-1} = \psi P(r)^{\phi-1} \tag{6-17}$$

式中，$\tau(r)$ 表示在 r 点的环境税。θ 表示环境税与环境边际损害的比值，$0 \leqslant \theta \leqslant 1$，$\theta$=1 意味着 r 点处的全部边际损害都被征收为环境税。很明显，每个企业缴纳的单位环境税不仅取决于其自身的污染物排放量，还取决于该企业选择定址所在地点 r 的总污染物排放量。ψ 表示环境政策的严格性。

在此问题的解决中，使用了税收函数的对数：

$$\ln \tau(r) = \ln \psi + (\phi - 1)\ln P(r) \tag{6-18}$$

其中：

$$\ln P(r) = \int_0^S \mathrm{e}^{-\xi(r-s)^2} \lambda(s) \ln E(s)\,\mathrm{d}s \tag{6-19}$$

从式（6-19）可以看出，在空间点 r 上的总污染水平 P 是空间点 r 及其附近地区污染物排放量的加权平均值。核函数 $k_2(r,s) = \mathrm{e}^{-\xi(r-s)^2}$ 描述了污染物在空间上的扩散。ξ 值越高，表示 r 点上的污染排放物向其邻近地区扩散得越少。

由以上分析可知，环境政策的严格性不仅与环境边际损害内化为环境税的比例 θ 有关，还与所在位置的总污染水平 P 有关。当 θ=1 时，边际损害被完全内化为环境税，这说明执行的是严格的环境政策；当 θ＜1 时，边际损害只有一部分被内化为环境税，这说明执行的是较为宽松的环境政策。当地的污染水平越高，环境政策越严格。如果一个企业选择在更靠近其他企业的地方生产，在那里就会产生更多的污染物排放量，那么该企业将不得不支付更高的环境税。因此，环境政策对企业区位选择起着离心力的作用。

为了得到均衡解，本书假设某代表性企业定址在空间点 r，该企业通过调整劳动力、机器和污染物排放量，来获得最大化的利润。给出 r 点单位土地的最大化利润为 $\hat{Q}(r)$：

$$\hat{Q}(r) = \max_{L,K,E} AL(r)^b K(r)^c E(r)^d - wL(r) - p_K\,\mathrm{e}^{\beta(r-\hat{r})^2} K(r) - \tau(r)E(r) \tag{6-20}$$

式中，w 表示企业给劳动力支付的固定工资。在此，将生产出的产品价格标准化为 1。

假设定址于 r 点的企业将污染物浓度 $P(r)$作为一个外生参数 P^e。该假设意味着，$\tau(r)$ 在每个空间点上也被当作一个参数。

利润最大化的一阶条件是

$$bAL(r)^{b-1} K(r)^c E(r)^d = w \tag{6-21}$$

$$cAL(r)^b K(r)^{c-1} E(r)^d = p_K \mathrm{e}^{\beta(r-\hat{r})^2} \tag{6-22}$$

$$dAL(r)^b K(r)^c E(r)^{d-1} = \tau(r) \tag{6-23}$$

式中，$\tau(r)=\psi P(r)^{\phi-1}$。如果设定$P(r)=P^e$，上述一阶条件就定义了每一个空间点 r（$r\in[0, S]$）上的劳动力、机器和污染排放量的空间分布均衡。对式（6-21）～式（6-23）的两边进行取对数和变换处理，可得到一个具有对称核的第二类弗雷德霍姆（Fredholm）积分方程组，如式（6-24）所示。

$$\begin{aligned}
&\frac{d(1-\phi)}{1-b-c-d}\int_0^S \mathrm{e}^{-\xi(r-s)^2}\varepsilon(s)\,\mathrm{d}s+n_1(r)=y(r)\\
&\frac{d(1-\phi)}{1-b-c-d}\int_0^S \mathrm{e}^{-\xi(r-s)^2}\varepsilon(s)\,\mathrm{d}s+n_2(r)=x(r)\\
&\frac{(1-b-c)(1-\phi)}{1-b-c-d}\int_0^S \mathrm{e}^{-\xi(r-s)^2}\varepsilon(s)\,\mathrm{d}s+n_3(r)=\varepsilon(r)
\end{aligned} \tag{6-24}$$

式中，$y(r)=\ln L(r)$，$x(r)=\ln K(r)$，$\varepsilon(r)=\ln E(r)$；$n_1(r)$、$n_2(r)$、$n_3(r)$ 是已知参数。为了使用数值求解，本书使用了修正的泰勒级数展开方法。

在得到污染排放量的空间分布均衡后，可以计算出该城市执行环境政策的税收总额：

$$T=\int_0^S \tau(r)E(r)\,\mathrm{d}r \tag{6-25}$$

将式（6-25）的税收 T 代入消费者预算约束条件式（6-4）。均衡时，企业的利润为零，即企业在每个空间点 r 上的最大化利润就等于该企业能够为该空间点 r 支付的单位土地租金。

由对生产者的分析可知，如果不考虑环境成本，由于运输成本的存在，企业愿意全部集中在港口，在港口处企业获得的利润最大，因此企业愿意支付的土地租金也最高。但是如果考虑实行环境政策，越严格的环境政策给生产者带来的成本越高，这样就有部分生产者迁移到远离城市中心的地方。因此，城市中心的地理优势是企业区位选择的向心力，环境政策是企业区位选择的离心力，这两种力量的权衡最终确定了企业区位的选择。

（3）土地使用的均衡

以上消费者和生产者各自的区位选择分析中罔顾了土地的竞争性，但在现实中由于土地的竞争性，某一空间点上的土地如果成为住宅用地，就不能同时成为企业用地。本书假设某一空间点上的土地使用类型由土地租金决定，即消费者和生产者谁愿意承担的土地租金更高，该块土地使用类型就由出价高的一方决定。定义城市为线型的空间域 $[0, S]$，企业和居民都分布在此区域。因此，可以得到四种土地使用类型：纯住宅区、纯工业区、混合区、经济主体空置区（如森林、绿地等）。

一方面，消费者倾向于居住在远离企业的地方，以避免环境污染；另一方面，消费者偏爱住房投资水平高的社区，且受邻居住房投资的积极影响。因此，消费者将选择在居民密度较高的社区居住，以便从社区正外部性中受益。这两种力量促进了纯住宅区的形成。此外，考虑到工作问题，如果消费者的居住地远离企业，那么他们将支付较高的通勤成本。显然，“职住合一”的混合区能有效减少消费者居住地和工作地之间的距离，因此高通勤成本将促进混合区的形成。

企业倾向于在城市中的港口定址生产，这样就能节省机器的运输成本，运输成本为企业集聚提供了向心力。然而，大量企业向城市港口的集聚会造成严重的环境污染，促使政府实行环境政策，此时企业虽然节省了运输成本，但却支付了更高的环境税。因此，环境政策负向影响了企业向城市港口集聚，为企业集聚提供了离心力。这两种力量（向心力和离心力）的共同作用决定了工业区的位置。

为了确定住宅区和企业的最终选址，必须对比住宅区［$\hat{q}(r)$］和工业区［$\hat{Q}(r)$］的土地租金，即当所有企业实现零利润，所有居民都有相同的效用水平（$\bar{u}$），且土地市场出清时，就达到了空间均衡。因此，如果土地租金公式用 $R(r)$给出，则［$R(r), c(r), H(r), L(r), K(r), E(r), \hat{q}(r), \hat{Q}(r); \hat{r}, p_K, w, \bar{u}$］代表了一个竞争均衡（competitive equilibrium）。竞争均衡是以完全竞争为特征的市场或经济中供给和需求的平衡。当且仅当以下条件满足时

1）对于土地市场：

$$R(r)=\max\{\hat{q}(r),\hat{Q}(r),0\} \tag{6-26}$$

$$R(r)=\hat{q}(r) \qquad \text{如果}\ \lambda(r)<1\text{，且}\ \hat{q}(r)>\hat{Q}(r) \tag{6-27}$$

$$R(r)=\hat{Q}(r) \qquad \text{如果}\ \lambda(r)>0\text{，且}\ \hat{q}(r)<\hat{Q}(r) \tag{6-28}$$

$$R(r)=\hat{Q}(r)=\hat{q}(r) \qquad \text{如果}\ 0<\lambda(r)<1\text{，且}\ \hat{q}(r)=\hat{Q}(r) \tag{6-29}$$

$$R(r)=0 \qquad \text{如果}\ \hat{q}(r)<0\text{，且}\ \hat{Q}(r)<0 \tag{6-30}$$

2）对于劳动力市场：

$$\int_0^S \lambda(r)L(r)\,\mathrm{d}r-\int_0^S\left[1-\lambda(r)\right]\mathrm{d}r \geqslant 0 \tag{6-31}$$

式（6-26）～式（6-30）表示每个位置都分配给出价最高的一方。当居民愿意支付更高的土地租金时，该地区就会形成住宅区。当企业愿意支付更高的土地租金时，该地区就会形成工业区。式（6-29）说明，混合区是在两个土地租金相等的区间内形成的。此外，当居民和企业都不愿意支付正的土地租金时，该地区就会变成经济主体空置区。式（6-31）说明，城市中工人数量与居民数量相等或者高于居民数量。如果城市执行宽松的环境政策导致污染非常严重，就会有一部分工人搬离到城市以外的地方居住，但这些工人继续留在城市的企业工作。在现实中，随着通勤成本的不断下降，这种现象目前已经较为常见了。

2. 数值模拟

在前述消费者与生产者区位选择的数理模型基础上，本节使用数值模拟方法，通过为数理模型参数赋予不同的值，可以更直观地显示城市中住宅区和工业区土地使用的空间分布均衡。参考有关文献，赋予模型中部分参数以不同的数值，利用土地租金在城市空间点的变化分析住宅区和工业区的选址。首先，在效用函数式（6-1）中，假设消费份额 a=0.8，相应的住房服务份额为 0.2，固定效用 $\bar{u}=0.25$，固定工资（w）和到岸价格（p_K）分别为 0.4 和 0.2。其次，设定技术水平 A=1，劳动力投入份额 b=0.6，机器投入份额 c=0.25，污染物排放份额 d=0.05。给定这些数值，则隐含的土地份额为 0.1，城市的周长 S=20π。再次，假设城市港口就在城市的正中心，即 $\hat{r}=10\pi$。同时，还假定环境损害函数［式（6-16）］单调递增且是凸函数，所以设 ϕ=1.5。最后，设定 ξ=0.5。为了研究上面分析的环境污染、通勤成本、运输成本、社区外部性、环境税等多种力量下形成的不同住宅区和工业区，控制以上参数为固定值并令描述运输成本的参数 β、社区外部性强度的参数 μ、环境政策严格性的参数 ψ 和工人通勤成本的参数 γ 可变。

（1）通勤成本

通勤成本即上下班的交通成本，是指居民由于居住地远离工作地而花费在路上的时间和金钱。由分析可知，决定企业区位选择的两种力量分别为机器的运输成本和环境政策。城市中港口的区位优势使得企业都愿意集中在此，导致城市中心企业用地的租金较高。因此，企业用地租金与通勤成本 γ 和社区外部性强度 μ 无关。

图 6-4 显示了六种不同模式下城市住宅用地租金和企业用地租金的空间分布变化。给定三个不同的 γ 值（0、0.0005、0.001），并与两个不同的 μ 值（0.01、0.1）两两相结合，可以得出六种不同的模式[图 6-4（a）～图 6-4（f）]。γ 值越大，说明通勤成本越高，居民更愿意居住在其工作地附近；μ 值越大，说明社区外部性越强，居民更愿意居住在住房投资高的邻居附近。

对比图 6-4（a）～图 6-4（f），可以得出以下结论：

第一，居民倾向于选择在污染物浓度低的区域居住，即在城市郊区居住，因此可将城市中心看作一个工业中心。在通勤成本为 0 时[图 6-4（a）和图 6-4（d）]，越接近边界的地方，住宅用地租金越高。唯一的区别是，图 6-4（d）中两个边界略有下降，原因在于邻居住房投资带来的正向影响随距离的增加而减弱，图 6-4（d）中的 μ 值较图 6-4（a）大，因此这种影响的表现就更明显。

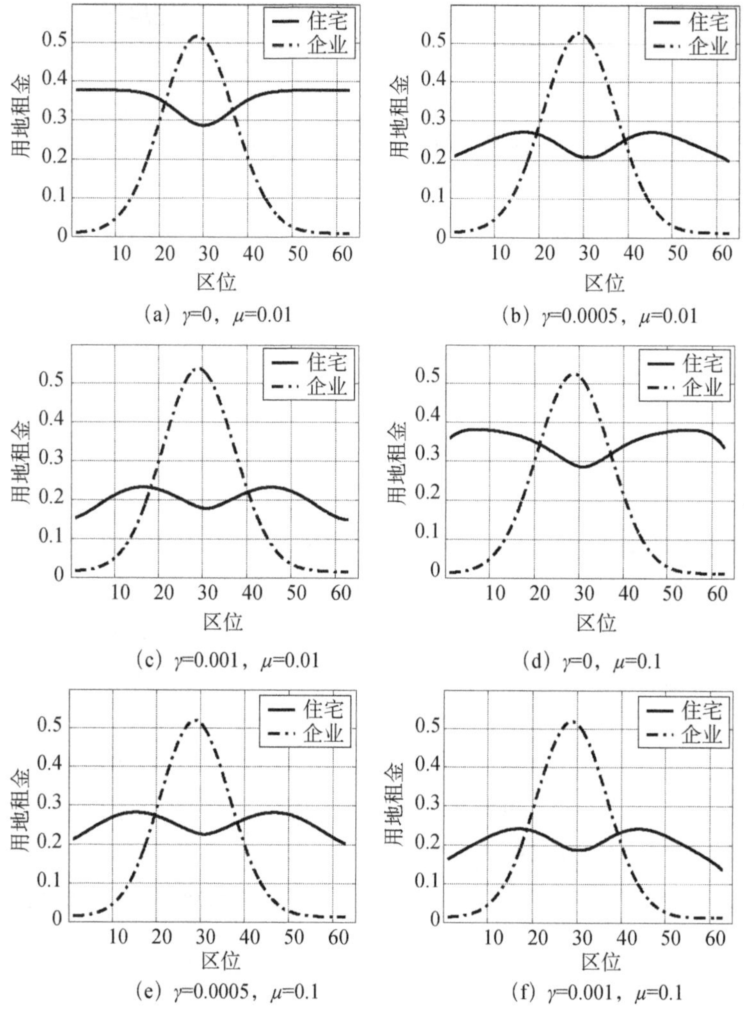

图 6-4　住宅用地租金和企业用地租金的空间分布变化（通勤成本）

第二，当通勤成本不为零时[图 6-4（b）、图 6-4（c）、图 6-4（e）和图 6-4（f）]，可以看到围绕两个点 r_1=17 和 r_2=46 形成两个峰值。原因在于：①通勤成本的存在，使得居民愿意住在邻近城市中心的地方，以节省通勤成本；②来自污染物的负效用阻碍了他们定居在城市中心；③社区的正外部性促进了住宅区的集中分布。这三种力量的均衡导致图 6-4（b）、图 6-4（c）、图 6-4（e）和图 6-4（f）中出现两个峰值。

第三，γ 值越大，居民在不同的空间点上愿意支付的住宅用地租金越低，这是因为较高的通勤成本降低了可支配收入。城市边界点附近的住宅用地租金下降更为明显，因为通勤成本随着通勤距离的增加而增加。综合考虑所有因素，可以观察到相同的土地利用模式：城市中心是一个纯工业区，而郊区是住宅区。如果居民的可支配收入提高，会推高整个空间的住宅用地租金，那么住宅区的规模会变大，而这意味着企业所能运营的空间范围会变小［图 6-4（a）和图 6-4（d）］。

（2）社区外部性

社区外部性也是决定居民住宅区位决策的集聚力之一。居民区位选择受以下三种力量的作用：污染带来的负效用作为离心力，通勤成本和社区外部性作为向心力。这三种力量之间的权衡，导致住宅用地租金空间分布在城市中心两侧各形成一个高峰。由于社区外部性不能影响工业区的土地租金，在图 6-5 中排除此项，以便更清楚地研究住宅用地租金的变化。

图 6-5 显示了六种不同模式下城市住宅用地租金的空间分布变化。给出三个不同的 μ 值（0.001、0.01、0.1），并与两个不同的 γ 值（0.0001、0.001）两两相结合，可以得出六种不同的住宅用地租金变化模式［图 6-5（a）～图 6-5（f）］。γ 值越大，说明通勤成本越高，居民更愿意居住在其工作地附近；μ 值越大，说明社区外部性越强，居民更愿意居住在住房投资高的邻居附近。

对比图 6-5（a）～图 6-5（f），可以得出以下结论：

第一，居民更愿意居住在服务水平高的社区，μ 值越大，居民愿意支付的租金越高。同时，社区外部性带来的影响随距离的增加而减弱，表明居民更倾向于居住在离其他居民更近的地方［图 6-5（c）和图 6-5（f）］。

第二，当通勤成本较低时，居民愿意在两个更大的区域范围内定居［图 6-5（c）］。然而当通勤成本很高，从两个峰值到边界移动时，住宅用地租金就会急剧下降［图 6-5（f）］。

第三，当 μ 值较小时，居民在整个空间域上愿意支付的土地租金较低。但是这些土地租金空间分布趋势有一定的相同点：在污染物浓度较高的城市中心，土地租金较低，且在城市中心的两侧存在两个峰值，从峰值分别向两个边缘移动时，土地租金下降。如果企业用地租金和图 6-5 所示的分布相同，那么可以得出，城市将由城市中心的一个工业集聚区和周围的两个住宅区组成。

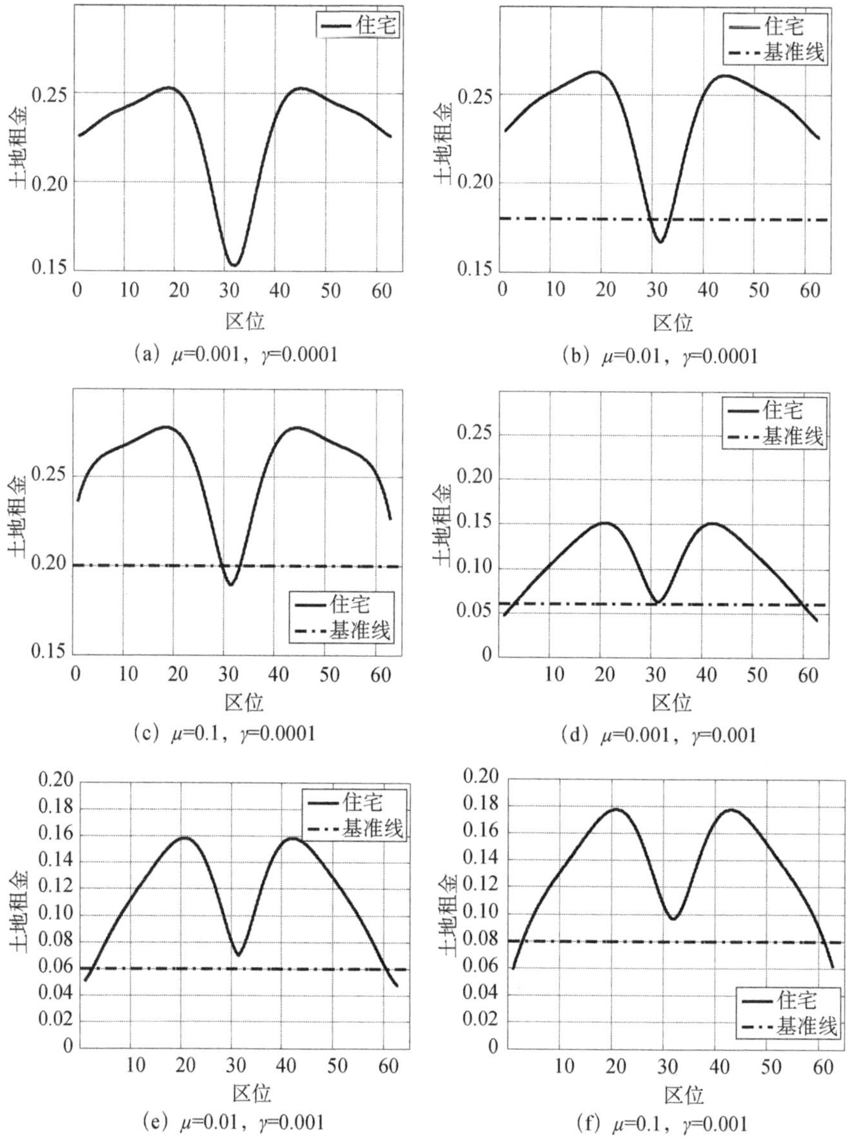

图 6-5　住宅用地租金的空间分布变化

（3）环境政策

环境政策不仅影响居民区位的选择，还影响企业区位的决策。这里假设环境污染是由企业生产过程中的污染物排放引起的，因此企业有义务为其产生的污染物缴纳环境税，如果污染排放物的边际损害能全部内部化为企业缴纳的环境税，表明政府执行了严格的环境政策。企业在空间上的区位选择取决于两种力量的权衡：一是各类运输成本作为（向城市中心集聚的）向心力；二是严格的环境政策作为（向城市中心集聚的）离心力。污染物浓度高的地区会给居民带来负效用，且环境政策是否严格执行也会影响居民的区位选择。一方面，如果执行严格的环境政策就意味着在每个空间点上征收更高的环境税。假设政府将环境税重新分配给消费者，就会给消费者带来更高的可支配收入，消费者愿意在每个空间点支付的土地租金越高。另一方面，如果执行宽松的环境政策就意味着环境税减少，消费者的可支配收入减少，消费者愿意在每个空间点支付较低的土地租金。环境政策加上通勤成本和社区外部性，共同决定了居民的区位选择。

图 6-6 显示了六种不同模式下城市住宅用地租金和企业用地租金的空间分布变化。给出三个不同的 ψ 值（1.5、0.9、0.3），并与两个不同的 β 值（0.003、0.006）两两相结合，得出六种不同的企业用地租金和住宅用地租金变化模式[图 6-6（a）～图 6-6（f）]。ψ 值越大，说明环境政策越严格；β 值越大，说明机器运输成本越高。

对比图 6-6（a）～图 6-6（f），可以得出以下结论：

第一，企业的定位是由两个集聚力确定的，这两个集聚力分别是机器运输成本（作为向心力）和环境政策（作为离心力），而离心力的强弱取决于环境政策的严格程度。当政府实行较宽松的环境政策时，企业愿意为城市中心支付更高的土地租金[对比图 6-6（a）～图 6-6（c）或图 6-6（d）～图（f）]，宽松的环境政策意味着企业带来的环境污染没有全部内化为环境税，企业的成本降低而单位土地上的利润增加，所以企业愿意为城市中心支付更高的土地租金。相反，当政府实行较严格的环境政策时，企业的成本上升、单位土地上的利润减少，因此企业只愿意为城市中心支付更低的土地租金[图 6-6（a）和图 6-6（d）]。

第二，就住宅用地租金而言，严格的环境政策一方面会降低城市中心的污染水平，另一方面会导致更高的环境税，而这些增加的环境税的重新分配会增加消费者的收入，因此消费者愿意为此花费更多的土地租金[图 6-6（a）和图 6-6（d）]。当政府实行宽松的环境政策时，企业成本降低，进而促使排放污染物的企业集聚到城市中心，这种集聚带来了更多的产出，导致城市中心污染水平上升，最终降低了城市中心消费者的效用。当 ψ 值由 1.5 下降到 0.9 时，城市中心住宅用地租金明显下降，当 ψ=0.3 时，城市中心集中了大量企业，导致消费者不愿意在此支付正的住宅用地租金[图 6-6（c）和图 6-6（f）]。

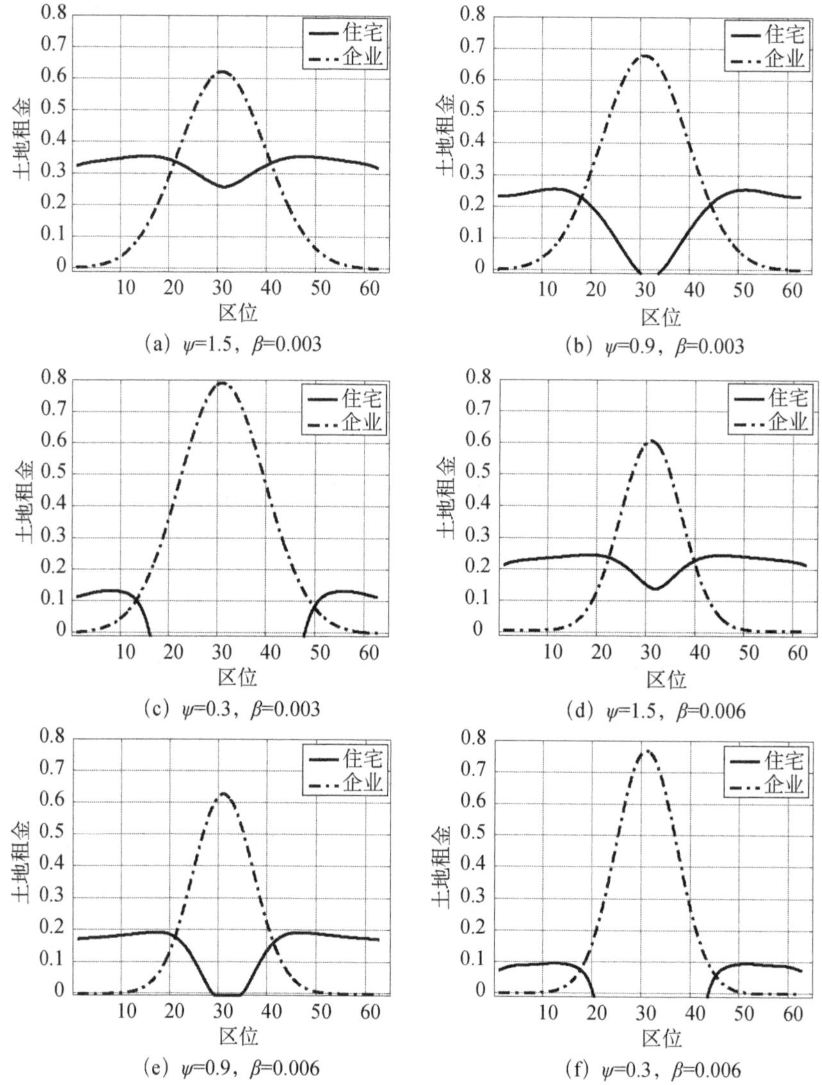

图 6-6　住宅用地租金和企业用地租金的空间分布变化（ψ 值）

因此，宽松的环境政策增加了企业的利润，但降低了消费者的可支配收入，并导致更高的企业用地租金和更低的住宅用地租金。由此形成了城市中心扩张的工业区和收缩的住宅区，并且住宅区更接近城市边缘。

（4）运输成本

运输成本是促使企业定址靠近城市中心的向心力，原因在于如果企业定址距离城市中心越远，机器从城市中心的港口运输到企业所在地的运输成本就越高，那么企业获取的利润就越少。比较图 6-6 中企业用地租金的均衡分布态势，可以得出以下结论：当运输成本较高时[图 6-6（d）～图 6-6（f）]，企业希望定址在更靠近城市中心的位置以降低运输成本，使得企业用地租金在城市中心（$r=\hat{r}$）处最高，随着企业的位置逐渐远离城市中心，企业用地租金急剧下降；当运输成本较低时[图 6-6（a）～图 6-6（c）]，随着企业的位置逐渐远离城市中心，企业用地租金也会下降，但是下降幅度比运输成本高时的下降幅度小。

3. 模型启示

由上述分析可知，通勤成本、社区外部性、环境政策、运输成本都显著影响着居民和企业的区位选择。虽然社区外部性会促使纯住宅区的形成，但定址在城市中心的企业产生的环境污染会阻碍居民居住在城市中心，而通勤成本又会阻碍居民居住在远离城市中心的地方，因此形成了居住混合区。对于企业来说，越接近城市中心的地方虽然运输成本越低，但环境政策越严格，会给企业带来越高的环境税成本，因此企业需要权衡运输成本与环境税成本，这种权衡决定了城市企业用地租金的空间分布。城市中心的企业用地租金总是高于周围区位企业用地租金，于是城市中心常常出现企业集聚区，而居民会围绕企业集聚区周围居住进而形成住宅区。

对于西部地区城市群来说，每个城市群由多个城市组成，其内部城市的经济发展不均衡，城市群中规模较大的中心城市在基础设施、资源等方面具有优势，对企业的吸引力更强，因此租金更高。随着中心城市产业集中度的增大，其产生的环境负外部性逐渐增强，促使地方政府实施较严格的环境政策，同时受较高环境税成本的驱动，部分企业会迁移到城市群内部的外围城市，而城市与城市之间的空隙地带则会形成农业区或者绿化区。

如果城市群内部执行严格的环境政策，那么中心城市的高租金会驱使企业迁移到中心城市边缘或者其他中小城市。城市群内部交通等基础设施的逐渐完善，会使地方运输成本下降，进一步促使企业迁移到中心城市边缘或者其他外围城市。

二、经济活动集聚、城市群产业空间分布演化

在单个城市内，经济活动会更多地集中在城市中心，如果考虑多个城市形成的城市群，经济活动如何分布呢？针对这个问题，考虑到大多数新经济地理学模型对企业同质性的假说过于严格，与实际情况不符（Martin and Rogers，1995；Baldwin er al.，2003），而异质性企业贸易理论虽然放宽了企业同质性的假定，但忽略了要素的流动性（Baldwin and Okubo，2006；Melitz and Ottaviano，2008）。因此，本书借鉴颜银根和文洋（2017）的研究成果，综合这两种模型的优点，将企业异质性理论纳入新经济地理学的自由资本模型中，分析加强城市之间的联系对城市群产业空间分布的影响。

1. 模型的建立

（1）模型基本假设

假设西部地区城市群包括三个城市（城市 1、城市 2 和城市 3）、两个部门（农业部门和工业部门）、两种生产要素（劳动力和资本）。农业部门以瓦尔拉斯一般均衡为特征，只使用劳动力一种生产要素，并且单位劳动力生产单位农产品，同时农产品在城市之间和城市内部都无交易成本；工业部门以迪克西特-斯蒂格利茨垄断竞争、规模收益递增为特征，以资本作为固定成本，以劳动力作为可变成本生产差异化工业品（安虎森，2007）。在生产要素方面，假设资本可以在城市之间流动，劳动力只能在同一城市内不同企业之间流动，工业品在城市之间运输存在冰山交易成本，即运输一单位工业品，最终只有 τ 单位工业品到达目的地，其余部分在运输过程中“融化”掉了（颜银根和文洋，2017）。

模型假定三个城市的初始要素比例（劳动力/资本）完全相同，即 $L_1/K_1=L_2/K_2=L_3/K_3$，三个城市的市场规模不同，且依次减小，同时城市 1 的市场规模小于城市 2 和城市 3 的市场规模之和，即 $s_{E2}+s_{E3}>s_{E1}>s_{E2}>s_{E3}$。企业进入本地市场和外地市场需要支付的成本分别为 F_D 和 F_X。市场中会不断进入一些新企业，但同时又会有一些低效率企业退出，假定企业的退出率服从泊松分布（颜银根和文洋，2017）。假设城市内企业的生产效率存在差异，且服从帕累托分布，表达式为

$$G(a)=\begin{cases}\left(\dfrac{a}{a_0}\right)^{\rho}, & a\leqslant a_0\\ 1, & a>a_0\end{cases} \tag{6-32}$$

式中，$G(a)$表示企业生产效率；$\rho\geqslant 0$为形状参数（shape parameter）；企业异质性程度a为规模参数（scale parameter），即企业边际投入（生产效率的倒数）；a_0表示效率最低企业的边际投入。选取a_0作为基数，在$a\leqslant a_0=1$时可以得到$G(a)=a^{\rho}$。

（2）消费者行为与生产者行为

1）消费者行为：假定消费者效用函数包括两层嵌套式的效用函数，第一层为总效用函数，即农产品和工业品组合的拟线性效用函数；第二层为工业品组合的效用函数，即不变替代弹性效用函数。具体表达式如下：

$$\begin{aligned}&U=\alpha\ln M+A\\&M=\left[\int_0^{n^{w}}c_i^{(\sigma-1)/\sigma}\,\mathrm{d}i\right]^{(\sigma-1)/\sigma}\end{aligned} \tag{6-33}$$

式中，U表示消费者效用函数；$\alpha\in(0,1)$表示消费者在工业品上的支出比重；A表示消费者对农产品的需求量；M表示消费者对工业品组合的需求量；σ表示不同工业品之间的消费替代弹性；c_i表示消费者对第i种工业品的需求量；n^{w}为三个城市总的工业品种类数。假定消费者总收入Y全部用来消费，不存在剩余储蓄。用p_A表示农产品价格，用p_i表示第i种工业品的价格，为了简化分析将农产品作为计价物，即农产品价格$p_A=1$，则消费者预算约束条件为

$$\begin{aligned}&A+PM=Y\\&P=\left[\int_0^{n^{w}}p_i^{1-\sigma}\,\mathrm{d}i\right]^{1/(1-\sigma)}\end{aligned} \tag{6-34}$$

式中，P表示工业产品价格指数。在约束条件下，实现消费者效用最大化，得到某个代表性消费者关于产品M、A和c_i的需求函数：

$$\begin{aligned}&M=\frac{\alpha}{P}\\&A=Y-\alpha\\&c_i=\alpha(p_i)^{-\sigma}P^{\sigma-1}\end{aligned} \tag{6-35}$$

2）生产者行为：对于农业部门，若生产单位农产品边际投入量为 a_A，劳动力价格为 w，则农产品价格 $p_A = a_A w$。将农产品价格和投入量单位化，得到 $\{p_A, a_A, w\} = \{1,1,1\}$。

对于工业部门，假设生产过程中将资本量 F_{I} 视为固定投入，同时将 a_i 单位的劳动力视为可变投入。假设每个企业在生产时需要固定投入 F_{I}，企业因生产技术不同而存在效率上的差异，导致边际投入不同。企业 i 的成本函数为

$$F(x_i) = F_{\mathrm{I}} + w a_i x_i \tag{6-36}$$

式中，F_{I} 表示企业的固定投入（或资本的报酬率）；x_i 表示企业 i 的产量。在此，采用迪克西特-斯蒂格利茨垄断竞争框架，假设模型中所有企业在该产品生产领域都是垄断企业，但它们面对的市场又是完全竞争市场。因此，它们不能按垄断企业那样制定垄断价格，此时利润最大化的产品定价策略是成本加成定价。即均衡时每个企业不可能获得正常利润，均衡利润只能为零。假设所有企业都为了实现利润最大化，那么企业 i 在本地售出工业品的价格为

$$p_i = \frac{\sigma a_i w}{\sigma - 1} \tag{6-37}$$

由此，可以得到城市 k 企业 i 的利润为

$$\pi_{i,k} = \frac{(a_i)^{1-\sigma} B_k}{\delta\sigma} - F_{\mathrm{I}} \quad k = 1,2,3 \tag{6-38}$$

式中，$B_k = s_{\mathrm{E}k} / \Delta_k$，式中其他参数含义见颜银根和文洋（2017）。

2. 企业迁移、城市群形成与长期均衡

尽管城市存在相同的初始贸易自由化水平，但由于市场规模 $s_{\mathrm{E}k}$ 不同，各地资本收益率也不同，初始状态 $B_1>B_2>B_3$。在达到长期均衡时，资本在城市间处于稳定状态，即各城市存在相同的资本收益，可以用 $B_1=B_2=B_3$ 表示。在达到长期均衡的过程中，企业会向资本收益率高的城市迁移。因此，城市 3 的企业率先向城市 1 迁移，促使城市 1 的资本收益率逐渐下降，城市 3 的资本收益率逐渐上升。这就有可能出现两种中期均衡结果：①若 $B_1>B_2=B_3$，城市 2 和城市 3 的企业会同时

向城市 1 迁移；②若 $B_1=B_2>B_3$，城市 3 的企业会不断向城市 1 和城市 2 迁移。

（1）区域一体化

在区域一体化进程中，为了讨论出现上述两种中期均衡结果的条件，分别将 B_2 与 B_1 和 B_3 作差，得到：

$$
\begin{aligned}
B_2 - B_3 &= \frac{\phi s_{E2}(1-3s_{E2})}{[\phi+(1-\phi)s_{E2}][\phi(1-s_{E3}-3s_{E3})-s_{E3}3s_{E2}(1-\phi)]} \\
B_1 - B_2 &= \frac{\phi s_{E2}\left(1-3s_{E2}\right)}{\left[\phi+\left(1-\phi\right)s_{E2}\right]\left[\phi\left(s_{E2}^2-s_{E3}^2\right)+\left(s_{E1}s_{E2}-\phi s_{E1}s_{E3}\right)s_{E3}+\phi s_{E2}\right]}
\end{aligned}
\tag{6-39}
$$

式中，$\phi=\tau^{1-\sigma}\in[0,1]$ 表示城市之间的贸易自由化水平。由式（6-39）可以得出：当 $s_{E2}>1/3$ 时，$B_2>B_3$；当 $s_{E2}<1/3$ 时，$B_1>B_2$；当 $s_{E2}=1/3$ 时，$B_1=B_2=B_3$，达到长期均衡。

（2）城市群的形成

城市之间的贸易自由化水平，不仅与城市之间的距离有关，还与各城市的贸易政策有关。受地理位置或发展历史等因素的影响，城市之间的贸易自由化水平存在差异。一些地理相对靠近的城市贸易自由化水平相对较高，从而形成城市群。城市群的形成会进一步提高城市群内部贸易自由化水平，当城市群内部城市与城市群外部城市的贸易成本不断提升时，就会表现为逐步排斥城市群外部城市。

假设城市群内部贸易自由化水平为 ϕ'，城市群与外部城市贸易自由化水平为 ϕ。为了处理方便，假设城市群内部贸易自由化水平比其与外部城市的贸易自由化水平高出 ϕ_0，因此 $\phi'=\phi+\phi_0$。在此，假定城市 1 与城市 2 形成城市群，则各城市长期均衡时的企业数量为

$$
\begin{aligned}
\lambda_1 &= \frac{s_{E3}(\phi'-\phi^2)-s_{E1}(1-\phi^2)+s_{E2}\phi(1-\phi')}{(1-\phi')\left[s_{E2}(\phi'-\phi)+(1-\phi)\right]} \\
\lambda_2 &= \frac{s_{E2}(\phi+1)-(1-s_{E2})\phi'}{s_{E2}(\phi'-\phi)+(1-\phi)(1-\phi')} \\
\lambda_3 &= \frac{s_{E1}(\phi^2-\phi')-s_{E3}(1-\phi^2)-s_{E2}\phi(1-\phi')}{(1-\phi')\left[s_{E2}(\phi'-\phi)+(1-\phi)\right]}
\end{aligned}
\tag{6-40}
$$

对式（6-40）中的ϕ'求导，可得

$$\frac{\mathrm{d}\lambda_1}{\mathrm{d}\phi'}\bigg|_{\phi=\phi'}=\frac{\phi\left[s_{\mathrm{E1}}-s_{\mathrm{E3}}+s_{\mathrm{E2}}(1-2s_{\mathrm{E1}})\right]+(s_{\mathrm{E1}}^2+s_{\mathrm{E1}}s_{\mathrm{E3}}-s_{\mathrm{E3}})}{(1-\phi)^2}>0 \tag{6-41}$$

同时，当$\phi>\left[s_{\mathrm{E1}}(1-s_{\mathrm{E1}}s_{\mathrm{E3}}^2)\right]/\left[(s_{\mathrm{E3}}-s_{\mathrm{E1}})+s_{\mathrm{E2}}(1-2s_{\mathrm{E3}})\right]$时，可得

$$\frac{\mathrm{d}\lambda_3}{\mathrm{d}\phi'}\bigg|_{\phi=\phi'}=\frac{\left[(s_{\mathrm{E3}}-s_{\mathrm{E1}})+s_{\mathrm{E2}}(1-2s_{\mathrm{E3}})\right]+\left[s_{\mathrm{E3}}^2-s_{\mathrm{E1}}(1-s_{\mathrm{E1}}s_{\mathrm{E3}})\right]}{(1-\phi)^2}>0 \tag{6-42}$$

式（6-41）和式（6-42）表明，当城市 1 和城市 3 形成城市群后，不仅能提高城市 1 的企业数量，还能提高城市 3 的企业数量。这说明，城市群促进了产业分工，并通过规模经济实现了产业集聚。

由此可知，城市群的形成有助于增加城市群内部城市的企业数量，减少城市群外部城市的企业数量，即城市群的形成能促进企业从城市群外部向城市群内部迁移。

3. 模型启示

综上所述，城市群的形成有助于吸引更多的企业迁入城市群内部，从而促进当地产业的发展。原因在于，企业集聚程度的提高能够提供更优质的基础设施、更丰富的生产要素、更多的就业机会。企业集聚程度高的城市能够为资本和劳动力提供更好的发挥空间，进而吸引要素的流入。因此，对于西部地区来说，合理的城市群空间结构能够吸引要素的流入，从而促进产业集聚和经济增长。

三、经济活动集聚、知识溢出与经济增长

不论是从单个城市出发，还是从城市群出发，都可以发现城市化的过程就是经济活动不断集聚的过程。对于单个城市来说，经济活动更多地集中在城市中心；对于城市群来说，经济活动更多地集中在中心城市。那么，经济活动的集聚会对经济增长产生什么影响呢？已有研究表明，经济活动在某区域的集聚能够提高该区域的产业份额（或资本份额），进而利用产业份额的空间集聚提高劳动增长率。

在此，利用空间经济学模型讨论产业份额的集中为什么会提高经济增长率。

本书借鉴新经济地理学中的全域溢出模型和局部溢出模型（Martin and Ottaviano，1999；Baldwin et al.，2001），廓清经济活动集聚影响经济增长率的过程，发现产业的集聚确实能提高经济增长率。本书认为，区域的经济增长可以通过扩大企业数量或企业产值规模来实现，那么在迪克西特-斯蒂格利茨框架下，假设某一市场中的企业规模都相同，因此建模中不考虑企业规模扩大的问题，主要考虑企业数量如何增多（即产品多样化）的问题。本地企业从无到有的孵化出生、外地企业的跨区域迁移都能增加本地企业数量。全域溢出模型和局部溢出模型中没有资本流动，因此建模中主要考虑本地企业如何孵化出生的问题。不论是孵化出生企业，还是外来迁移企业，都会导致产业集聚。不过，没有资本流动情况下的产业集聚是内生过程，这种过程正是经济的增长过程。

1. 模型的建立

（1）基本假设

将西部地区某城市群简化为一个“2×3×2”模型，即包括两个城市（北部城市和南部城市）、三个部门（农业部门 A、工业部门 M 和资本创造部门 I）、两种生产要素（资本和劳动力）。农业部门和工业部门的假设与本章第二节第二部分相同，一单位工业产品使用一单位资本和 a_M 单位的劳动，城市间交易服从冰山贸易成本，城市内交易无交易成本。

为了简化模型求解，设定初始时北部城市和南部城市具有相同的劳动力禀赋，分别各占城市群的一半，并且劳动力在城市间不能流动，资本可以在城市间流动。在整个城市群中资本总量为 K^w，北部城市与南部城市拥有的资本量分别为 K 和 K^*，相应的资本禀赋份额分别为 s_K 和 s_K^*。模型中，资本被定义为实物资本，而知识或技术具有溢出效应，并且附着在实物资本上。

工业企业每生产一种产品需要一单位资本作为固定成本投入，因为每个工业企业只生产单一的产品，所以整个城市群系统生产的工业品种类数等于企业数量 n^w，其中北部城市和南部城市分别生产 n 和 n^*种。由此可知，北部城市的工业企业数、生产的产品种类数、使用的资本单位数都相等，均为 n，而南部城市的工业企业数、生产的产品种类数、使用的资本单位数都相等，均为

n^*。相应地，北部城市和南部城市拥有的资本禀赋份额分别为 s_K 和 s_K^*。新资本的创造需要消耗劳动，假设一单位资本的生产需要投入 a_I 单位的劳动，那么生产单位资本所需要投入的成本 $F = w_L a_I$。

模型参考局部溢出模型的基本假设，与全域溢出模型的全域等同溢出假设不同，局部溢出模型更强调本地资本创造只能享受本地知识溢出带来的影响，外地知识对本地的影响随地理距离的增加而减弱。即局部溢出模型假设本地区资本的溢出效应全部作用于本地区，而外地资本的溢出效应只有部分影响到本地区，且这种溢出效应随着溢出地区与本地区之间距离的增加而减弱。因此，资本创造成本与地区本身资本有关，达到均衡时的经济增长率与区位有关。因此，假设北部城市局部溢出模型的资本生产成本为

$$F = w_L a_I$$

$$a_I = \frac{1}{K^w A} \tag{6-43}$$

$$A = s_K + \lambda\left(1 - s_K\right)$$

南部城市局部溢出模型的资本生产成本表达式与式（6-43）相似，区域间的知识溢出主要表现为公共知识溢出，λ 反映公共知识溢出能力的强弱，λ 越大，表示越容易溢出，其他地区的知识溢出到本地区损失得越少，此时 A 越大，说明生产新资本的成本越小；λ 越小，表示越不容易溢出，其他地区的知识溢出到本地区损失得越多。λ 表征知识溢出的自由度，取值范围在 0～1。当 $\lambda=1$ 时，表示公共知识可以在地区间完全自由溢出，此时局部溢出模型退化为全域溢出模型；当 $\lambda=0$ 时，表示公共知识不能溢出（知识溢出仅限于当地）；当 $0<\lambda<1$ 时，可以认为 $1-\lambda$ 是公共知识溢出到其他城市损失的部分。

这里假设私人知识不能在地区间自由流动，私人知识具有专门化用途，一种差异化产品的生产需要一单位资本作为固定成本投入，因此私人知识资本的数量等于企业数量。即 $s_n = s_K$、$s_n^* = s_K^*$，在这种情况下，北部城市和南部城市私人知识所占份额恰好也等于 s_K 和 s_K^*。

（2）消费者行为

假设消费者的效用函数与核心–边缘模型相同，根据消费者效用最大化的

一阶条件，可以得到消费者对工业品的需求函数（安虎森和蒋涛，2006），即

$$c_i = \frac{\mu E p_i^{-\sigma}}{P_M^{1-\sigma}} \tag{6-44}$$

式中，c_i表示消费者对第 i 种工业品的需求量；P_M表示工业品价格指数；p_i表示第 i 种工业品的价格；σ 表示不同工业品之间的消费替代弹性；μ 表示支出在工业品上的支付份额（$\mu>0$）；E 表示总支出。

消费者面对的工业品价格指数为

$$P_M = \left(\int_0^{n^{\mathrm{w}}} p_i^{1-\sigma}\,\mathrm{d}i\right)^{1/(1-\sigma)} \tag{6-45}$$

式中，P_M表示工业品价格指数；p_i表示第 i 种工业品的价格；σ 表示不同工业品之间的消费替代弹性；n^{w} 为总的工业品种类数。

（3）生产者行为

生产者的行为是寻求利润最大化，根据利润最大化的一阶条件，可以得到生产者的最优定价策略，即边际成本加成定价。这样，第 j 种产品的价格为 $p_j = w_L a_M \sigma / (\sigma - 1)$，该式的右边为常数，与下标 j 无关，说明该市场各企业的价格相同，因此去掉下标 j，则 $p = w_L a_M \sigma / (\sigma - 1)$。选取适当的工业品度量单位使得 $a_M = (\sigma - 1)/\sigma$，同时选取单位劳动生产的农产品作为劳动力工资的度量单位，令 $w_L = 1$，因此 $p=1$。

2. 长期均衡

与全域溢出模型一样，局部溢出模型的长期均衡是资本生产成本等于资本价值时实现的，即北部城市和南部城市的托宾 q 值都等于 1。资本价值的表达式与全域溢出模型一样，并与收益率成正比。局部溢出模型的长期均衡有两种情况：①内点均衡（$0<S_n<1$），即两个地区具有同样的资本创造增长率，即 $g=g^*$；②角点均衡，即核心–边缘结构均衡（$S_n=0$ 或 $S_n=1$），表示城市群内部某一城市使用了该城市群经济系统的全部资本，该城市同样也是生产新资本的唯一地区。特别地，局部溢出模型的内点均衡主要包括对称内点均衡和非对称内点均衡两种类型，对称内点均衡时两个地区的资本份额都是 1/2，非对称内点均衡

时两个地区资本份额不同，但增长率相同，不同的贸易自由化水平表示不同的资本空间分布形式。

结论 1：局部溢出模型的长期均衡条件是资本价值等于资本生产成本。长期均衡包括内点均衡和核心–边缘结构均衡，内点均衡又包括对称内点均衡和非对称内点均衡。

资本增长率即经济增长率，由模型的均衡条件可得，对称内点均衡的经济增长率和支出水平（收入水平）为

$$
\begin{aligned}
g^{S} &= \frac{1}{2}b(1+\lambda)L^{w}-(1-b)\rho-\delta \\
E^{w} &= L^{w}+\frac{2\rho}{1+\lambda}
\end{aligned}
\qquad (6\text{-}46)
$$

式中，g 表示经济增长率，其上标 S 表示对称结构；δ 表示资本折旧速率；ρ 表示未来收益的折现率；E^w 表示整个城市群经济系统的总支出，即整个城市群的总收入水平（总市场购买力）；L^w 表示整个城市群劳动力的总收入；b 表示资本的经营利润在整个城市群总收入中的比例；λ 表示知识溢出的自由度。同样地，核心–边缘结构均衡时的经济增长率可以表示为

$$
\begin{aligned}
g^{C} &= bL^{w}-(1-b)\rho-\delta \\
E^{w} &= L^{w}+\rho
\end{aligned}
\qquad (6\text{-}47)
$$

式中，g 表示经济增长率，其上标 C 表示核心–边缘结构。式（6-47）表示所有资本都集中在北部城市的长期均衡增长率和经济系统总收入水平。可以看出，此时的经济增长率等于全域溢出模型中的经济增长率，相当于式（6-46）在 $\lambda=1$ 时的情况，因为此时所有的资本集聚在相同区域，所有新创造的资本也来源于相同区域，所以知识溢出效应也全部集中在该地，从而使得知识在溢出过程中没有损失，因此 λ 为无关参数。

对比式（6-46）和式（6-47），比较两种情况下的经济增长率可以发现，非均衡分布模式（核心–边缘分布模式）下的增长率比均衡分布模式下的增长率高，即

$$
g^{C}-g^{S}=\frac{b(1-\lambda)}{2}L^{w} \qquad (6\text{-}48)
$$

结论 2：与均衡分布模式相比，非均衡分布模式的经济增长率更高，空间因素对经济增长的影响作用显著。

目前，实践层面的城市体系经济发展战略主要包括两类：一类是非均衡发展战略，另一类是均衡发展战略，对应的产业分布模式是均衡分布模式与非均衡分布模式。由结论 2 可知，与均衡分布模式相比，非均衡分布模式的经济增长率更高。因此，如果经济战略以效率为目标，可以采取非均衡发展战略，加强对各种要素的集聚；如果经济战略以公平为导向，可以采取均衡发展战略，尽可能地使各种生产要素均匀分布。

3. 模型启示

综上所述，产业的非均衡分布会显著促进区域经济增长，产业集群能够促进城市内人口、资本等要素的合理流动，进而推动城市规模的扩张，促进城市经济发展；城市集群能够增强城市之间的联系，降低要素流动成本，为产业集群提供更好的基础保障。产业集群和城市化的良性互动是促进地区经济持续健康增长的动力。

第三节　西部地区城市群空间结构演变对经济增长的影响过程分析

本章第二节的分析发现，西部地区城市群空间结构演变能够对经济增长产生直接作用，并且城市群要素流动会通过环境污染、通勤成本、知识溢出影响经济活动的集聚，进而影响经济增长。基于前期研究，城市群要素空间流动还会影响物质资本和人力资本的积累，进而影响经济增长。因此，西部地区城市群空间结构演变对经济增长的影响过程可从以下几个方面展开说明。

一、城市群空间结构演变对经济增长的直接作用

西部地区城市群人口空间、产业空间和土地利用空间集聚能够通过本身的规模经济和范围经济促进经济增长。人口空间和产业空间集聚表现为向中心城市集中的过程，土地利用空间集聚表现为土地集约使用。城市群空间结构由分散向集中演变的过程，宏观上表现为城市群中心城市规模的迅速扩大和城市群

首位度的增强，在微观上表现为各种产业和经济活动在空间上向城市群中心城市集中，并进一步吸引更多的经济活动向中心城市集中。根据本章第二节的分析，城市群空间集聚理论上会促进经济增长。在现实中，西部地区城市群空间集聚能够促进地区专业化，同时为技术工人提供集中的市场，从而使企业从技术溢出中获益。集聚经济存在于生产过程中，并使生产过程中的管理人才、技术人才、基础设施、专业技术得到共享，导致出现规模经济和范围经济。具体来说，人口空间集聚使得中心城市人口增长速度大于外围城市，人口规模的扩大带动了当地的消费和投资，专业人才数量的增加提高了劳动生产率，从而促进经济增长；产业空间集聚增强了企业之间的联系，有利于专业技术、管理经验的共享，并且降低了企业生产成本，从而促进经济增长；土地利用空间集聚使得土地的单位产出量增加，提高了土地利用效率，从而促进经济增长。但是，过度集聚也会产生集聚不经济的问题，经济体的规模增大到一定程度便会产生规模不经济，此时当经济规模再增大时，产品的平均成本不会进一步下降，反而开始上升。拥挤效应的出现使得边际收益递减，当拥挤效应带来的边际负收益大于规模增大带来的收益时，经济运行就会缺乏效率。

有研究发现，城市群空间结构演变对经济增长的影响往往受其他因素的调节作用，包括运输成本（覃一冬，2013）、对外开放程度（孙浦阳等，2011）、技术水平（刘修岩等，2012）、政府干预程度（赵勇和魏后凯，2015）等。考虑到研究的复杂程度以及西部地区的现实情况，本书只选取政府干预程度作为调节变量。在经济转型期，地方政府通常使用行政手段对宏观经济进行干预（Hsieh and Klenow，2009），而在中国，各级地方政府通常会采取多种干预行为进行宏观调控，包括直接投资、财政补贴、转移支付、价格支持等，这对城市群要素空间流动、产业分布、城市等级规模的形成产生了重要影响（张军和周黎安，2008；陆铭和欧海军，2011；梁琦和吕大国，2012；师博和沈坤荣，2013）。具体来看，地方政府的干预性投资通常会增加当地资本量、促进劳动力集聚和产业发展，从而促进经济增长。若地方政府增加对城市群内部中心城市的干预性投资，会提高中心城市的产业规模，导致中心城市经济增长的速度快于外围城市，这就是政策倾斜带来的发展机遇。地方政府补贴主要通过影响城市间要素成本和生产成本来影响企业区位选择，吸引企业的迁入或迁出，从而引起中心城市和外围城市产业空间分布的变化。因此，有效率的政府干预能够调节城市群空间结构对经济增长的影响。

二、城市群空间结构演变对经济增长的间接作用

1. 通过影响物质资本进而影响经济增长

西部地区城市群人口空间结构、产业空间结构和土地利用空间结构演变通过影响城市群物质资本的变化，并通过循环累积因果关系促进资本的积累，从而促进经济增长。城市群内部经济活动的空间集聚不仅能促进资本积累，还能改善区域经济环境，继续吸引企业向集聚区进一步聚集；另外，经济活动的空间集聚会促进所在地区的消费支出与投资支出增长，这样又会吸引更多的投资，增大的投资率又会进一步促进消费支出与投资支出增长（Baldwin and Martin，2004）。城市群空间结构的变化能够引起物质资本的流动，同时物质资本的跨区域流动能够优化经济系统内部结构，产生的放大效应有利于地区经济增长。物质资本要素在城市之间的流动对经济增长的促进作用是只存在于流入地，还是在流入地和流出地都存在，仍需进一步分析。本书借鉴张辽（2013）的研究方法，探讨物质资本跨城市流动对城市群经济增长的作用机制。

假设西部地区城市群包括城市 A（假设其经济较发达）和城市 B（假设其经济欠发达），物质资本要素能够在城市 A 和城市 B 之间流动，其余的生产要素不能跨城市流动。基于经济发展差距，一般来说物质资本要素的流动方向是从发达城市 A 流向欠发达城市 B，随着物质资本的流入往往还有生产技术和管理经验的流入，这些流入会提高欠发达城市 B 的劳动生产率和低端产业的竞争能力，从而有助于提高整个欠发达城市 B 的经济发展水平。但是，如果物质资本流入欠发达城市 B 后，使得欠发达城市 B 资本边际报酬下降，而劳动等其他生产要素价格大幅度提升，这就有可能导致欠发达城市 B 的经济发展水平并未得到改善。因此，资本要素流入只有在不降低原有资本收益率时，优化城市群内资源配置结构，才会带来资本流入城市净收益的增加。

对于发达城市 A 来说，相对丰富的物质资本要素流出会导致发达城市 A 的物质资本要素价格和收益率均上升。与此同时，劳动力等其他生产要素不能流动，其数量保持不变，因此这些生产要素的收益会下降。“此升彼降”下，物质资本要素的收益上升不一定等于其他生产要素收益的下降，所以发达城市 A 物质资本的流出可能给其发展带来正收益，也可能带来负

收益。

综上所述，城市群中物质资本的流动对城市群的经济增长效应表现为优化资源配置、提高要素生产率、促进经济增长。同时，适当引进外部资金可以促进本地区经济发展，但如果盲目引进外部资金，也可能抑制本地区经济发展，因此这样盲目地引进外部资金可能不利于城市群整体经济的发展。

2. 通过影响人力资本进而影响经济增长

西部地区城市群人口空间结构、产业空间结构和土地利用空间结构演变通过影响城市群人力资本的变化、知识外溢和技术创新促进经济增长。城市群经济活动集聚可以吸引大量基础人力资本，并带动人力资本的进一步集聚。就欠发达城市而言，存在诸多不利的条件，如地理环境差、交通不便、人力资本不足且流失严重，如果实现了产业集聚，则会在该地形成比较优势的产业集群，从而通过正的外部性提高当地产业的竞争力。同时，较强的产业竞争优势又会刺激各种要素进入该产业和相关产业，产业集聚的地域性和不可模仿性，使得区外要素只有流入该地才会发挥集聚带来的优势。因此，欠发达城市通过产业集聚可以吸引发达地区的资本、技术等流入，这些要素的流入为其创造了更多的就业机会，同时反过来又能够吸引更多的人力资本。在这种吸引力的作用下，产业集聚区内会吸引大量的人力资本，形成一个人力资本蓄水池。就发达城市而言，其本身经济发展基础较好，如果实现产业集聚，就能够更好地发挥优势产业的带动作用，吸引更多的人力资本（张先锋等，2016）。

总之，不论是城市群内发达城市，还是欠发达城市，城市群空间结构集聚均能够通过扩大人力资本促进经济增长。一方面，人力资本产生的知识效应能够消除资本和劳动要素边际收益递减，产生递增的收益，从而促进经济增长；另一方面，人力资本决定了地区的技术创新能力，并且会影响到地区技术追赶与技术扩散速度，人力资本越大，地区技术追赶与技术扩散速度越大，当然这也与该地区技术和领头地区的技术差距有关，技术差距越大，该地区越可能利用技术后发优势获得更多技术模仿收益（李德煌和夏恩君，2013）。

3. 通过影响技术水平进而影响经济增长

经济活动的集聚有利于知识溢出，而知识溢出又会促进技术进步，由内生经济增长理论可知，技术变革是知识积累的结果，知识积累导致的技术变革是经济长期增长的原动力。城市群空间结构的演变通过调整经济活动的集聚，进而影响城市群技术水平，最终影响城市群经济增长。

西部地区城市群人口空间结构大多表现为核心-边缘的人口空间分布，城市群内部人口多选择在中心城市居住，导致中心城市的集聚度逐渐提升。人口的集中分布提高了人口密度，促进了人群交流和知识传播，而隐性知识传播主要靠面对面交流，这种频繁的交流与知识传播能促进人开拓思维、提升潜能、创造新知识（王永进和张国峰，2015；陈淑云和杨建坤，2017），提升城市群整体的技术水平，进而扩大产出规模。

西部地区城市群产业空间结构呈第二产业集聚度下降，第三产业集聚度波动上升态势，说明第二产业逐渐逃离中心城市，第三产业不断向中心城市集聚。西部地区城市群土地利用空间结构表现为：集聚度缓慢提高，中心城市建成区面积扩张速度高于外围城市。西部地区城市群产业集聚度和土地利用集聚度的提升，有利于不同产业间利用共同的基础设施，加强企业之间的交流与合作，实现关键技术突破和技术共享，提升企业的创新能力，最终将有利于城市群整体的技术进步（仇怡和吴建军，2010；王福军和叶阿忠，2016；张萃，2014；胡彩梅，2012）。因此，企业间的交流合作提升了各自的生产力水平，进而促进整体经济增长。但是，西部地区城市群第二产业和第三产业的空间集聚表现不同，因此还需要进一步检验其对经济增长的影响效果。

4. 通过影响环境质量进而影响经济增长

西部地区城市群空间结构演变能够对当地环境质量造成影响，进而直接或间接影响经济增长。其直接作用表现在：经济活动集聚带来了更多的污染物排放，对环境质量的要求促使政府增加环境税，这就阻碍了企业进一步集聚，减缓了经济增长；间接作用表现在：政府环境税收的增加，会激励企业投入更多资金用于治理污染和技术创新，从而提高劳动生产率。一些研究发现，在考虑环境污染的影响后，城市群中企业区位选择不仅要考虑地区土地租金，还要考虑地区环境质量，严格的环境政策能够阻碍企业向中心城市集聚（Elbers and

Withagen，2002），不利于当地经济的发展。但是，严格的环境政策有可能促使企业技术创新，提高生产效率，从而抵消环境成本。与不受环境规制的同类企业相比，执行环境政策的企业有可能获得“先行优势”，能够突破约束条件进行创新和改进，如开发和采用新产品、新工艺以及提供新服务，进而使企业在市场上更具竞争力（曲如晓，2001）。

西部地区城市群空间集聚能够影响环境质量，而环境质量又能够通过直接传导机制和间接传导机制对地区经济产生影响，无论是直接作用，还是间接作用，在增加成本的同时，也创造了潜在收益。因此，环境质量对经济存在两方面影响，既有有利的一面，也有不利的一面，这些综合作用造成了环境质量对经济的总影响。

5. 通过影响交通运输强度进而影响经济增长

西部地区城市群空间结构演变能够通过影响通勤成本进而影响经济增长。城市群中心城市经济活动的集聚能够显著提高交通网络密度，降低通勤成本，并吸引更多的企业集聚到此，从而促进经济增长（胡煜和李红昌，2017）；反之，提高交通运输强度，能够加速中心城市的要素集聚，促进经济增长；另外，交通运输强度的提高还能带动外围城市协同增长（李煜伟和倪鹏飞，2013）。

城市群空间集聚有助于提高城市之间的联系强度，强化路网建设，从而提高交通运输强度。交通运输是国民经济的基础产业，是经济发展的命脉，能够推动农业发展，促使工业经济走创新发展道路。交通运输业的发展，不仅可以增加城市的客流量，而且可以提高当地物流业的服务质量，还可以通过增加与外界的交流合作，改变现有的产业结构。交通便利程度直接影响着经济活动联系的密切程度，交通便利程度的提升会降低出行成本，进而提升从业者的出行频率，扩大从业者的经济活动范围，而城市群内部生产要素流动频率的提升则会增强城市群生产的活力，从而对地区经济发展产生明显的拉动作用（何甜等，2016）。

城市群空间结构演变对城市群交通网络设施的构建具有积极的推动作用，而交通运输作为联系区域经济的纽带，为城市群经济快速发展提供了重要支撑。交通网络的改善能够优化城市群产业布局，促进城市群规模扩大，甚至可能改变城市群区域特点和城市功能，对城市群空间结构演变产生引导作用，推动新城市或功能区的产生（姚影和欧国立，2009）。城市群内部城市间分工协作程度与发达便利的交通运输网密切相关。发达的城市交通运输网是确保城市群经济空间产业联动与一体化发展的前提和支撑。对于城市群经济发展来说，交通基础设施建设既是起步阶段的必备条件，又是决定城市群能够快速发展的基础保障。纵观中外城市群的发展都离不开对交通基础设施的投入，如东京都市圈非常重视圈内交通规划，通过努力发挥都市圈内公共交通系统的作用，促进都市圈整体经济的发展；同样，纽约都市圈、伦敦都市圈、巴黎都市圈的形成与发展也都依托自身的区位优势，建立了发达的交通基础设施。西部地区城市群区域性交通基础设施网络由高速公路、高速铁路、通信干线、运输管道、电力输送网等构成，其中发达的铁路、公路设施构成了城市群空间结构骨架和连接枢纽（王乃静，2005）。因此，城市群空间结构会影响交通运输强度，进而影响城市群经济增长。

三、影响机制概念模型提出

西部地区城市群空间结构演变对经济增长的综合影响机制概念模型如图 6-7 所示。

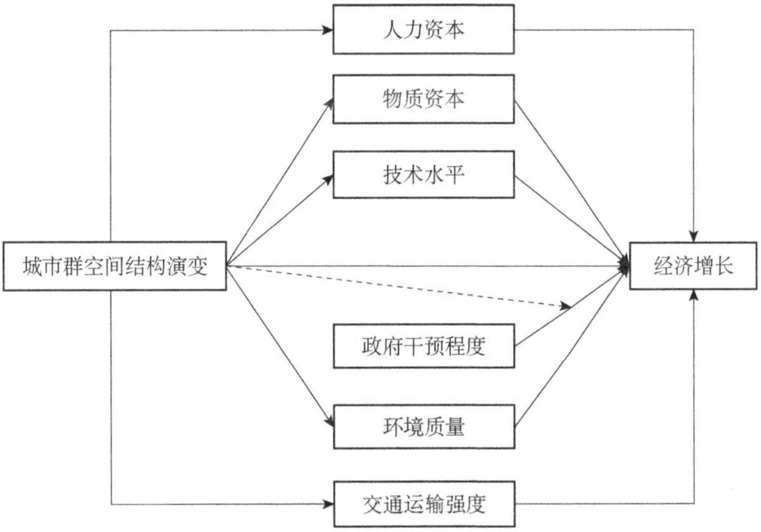

图 6-7　西部地区城市群空间结构演变对经济增长的综合影响机制概念模型

图中实线表示两变量间直接的影响，虚线表示对两变量间直接影响的影响

1. 直接作用机制

西部地区城市群人口空间结构、产业空间结构、土地利用空间结构演变会直接影响城市群经济增长，即沿以下路径发生作用：

1）西部地区城市群人口空间结构演变—城市群经济增长；

2）西部地区城市群产业空间结构演变—城市群经济增长；

3）西部地区城市群土地利用空间结构演变—城市群经济增长。

2. 中介作用机制

西部地区城市群人口空间结构演变通过中介作用于城市群经济增长：通过增加物质资本和人力资本促进城市群经济增长；通过提升技术水平促进城市群经济增长；通过提升交通运输强度促进城市群经济增长；通过影响环境质量抑制城市群经济增长。即沿以下路径发生作用：

1）西部地区城市群人口空间结构演变—增加物质资本—促进城市群经济增长；

2）西部地区城市群人口空间结构演变—增加人力资本—促进城市群经济增长；

3）西部地区城市群人口空间结构演变—提升技术水平—促进城市群经济增长；

4）西部地区城市群人口空间结构演变—提升交通运输强度—促进城市群经济增长；

5）西部地区城市群人口空间结构演变—影响环境质量—抑制城市群经济增长。

西部地区城市群产业空间结构演变通过中介作用于城市群经济增长：通过增加物质资本和人力资本促进城市群经济增长；通过提升技术水平促进城市群经济增长；通过提升交通运输强度促进城市群经济增长；通过影响环境质量抑制城市群经济增长。即沿以下路径发生作用：

1）西部地区城市群产业空间结构演变—增加物质资本—促进城市群经济增长；

2）西部地区城市群产业空间结构演变—增加人力资本—促进城市群经济增长；

3）西部地区城市群产业空间结构演变—提升技术水平—促进城市群经济增长；

4）西部地区城市群产业空间结构演变—提升交通运输强度—促进城市群经济增长；

5）西部地区城市群产业空间结构演变—影响环境质量—抑制城市群经济增长。

西部地区城市群土地利用空间结构演变通过中介作用于城市群经济增长：通过增加物质资本和人力资本促进城市群经济增长；通过提升技术水平促进城市群经济增长；通过提升交通运输强度促进城市群经济增长；通过影响环境质量抑制城市群经济增长。即沿以下路径发生作用：

1）西部地区城市群土地利用空间结构演变—增加物质资本—促进城市群经济增长；

2）西部地区城市群土地利用空间结构演变—增加人力资本—促进城市群经济增长；

3）西部地区城市群土地利用空间结构演变—提升技术水平—促进城市群经济增长；

4）西部地区城市群土地利用空间结构演变—提升交通运输强度—促进城市群经济增长；

5）西部地区城市群土地利用空间结构演变—影响环境质量—抑制城市群经济增长。

3. 调节作用机制

空间结构作为调节变量，影响其他因素对城市群经济增长的作用，即可能存在以下影响路径：

1）将城市群人口空间结构作为调节变量，调节政府干预程度对城市群经济增长的影响；

2）将城市群产业空间结构作为调节变量，调节政府干预程度对城市群经济增长的影响；

3）将城市群土地利用空间结构作为调节变量，调节政府干预程度对城市群经济增长的影响。

第四节　西部地区城市群空间结构演变对环境污染的影响过程分析

一、城市群空间结构演变对环境污染的直接作用

城市群空间集聚主要表现为人口、产业、土地等向中心城市集中的过程，在一定程度上可以优化城市群的空间布局，加强城市关联度。从理论上来说，城市群空间集聚能够降低环境污染。西部地区城市群空间集聚能够加强地区空间协作力度，进而充分利用区域内部的资源，减少污染排放。集聚的正外部性，不仅有利于区域内技术的进步，还有利于环保技术的改进与扩散（张可和豆建民，2013），使得企业通过协作实现产业一体化，减少由于单一生产产生的环境污染。具体来说，人口空间集聚能够增加环境污染程度。人口空间集聚增加了城市人口密度，加大了城市与环境相关的生产和消费活动，使得污染物在城市局部范围内、短时间、大量集中排放，造成城市环境质量下降（王兴杰等，2015）。产业空间集聚有利于企业间的分工协作，使得企业间形成更加完善的资源利用网络，增加物质资源的循环利用渠道，从而延长物质资源在系统内的流动链条，减少污染物的排放（李顺毅和王双进，2014）。另外，产业的空间集聚能够提高区域居民生活水平和地区技术进步水平，从而增强区域产业竞争优势，实现地区环境的优化（陈建军和胡晨光，2008）。土地利用空间集聚使得原有土地类型转化为城市建成区，增大了对城市土地的利用程度，提高了土地的利用效率，从而降低了环境污染。但是，如果土地利用程度过高超过了土地承载力阈值，那么就会对城市生态环境产生负面影响。

有研究指出，城市群空间结构演变对环境污染的影响往往受其他因素的影响，包括技术水平、产业结构、产出规模等。技术水平的提升能够提高自然资源的使用率，实现资源的循环利用，这样有利于降低单位产出的资源消耗。同时，技术水平的提升还为生产者采用清洁生产工艺、清洁能源和污染处理设备提供了条件，从而改善了环境质量（李斌和赵新华，2011）。经济产出规模的扩大会对环境污染产生持续性的冲击，但产业结构的升级能够有效降低污染物排放（张同斌等，2016）。集聚对环境污染的作用效应与城市

经济发展程度有关，东部地区城市的集聚水平较高，集聚的污染效应却相对较低。绝大多数省会城市的经济集聚会抑制环境污染，如北京市、上海市等大城市和其他省会城市经济集聚的环境效率就高于中小城市经济集聚的环境效率（张可和豆建民，2015）。因此，本书在研究城市群空间结构对环境污染的作用时，还将技术水平、产业结构、产出规模和经济发展程度等变量纳入研究框架。

二、城市群空间结构演变对环境污染的间接作用

当前研究发现，环境污染的影响因素除了区域空间结构以外还有其他多种因素，主要包括地区生产总值（周纪昌，2006）、消费因素、收入因素（王婷和吕昭河，2012）、技术进步（王庆娟，2015）、环境污染治理投资（付云鹏和马树才，2015）、产业结构（豆建民和张可，2014）、人口密度（王兴杰等，2015）、外商直接投资（肖周燕，2015）、对外依存度（苑清敏等，2015）等。而居民收入水平、技术水平、产业结构、产出规模、环境自净能力确实会受到城市群空间结构演变的影响。城市群产业空间结构的优化可能会影响产出规模和产业结构，如果城市群能减少高耗能和重污染产业，增加绿色环保产业，那么就能减少城市群生态环境污染。

1. 通过影响居民收入水平对环境污染产生作用

居民收入水平的变化会对环境产生影响，居民收入水平的提升会对居住环境等提出较高要求，有助于改善城市群环境。西部地区城市群人口空间结构、产业空间结构和土地利用空间结构演变影响城市群经济的发展，使得居民收入水平发生改变，导致居民对环境质量的需求发生改变，促使城市群改变自身环境状况，影响城市群环境污染状况，最终对城市群环境污染产生影响。西部地区城市群人口空间结构在考察期（2000～2016 年）呈集聚态势，人口的集聚可满足城市群发展所需要的劳动力，实现城市群经济的发展，进而实现居民收入水平的提升，最终降低环境污染。西部地区城市群产业空间结构在考察期也呈集聚态势，产业的集聚会产生竞争机制，促使产业不断进步，淘汰落后产业，发展先进产业，推动城市群经济增长，增加城市群地区生产总值，进而增加居民收入，降低区域环境污染。西部地区城市群土地利用空间结构在考察期同样

呈集聚态势，土地利用的集聚提高了城市群土地集约利用水平和土地利用价值，促进了城市群经济的发展，提升了城市群居民收入水平，进而改善区域环境污染状况。

（1）人口空间结构

西部地区城市群的人口基尼系数在考察期内均大于 0.1，城市群人口具有较高的集聚度，而且多数城市群的人口基尼系数随时间变化不大，较为稳定。首位城市集聚度随时间变化较为稳定，均大于 0.2。多数城市群的 Zipf 维数在考察期内一直大于 1，表明城市群人口表现为集聚的空间结构。除成渝城市群外，西部地区其余城市群人口空间集聚度与首位城市集聚度趋势基本保持一致，城市群在吸引人口集中分布的同时，内部城市人口分布表现出明显的核心–边缘空间结构特征。同时，除成渝城市群表现出多中心空间结构特征外，其余城市群均表现出单中心空间结构特征。西部地区城市群内部人口持续向中心城市集聚，城市群内部其他外围城市人口增长缓慢。西部地区城市群人口空间结构随时间演变表现出集聚的空间结构特征。

由于集聚效应的存在，在城市群发展过程中，城市群集聚的人口空间结构将促使人口大量涌入城市群，人口的大量涌入满足了城市群发展所需要的劳动力，实现了城市群经济的发展。此外，人口的集中也有助于城市群充分发挥人力资源优势，并将人力资源变为人才资源，同时借助人才资源优势发展生产，以适应城市群迅速发展的需要。西部地区城市群内部人口的空间集聚，会促进消费需求的增加与消费多样化的产生，从而进一步推动城市群生产率和居民收入水平的提升（Cervero，2001；柯善咨和赵曜，2014；许庆明等，2015）。但是，如果城市群人口空间结构过度集聚，人口大量涌入城市群，造成中心城市人口拥挤，将会产生一系列问题（如住房拥挤、交通堵塞、生活垃圾过多造成环境污染等），这些负面影响不利于城市群经济发展，进而降低城市群居民收入水平。

（2）产业空间结构

随着时间的推移，西部地区城市群产业空间结构基本都呈集聚上升态势。基于第三章第二节的分析结果，西部地区城市群的第二产业空间结构表现出明显的集聚特征，而且这种产业集聚趋势在逐渐增强，使得城市群的产业分布在空间上表现为集聚的空间结构特征。

城市群拥有的丰富的资源会吸引企业迁入，而企业的不断迁入会促使城市群产业空间结构进一步集中。此外，人口向城市群的集聚也为产业发展提供了充足的劳动力，满足了产业集聚生产的需求，同时通过集聚效应，城市群吸引了更多的产业进入，进而带动了城市群经济的发展，且产业的集聚会产生竞争机制，进一步促使产业不断进步，淘汰落后产业，发展先进产业，推动城市群经济增长（柯善咨和赵曜，2014），增加城市群地区生产总值，提高城市群居民收入水平。但是，如果城市群产业空间结构过度集聚，过多的产业进入城市群，会使生产过程造成大量的污染与浪费，同时产业的过度集聚还会推高土地租金。这些都会增加企业成本，可能促使企业迁离城市群，进而延缓城市群经济发展速度，降低城市群居民收入水平。

（3）土地利用空间结构

随着时间的推移，西部地区城市群土地利用空间结构基本都呈集聚上升态势。基于第三章第二节的分析结果，Zipf 维数显示了西部地区城市群首位城市建成区面积具有集聚特征且呈逐渐上升态势，表明城市群土地利用空间结构具有集聚分布的特征，并且集中分布在中心城市。总体来看，西部地区多数城市群的土地利用空间结构表现为明显的空间集聚特征，并且这种集聚性呈逐渐增强态势。

在城市群发展过程中，为使进入的企业与人口能够在城市群生存，城市建成区面积会逐渐增加，土地利用会更为集中，产业空间分布和人口空间分布会更加集聚，这进一步提高了城市群土地集约利用水平，提升了土地利用价值，促进了城市群经济的发展（周游和谭光荣，2016；熊鹰等，2016）。但是，如果土地利用程度过高，超过土地承载力阈值，就会对城市生态环境产生负面影响，阻碍城市群空间结构进一步集聚，影响城市群的发展。

随着居民收入水平的提升，居民的物质需求逐渐得到满足，转而寻求精神释放与环境需求。居民要求更高的城市环境质量，对现有的环境质量状况提出了更高的要求。而政府为了满足居民对城市环境质量的要求，会努力降低城市环境污染以改善环境质量，采取的措施可能是实行更加严格的环境保护制度与法律。因此，居民收入水平的提升可能会减少环境污染，对环境质量产生积极的影响。但是需要注意的是，居民收入水平的提升意味着企业需要支付更高的劳动力成本，而受成本约束的企业可能没有预算添加污染处理设备，对生产过程中产生的污染不加处理直接排放，进而造成环境污染。居民生活水平的提升，需要消费更多的资源，这些消费活动也会增加区域污染物排放总量，对区域环境污染产生负面效应。

综上所述，西部地区城市群人口空间结构、产业空间结构、土地利用空间结构与居民收入水平和环境污染存在复杂的联系，因此推测西部地区城市群空间结构可能通过影响居民收入水平这一中介变量进而间接影响环境污染；同时，城市群空间结构还可能与居民收入水平产生交互作用，共同对环境污染造成影响，即城市群空间结构作为调节变量，调节居民收入水平对环境污染的影响。

2. 通过影响技术水平对环境污染产生作用

城市群人口空间结构、产业空间结构和土地利用空间结构的演变，促进了企业科技创新能力和科学技术水平的提升，而技术进步又会促进企业开发或者使用新的工艺，采用先进技术降低生产过程中污染物的排放，改善城市群环境状况，因此技术水平可能会对城市群环境产生积极的促进效应。西部地区城市群人口空间结构表现为向中心城市集聚的特征，而人口的集聚方便了人群的面对面交流和知识传播，有利于协作创造新的技术与知识，提升城市群整体技术水平，进而降低城市群环境污染。西部地区城市群产业空间结构和土地利用空间结构也表现为集聚的特征，有利于不同企业间利用共同的基础设施，加强企业之间的交流与合作，最终有利于提升城市群技术水平，进而改善区域环境污染状况。

（1）人口空间结构

西部地区城市群大多表现出核心-边缘人口空间结构特征，城市群中人口多选择在中心城市居住。而且西部地区城市群人口空间结构随时间演变呈不断集聚态势，即随着城市群的发展，人口和其他资源不断向中心城市集聚。城市群内部人口的集中分布促进了人群的面对面交流，也促进了人口创造潜能的开发和新技术知识的创造（蔡寅寅，2014；王永进和张国峰，2015；陈淑云和杨建坤，2017），进而提升城市群技术水平。但是，如果城市群人口过度集聚，又会导致住房拥挤、交通拥挤、环境污染、公共安全等一系列问题，而高素质人才为了追求更加健康舒适的环境会选择更好的地区发展，因此人口过度集聚可能会造成人才流失，不利于城市群技术水平的提升。

（2）产业空间结构和土地利用空间结构

随着时间的推移，西部地区城市群产业空间结构和土地利用空间结构基本都呈集聚上升态势。城市群产业的集聚和土地利用的集聚会促使企业在空间上集中分布，有利于不同产业间利用共同的基础设施，加强企业之间的交流与合作，实现关键技术突破和技术共享，提升企业的创新能力。同时，相关产业在空间上集聚会产生竞争效应，企业之间为了获取更多的利润会加大对技术的投资力度，进而促进技术水平的提升，最终有利于城市群整体的技术进步（仇怡和吴建军，2010；王福军和叶阿忠，2016；张萃，2014；胡彩梅，2012）。但是，过度的产业和土地利用集聚会推高城市群土地租金水平，挤占企业投入到技术研发与创新中的资金比例，进而阻碍技术进步。同时，一些重要的研发和生产活动对环境质量的要求高，产业和土地利用的过度集聚还可能降低城市群环境质量，促使部分企业迁出城市群，进而阻碍城市群技术进步（林云，2007）。

此外，科学技术的进步还可以应用到产品生产过程和环境污染治理中。首先，从源头出发，在产品生产过程中采用先进生产技术降低生产过程中产生的污染，进而降低环境污染。其次，在环境污染治理上，借助先进的污染治理技术对产生的污染进行治理，最大限度地降低环境污染。Levinson（2009）发现美国制造业污染下降的最主要原因是产业内的技术进步，而国际贸易、产业结构变化、投入产出结构变化等因素对美国制造业污染下降的贡献很小。李斌和赵新华（2011）发现技术进步因素会对环境质量的提升产生显著的积极影响，且技术水平不同对环境污染改善产生的作用大小不同。城市群技术水平的提升，一方面会使城市群现有企业在其生产过程中采取先进工艺技术从而减少污染产生和排放；另一方面还会促进环保型产品用于居民生活、垃圾无害化处理，这些都能提高环境治理能力、减少环境污染，进而改善城市群环境质量。

3. 通过影响产业结构对环境污染产生作用

城市群产业结构的变化肯定会影响城市群环境质量，显然如果高技术产业和第三产业所占比例更高会导致污染物排放量减少，而化工、钢铁、水泥等高污染型产业所占比例更高会导致污染物排放量增多。西部地区城市群人口空间结构在考察期内表现为集聚的特征，人口的空间集聚会扩大其对精神产品的需求，刺激多样化消费，促进第三产业的发展，进而改变城市群现有的产业结构。此外，人口空间集聚会放大居住人口对优良环境质量的需求，可能会倒逼企业转产或者采用更绿色的生产技术，减少环境污染物的排放，这些都有利于城市群环境质量的改善。西部地区城市群产业空间结构在考察期内也表现为集聚的特征，如果按三次产业划分，三次产业对环境污染的影响程度是第二产业＞第一产业＞第三产业，如果某城市群内部产业结构是以第二产业集聚为主，那么这种产业结构就会扩大环境污染。西部地区城市群土地利用空间结构在考察期内也表现出集聚的特征，土地利用的集聚会影响城市群产业优化布局，进而影响城市群产业结构。

（1）人口空间结构

西部地区城市群表现出集聚的人口空间结构特征。人口基尼系数和首位城市集聚度在考察期内均较高，表明西部地区城市群人口集聚度高，人口多集中在中心城市。多数城市群的 Zipf 维数也表明城市群人口表现为集聚的空间结构。除成渝城市群外，西部地区其余城市群人口基尼系数与首位城市集聚度变化趋势基本保持一致，城市群在吸引人口集中分布的同时，其内部城市人口分布表现出明显的核心-边缘空间结构特征，城市群内部较多的人口选择在中心城市居住，人口持续向中心城市集聚，城市群内部其他外围城市人口增长缓慢。

城市群人口分布越集中，对第三产业的需求越强，因此为了给第三产业发展腾出空间，部分第二产业将会转出城市群（周玉龙和孙久文，2015；胡双梅，2005）。彭昱和周尹（2016）发现城市规模的扩大和人口密度的提高对服务业的发展具有显著正向影响，同时城市规模、人口密度与服务业发展水平还存在显著正向交互作用，这些人口空间分布的变化会影响到城市群产业结构的调整。

（2）产业空间结构与土地利用空间结构

城市群产业空间结构越集中，可能会越有利于产业结构的转型升级。城市群产业的集中分布可以降低企业成本，促进企业加强技术研发、改善生产工艺，进而影响城市群产业结构的转型升级。但是，如果城市群的产业结构以工业产业集聚为主要特征，可能会导致城市群环境污染状况继续恶化。因为按三次产业划分，三次产业对环境污染的影响程度是第二产业＞第一产业＞第三产业，如果城市群产业结构是以第二产业集聚为特征，其对城市群环境污染可能会产生负面效果。城市群土地利用空间结构越集中，说明中心城市建成区面积增长比边缘城市建成区面积增长更快，这种土地供给的错位会为中心城市迁入新的企业带来便利，也会为中心城市迁出低端产业带来阻碍，而如果产业的跨城市迁移无法实现，那么城市群整体产业结构也就无法升级优化（许庆明等，2015；刘佳和赵金金，2013；马雷，2011）。

城市群产业结构的升级变化可能会对城市群环境产生积极影响，一般来说，高技术产业和第三产业的发展会减少环境污染，而化工、钢铁、水泥等高污染型产业的发展会加剧环境污染。通过城市群产业结构的调整优化升级，降低第二产业比重，提高第三产业比重，城市群整体环境污染物排放量会下降。因此，如果将城市群部分高污染产业迁出，对城市群现有产业进行技术改造，鼓励生产低污染、高附加值产品，大力发展现代服务业，均能提升城市群环境质量。

虽然西部地区城市群的环境污染变化情况与其产业结构变化没有稳定的规律，但西部地区城市群空间结构演变、产业结构以及环境污染之间存在紧密联系。因此，推测西部地区城市群空间结构演变可能通过产业结构这一中介变量，间接影响城市群环境污染状况，同时调节产业结构与环境污染之间的关系。

4. 通过影响产出规模对环境污染产生作用

城市群空间结构的演变会扩大城市群产出规模，进而增加环境污染排放，对城市群环境质量产生负面影响。随着经济的迅速增长，为了保持产出规模的继续扩大，需要将更多的资源和能源投入生产中，这将导致生产过程中排放的污染总量增多，进而加剧城市群环境污染。西部地区城市群人口空间结构演变表现出集聚的特征，人口集聚能满足企业对劳动力的需求，支持企业扩大生产规模、创办新企业，这些都能促进城市群产出规模的扩大，进而加剧城市群环境污染。西部地区城市群产业空间结构演变也表现出集聚的特征，集聚有利于不同产业产生集聚的正外部性效应，增加企业交流合作的机会，提高生产能力，促进城市群产出规模扩大，从而加剧城市群环境污染。西部地区城市群土地利用空间结构同样表现出集聚的特征，城市群土地利用空间结构的集聚可能会促进城市群产出规模的扩大，土地利用的空间集聚会为产业的空间集聚带来便利，而产业的空间集聚有利于降低企业成本、提高企业收益，促使城市群产出规模扩大，进而加剧城市群环境污染。

（1）人口空间结构

西部地区城市群的人口基尼系数、首位城市集聚度和 Zipf 维数测度结果均表明，西部地区城市群表现出集聚的人口空间结构特征，城市群内部中心城市集聚了较多人口，多数城市群表现出单中心空间结构特征，表明西部地区城市群还处于迅速发展阶段，人口继续向城市化地区集中，各城市群人口集聚分布特征显著。

西部地区城市群人口空间结构随时间演变表现出集聚的空间结构特征，在城市群发展过程中，城市群人口空间结构集聚一般会促进城市群产出规模的扩大。城市群内部人口空间集聚一方面能满足企业扩大生产对劳动力的需求，有利于企业扩大生产规模；另一方面城市群内部人口空间集聚还能放大人口消费的乘数效应，进而刺激各类需求的快速增长（豆建民和汪增洋，2010；姬卿伟和李跃，2015），而快速增长的消费需求会刺激企业继续扩大生产规模与种类，进而促进城市群生产规模的扩大，因此集聚的人口空间结构一般会增加产业的产出规模。但是，过度的人口集聚会造成一系列问题，如交通拥挤、住房紧张、环境污染等，使得居民生活成本提高，可能导致大量人口外流，引起城市群内需减少，城市群生产规模缩小，进而对城市群的发展产生负面影响。

（2）产业空间结构

随着时间的推移，西部地区城市群的第三产业空间结构表现出明显的集聚特征，且这种产业集聚趋势呈逐渐增强态势。

产业空间结构的集聚可能也会对城市群产出规模产生积极影响，产业集聚有利于不同产业享受集聚的正外部效应，增加企业交流合作的机会，提高企业生产效率，还能方便企业利用产业共同基础设施降低企业成本。同时，产业集聚还能进一步加速城市群内部生产要素的流动，提升城市群资源配置效率，促进城市群产出规模的扩大（胡双梅，2005；姬卿伟和李跃，2015；高凤莲和段会娟，2010）。但是，城市群产业的过度集聚也会造成集聚不经济的现象，产业的过度集聚会推高集聚所在地的土地租金，也会拉高劳动力的雇佣成本，促使企业生产成本的上升。如果再考虑到城市群的交通和环境问题，则会有一部分企业选择迁出城市群至其他低成本地区，以缩小城市群的产出规模。

（3）土地利用空间结构

总体来看，西部地区多数城市群的土地利用空间结构表现出明显的空间集聚特征。土地利用的空间集聚可能促进城市群产出规模的扩大，土地利用空间结构在一定程度上反映了产业的空间集聚，而产业的空间集聚会促使企业扩大产出规模。但是，土地利用的过度集聚又可能引起产业的过度集聚，进而抑制城市群产出规模的扩大。

此外，经济产出规模与环境污染之间具有密切的关系。自 Grossman 和 Krueger（1991）、世界银行（1992）指出，环境污染与经济产出规模之间存在倒“U”形曲线关系后，大量的跨国经验研究都发现随着经济产出规模的扩大，地区环境污染会先恶化后改善。在城市群产出规模扩大阶段，如果城市群的产业以劳动密集型的第二产业为主，那么在产出规模扩大的同时，也会带来更多的环境污染物排放，进而恶化城市群环境质量。

5. 通过影响环境自净能力对环境污染产生作用

城市群的空间结构演变还可以通过影响城市群环境自净能力，对城市群的环境质量产生影响。西部地区城市群人口和产业的过度集聚会在局部地区产生大量的生活垃圾和生产垃圾，如果超过环境承载力阈值，则会降低环境自净能力，进而加剧城市群环境污染。

环境自净能力是自然生态系统的一种自我调节能力，即当自然生态系统的环境平衡状态受到破坏时，自然生态系统能通过内部自发的调整，修复或者缓解环境污染。环境自净能力不仅受系统自身的限制，还与外部环境（如系统外部环境污染程度等）密切相关。同时，环境自净能力是有限制的，当外部环境的污染程度超过环境自净能力阈值，系统将不能及时处理或分解污染，从而导致系统环境污染状况的进一步恶化。

城市群人口的高度集聚可能会对城市群环境自净能力产生负面影响，如果人口过度集中在城市群内某个城市，就会带来交通拥挤、住房紧张、供水不足、能源紧缺、环境污染、秩序混乱，以及物质流、能量流的输入输出失去平衡等问题，进而降低城市群的环境自净能力。相反，对于城市群中人口集聚度较低的城市，因为人口密度小，人产生的环境污染较少，对环境自净能力的干扰较小，所以城市环境自净能力能够充分发挥作用。一般来说，土地利用空间结构越集聚，城市群的环境自净能力越弱。一方面，建设用地的集聚分布伴随着人口及企业的集聚分布，进而产生大量的工业污染和生活垃圾；另一方面，建设用地的集聚分布，会降低所在区域的农业用地和绿化用地比例，削弱城市的环境自净能力，进而导致城市生态环境系统对污染的自我调节能力下降。产业空间结构集聚程度对城市群环境自净能力的影响因城市等级不同而不同：城市群内中心城市一般发展程度高，城市内部产业结构以第三产业为主，第二产业比重小，城市污染将以生活污染为主，对城市环境自净能力的影响较小；城市群内中等城市产业结构以第二产业为主，制造业企业多，城市污染将以生产污染为主，对城市环境自净能力的影响大；城市群内小城市第二产业和第三产业较少，因此城市污染较小，城市环境自净能力较强。

一般来说，城市群环境自我净化能力强将会对城市环境质量产生积极的影响。环境自我净化能力较强的城市群，对污染的自我处理能力较强，可及时处理城市群产生的污染，有利于降低城市群环境污染；环境自我净化能力较弱的城市群，对污染的自我处理能力较弱，难以及时处理城市群产生的污染，进而加剧城市群环境污染。

三、影响机制概念模型提出

西部地区城市群空间结构演变对环境污染的综合影响机制概念模型如图 6-8 所示。

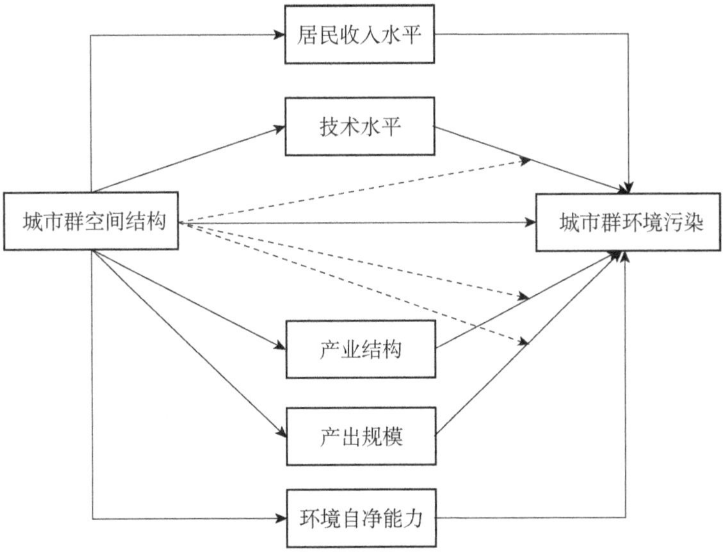

图 6-8　西部地区城市群空间结构演变对环境污染的综合影响机制概念模型

图中实线表示两变量间直接的影响，虚线表示对两变量间直接影响的影响

1. 直接作用机制

西部地区城市群人口空间结构、产业空间结构、土地利用空间结构演变会直接影响城市群环境污染状况，即沿以下路径发生作用：

1）西部地区城市群人口空间结构演变—城市群环境污染；

2）西部地区城市群产业空间结构演变—城市群环境污染；

3）西部地区城市群土地利用空间结构演变—城市群环境污染。

2. 中介作用机制

西部地区城市群人口空间结构演变：通过提升居民收入水平降低城市群环境污染；通过提升技术水平降低城市群环境污染；通过实现产业结构优化升级降低城市群环境污染；通过实现产出规模的扩大加剧城市群环境污染；通过降低环境自净能力加剧城市群环境污染。即沿以下路径发生作用：

1）西部地区城市群人口空间结构演变—提升居民收入水平—降低城市群环境污染；

2）西部地区城市群人口空间结构演变—提升技术水平—降低城市群环境

污染；

3）西部地区城市群人口空间结构演变—实现产业结构优化升级—降低城市群环境污染；

4）西部地区城市群人口空间结构演变—实现产出规模的扩大—加剧城市群环境污染；

5）西部地区城市群人口空间结构演变—降低环境自净能力—加剧城市群环境污染。

西部地区城市群产业空间结构演变：通过提升居民收入水平降低城市群环境污染；通过提升技术水平降低城市群环境污染；通过实现产业结构优化升级降低城市群环境污染；通过实现产出规模的扩大加剧城市群环境污染；通过降低环境自净能力加剧城市群环境污染。即沿以下路径发生作用：

1）西部地区城市群产业空间结构演变—提升居民收入水平—降低城市群环境污染；

2）西部地区城市群产业空间结构演变—提升技术水平—降低城市群环境污染；

3）西部地区城市群产业空间结构演变—实现产业结构优化升级—降低城市群环境污染；

4）西部地区城市群产业空间结构演变—实现产出规模的扩大—加剧城市群环境污染；

5）西部地区城市群产业空间结构演变—降低环境自净能力—加剧城市群环境污染。

西部地区城市群土地利用空间结构演变：通过提升居民收入水平降低城市群环境污染；通过提升技术水平降低城市群环境污染；通过实现产业结构优化升级降低城市群环境污染；通过实现产出规模的扩大加剧城市群环境污染；通过降低环境自净能力加剧城市群环境污染。即沿以下路径发生作用：

1）西部地区城市群土地利用空间结构演变—提升居民收入水平—降低城市群环境污染；

2）西部地区城市群土地利用空间结构演变—提升技术水平—降低城市群环境污染；

3）西部地区城市群土地利用空间结构演变—实现产业结构优化升级—降低城市群环境污染；

4）西部地区城市群土地利用空间结构演变—实现产出规模的扩大—加剧城市群环境污染；

5）西部地区城市群土地利用空间结构演变—降低环境自净能力—加剧城市群环境污染。

3. 调节作用机制

城市群空间结构作为调节变量，可能从以下路径调节其他变量对城市群环境污染的影响：

1）将城市群空间结构（人口、产业、土地利用空间结构）作为调节变量，调节技术水平对城市群环境污染的影响；

2）将城市群空间结构（人口、产业、土地利用空间结构）作为调节变量，调节产业结构对城市群环境污染的影响；

3）将城市群空间结构（人口、产业、土地利用空间结构）作为调节变量，调节产出规模对城市群环境污染的影响。

第七章　西部地区城市群空间结构演变对经济增长影响效果分析

本章利用西部地区城市群面板数据，检验第六章第三节提出的影响机制，辨析影响路径是否存在并分析影响效果。实证检验包括以下四个步骤：①明确城市群经济增长影响因素基础模型，并在此基础上构建空间计量模型；②直接效应检验：在不考虑中介效应和调节效应的条件下，检验西部地区城市群三种空间结构演变对城市群经济增长的直接影响是否存在，如果存在则分析影响效果；③中介效应检验：在不考虑调节效应的条件下，检验西部地区城市群三种空间结构演变是否通过城市群物质资本、人力资本、环境质量、交通运输强度来间接影响城市群环境污染状况，如果存在则分析影响效果；④调节效应检验：检验政府干预程度对经济增长的作用是否受西部地区城市群空间结构的调节作用。

第一节　计量模型设定

一、基础模型

在模型构建方面，从科布-道格拉斯生产函数的基本形式出发，对其进行数学变化，并将得到的线性回归方程作为基础模型，然后加入第六章得到的经济增长重要影响因素，构建研究的一般模型。

科布-道格拉斯生产函数的一般形式为

$$Q = AL^{\alpha} K^{\beta} \tag{7-1}$$

式中，Q 表示产量；L 和 K 分别表示劳动力投入量和资本投入量；A 表示全要素生产率，一般包括效率和技术等因素；α 和 β 为参数，α 表示劳动力产出的弹性系数，β 表示资本产出的弹性系数（$\alpha>0$，$\beta<1$）。

在假设规模报酬不变的前提下，原生产函数经过数学变化后得到的线性形式的回归模型为

$$\ln Q = \ln A + \alpha \ln L + \beta \ln K \tag{7-2}$$

式（7-2）只包括资本、劳动力和技术水平，根据第六章第二节与第三节的分析，影响经济增长的因素还包括环境质量、交通运输强度、政府干预程度、城市群空间结构等。现有研究认为，外商直接投资对地区经济具有显著影响，但是作用方向不一致，有研究认为外商直接投资能够弥补储蓄和投资等缺口，拉动经济增长；还有研究认为外商直接投资会产生“挤出”效应，从长期来看并没有增加当地储蓄和投资；另有研究认为，外商直接投资能够带来先进的生产管理经验，产生技术外溢效应，从而带动当地经济发展。因此，外商直接投资是影响经济增长的一个重要因素，在此将其作为控制变量引入估计（魏后凯，2002；王惠珍等，2003；王晗等，2014）。

本书使用拓展的科布-道格拉斯生产函数作为基础模型，该模型假定城市群的经济发展水平受物质资本、人力资本、外商直接投资、政府干预程度、环境质量、交通运输强度、技术水平、城市群空间结构（张浩然和衣保中，2012）等变量的影响，不再考虑其他因素的影响。其中，空间结构变量主要指人口空间结构、产业空间结构、土地利用空间结构。因此，本书使用模型的一般形式为

$$\begin{aligned}\mathrm{rgdp}_{it} &= \alpha + \beta_1 \mathrm{cap}_{it} + \beta_2 \mathrm{edu}_{it} + \beta_3 X_{it} + \beta_4 \mathrm{fdi}_{it} + \beta_5 \mathrm{gov}_{it} \\ &\quad + \beta_6 \mathrm{pol}_{it} + \beta_7 \mathrm{road}_{it} + \beta_8 \mathrm{tech}_{it} + \varepsilon_{it}\end{aligned} \tag{7-3}$$

式中，i 表示第 i 个城市群（i=1，2，…，8）；t 表示观测年份（2003～2016 年）；α 表示常数项；β 表示估计参数；rgdp 表示城市群人均 GDP；cap 表示城市群物质资本；edu 表示城市群人力资本；X 表示城市群空间结构，分别用城市群

人口空间结构（hum，人口基尼系数）、城市群产业空间结构（ind，产业 H 指数）、城市群土地利用空间结构（land，土地利用 H 指数）表征；fdi 表示城市群外商直接投资额；gov 表示政府干预程度；pol 表示环境质量；road 表示交通运输强度；tech 表示技术水平；ε 表示随机误差项。

二、空间计量模型

第四章第三节对经济增长的空间相关性检验结果表明，西部地区城市群经济增长具有显著的空间依赖性，因此本书采用空间计量经济学模型来控制这种空间依赖性。在此，应用的空间计量经济学模型为空间滞后模型（spatial lag model，SLM）、空间误差模型（spatial error model，SEM）和空间杜宾模型（spatial Durbin model，SDM）。

空间滞后模型是将被解释变量的空间滞后项（即样本邻近区域的观测值对样本观测值的影响）纳入模型中进行回归分析，用来验证被解释变量溢出效应存在与否。其表达式为

$$Y_{it} = \rho WY_{it} + \beta X_{it} + \varepsilon_{it} \tag{7-4}$$

式中，i 表示第 i 个城市群（i=1，2，…，8）；t 表示观测年份（2003～2016 年）；Y_{it} 是被解释变量，表示经济增长变量；X_{it} 是全部解释变量；参数 β 表示解释变量 X 对被解释变量 Y 的影响系数；参数 ρ 为空间相关系数，表示被解释变量的空间滞后项对被解释变量的作用，如果 $\rho>1$，表明邻近城市群的被解释变量存在正向空间关联效应，如果 $\rho<1$，表明邻近城市群的被解释变量存在负向空间关联效应，如果 $\rho=0$，表明邻近城市群的被解释变量之间无相关关系；W 为 8×8 阶的空间权重矩阵，在此选择地理距离权重矩阵，并将西部地区城市群中心城市间地理距离平方的倒数作为城市群间的权重，城市群间距离越近，权重越大；WY_{it} 表示被解释变量的邻近效应；ε_{it} 表示随机误差项。

空间误差模型主要用来研究随机误差项中存在空间依赖性的情况，模型假设空间依赖性存在于随机误差项中，即城市群间的相互关系是通过随机误差项中的空间效应来体现的。其表达式为

$$\begin{cases} Y_{it} = \alpha + \beta X_{it} + \mu_{it} \\ \mu_{it} = \lambda W \mu_{it} + \varepsilon_{it} \end{cases} \tag{7-5}$$

式中，α 表示常数项；μ_{it} 表示随机误差项；λ 表示因变量向量的空间误差系数，用来衡量样本观察值中的空间依赖作用，即相邻城市群的被解释变量 Y 对本城市群被解释变量 Y 的影响方向和程度；ε_{it} 表示正态分布的随机误差项；其余变量的含义与式（7-4）相同。

空间杜宾模型在一定程度上是空间滞后模型和空间误差模型的综合，其实质是将各解释变量的空间滞后项引入空间滞后模型中。空间杜宾模型除了考虑邻近城市群被解释变量 Y 的空间溢出效应外，还考虑空间上邻近城市群的各项解释变量 X 对本城市群被解释变量 Y 的影响。其表达式为

$$Y_{it} = \rho WY_{it} + \beta X_{it} + WX_{it}\theta + \varepsilon_{it} \quad (7\text{-}6)$$

式中，$WX_{it}\theta$ 表示相邻城市群各解释变量 X 的空间溢出对本城市群被解释变量 Y 产生的影响，系数 θ 则体现了影响方向和程度，其余变量的含义与式（7-4）相同。W 为 8×8 阶的空间权重矩阵，在此选择基于距离的空间权重矩阵。假定空间相互作用的强度取决于区域行政中心之间的距离，随着距离的增加，作用力减弱，其取值取决于所选的函数形式（如距离的倒数、倒数的平方、欧氏距离等）。本书使用两城市群中心城市距离的倒数来表示，见式（4-2）。

三、计量模型选择

本书依据 Anselin 等（1996）的判断原则选择模型，即通过检验基于普通最小二乘（ordinary least square，OLS）残差的四个统计量：两个拉格朗日乘数（Lagrange multiplier，LM）形式 LM-Lag、LM-Error 以及稳健（Robust）的 Robust LM-Lag（RLM-Lag）和 Robust LM-Error（RLM-Error）进行选择，具体步骤如下：①对模型做普通最小二乘估计；②对比拉格朗日乘数统计量：LM-Lag 和 LM-Error；③若均不显著，则无须进行空间计量分析；④若只有一个显著，则设定为与显著统计量对应的空间计量模型；⑤若均显著，再对比 RLM-Lag 和 RLM-Error，选择显著（相对显著）的统计量对应的空间计量模型，若两个统计量都显著，采用空间杜宾模型。具体检验流程如图 7-1 所示。

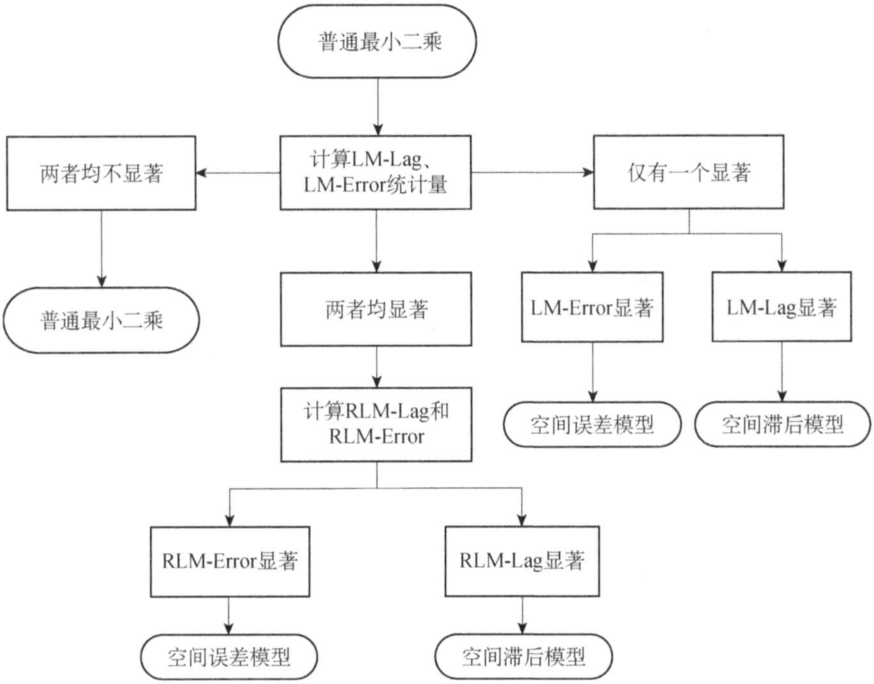

图 7-1 模型选择检验流程图

根据以上检验步骤，分别以西部地区城市群人口空间结构（hum）、产业空间结构（ind）、土地利用空间结构（land）作为城市群空间结构解释变量，并加入物质资本、人力资本、外商直接投资、环境质量、交通运输强度作为控制变量进行普通最小二乘回归，得到基于普通最小二乘残差的四个统计量：LM-Lag、LM-Error、RLM-Lag、RLM-Error，结果如表 7-1～表 7-3 所示。

表 7-1 人口空间结构作为城市群空间结构解释变量的检验结果

检验统计量	统计值	自由度	p 值
LM-Lag	7.754	1	0.005
RLM-Lag	5.536	1	0.019
LM-Error	3.002	1	0.083
RLM-Error	0.784	1	0.376

表 7-2　产业空间结构作为城市群空间结构解释变量的检验结果

检验统计量	统计值	自由度	p 值
LM-Lag	18.036	1	0.000
RLM-Lag	14.356	1	0.000
LM-Error	6.727	1	0.009
RLM-Error	3.047	1	0.081

表 7-3　土地利用空间结构作为城市群空间结构解释变量的检验结果

检验统计量	统计值	自由度	p 值
LM-Lag	9.403	1	0.002
RLM-Lag	13.323	1	0.000
LM-Error	2.237	1	0.135
RLM-Error	6.158	1	0.013

观察表 7-1～表 7-3 可以发现，当以人口空间结构作为城市群空间结构解释变量时，LM-Lag 和 RLM-Lag 均通过 5%水平的显著性检验，拒绝原假设；LM-Error 和 RLM-Error 均没有通过 5%水平的显著性检验，所以选择空间滞后模型更合适。当将产业空间结构作为城市群空间结构解释变量时，LM-Lag 和 RLM-Lag 均通过 1%水平的显著性检验，拒绝原假设；LM-Error 和 RLM-Error 均通过 10%水平的显著性检验，但是显著性水平没有 LM-Lag 和 RLM-Lag 高，所以选择空间滞后模型更合适（在后续的检验中，还要与空间杜宾模型的结果进行对比，选择更合适的模型报告结果）。当将土地利用空间结构作为城市群空间结构解释变量时，LM-Lag 和 RLM-Lag 均通过 1%水平的显著性检验，而 LM-Error 没有通过显著性检验，所以选择空间滞后模型更合适。

本书采用豪斯曼（Hausman）检验来确定应该选择固定效应模型（fixed effect model）还是随机效应模型（random effect model），即 H_0 表示要验证的零假设，H_1 表示对立假设。原假设 H_0：随机效应模型为正确模型。若原假设成立，则随机效应模型比固定效应模型更有效，若原假设不成立，则应选用固定效应模型。因此，如果 H_0 成立，则固定效应模型和随机效应模型估计量将共同收敛于真实参数值，即 $(\hat{\beta}_{FE}-\hat{\beta}_{RE})'[\hat{Var}(\hat{\beta}_{FE})-\hat{Var}(\hat{\beta}_{RE})]^{-1}(\hat{\beta}_{FE}-\hat{\beta}_{RE})\xrightarrow{d}\chi^2(K)$。其中，$K$ 为 $\hat{\beta}_{FE}$ 的维度，即 X_{it} 中包含的随时间而变的解释变量因素（因为 $\hat{\beta}_{FE}$ 无法估计不随时间而变的解释变量系数）。如果该统计量大于临界值，则拒绝 H_0（陈强，2014）。通过豪斯曼检验程序，计算结果见表 7-4，可以发现大于卡方分布临界值的概率值均小于 0.01，因此拒绝原假设，选择固定效应模型。在固定效应模型中，有个体固定效应、时间固定效应、个体时间双固定效应三种情况。

表 7-4　豪斯曼检验结果

主要解释变量	卡方检验统计量（chi2）	大于卡方分布临界值的概率（prob＞chi2）
hum	137.43	0.000
ind	98.31	0.000
land	129.50	0.000

通过以上分析可得，选择空间滞后模型更为合适。式（7-7）是在仅有物质资本和人力资本的基础模型中加入城市群空间结构变量，并考虑空间相关性，考察城市群空间结构对经济增长的总效应。由于城市群的经济增长受物质资本、人力资本、外商直接投资、环境质量、交通运输强度、技术水平、政府干预程度、城市群空间结构等变量的影响，因此在式（7-7）的基础上加入其余解释变量得到式（7-8）。

$$\mathrm{rgdp}_{it}=\alpha+\rho W\mathrm{rgdp}_{it}+\beta_1\mathrm{cap}_{it}+\beta_2\mathrm{edu}_{it}+\beta_3X_{it}+\varepsilon_{it} \tag{7-7}$$

$$\begin{aligned}\mathrm{rgdp}_{it}=&\alpha+\rho W\mathrm{rgdp}_{it}+\beta_1\mathrm{cap}_{it}+\beta_2\mathrm{edu}_{it}+\beta_3X_{it}+\beta_4\mathrm{pol}_{it}+\beta_5\mathrm{road}_{it}\\&+\beta_6\mathrm{fdi}_{it}+\beta_7\mathrm{tech}_{it}+\beta_8\mathrm{gov}_{it}+\varepsilon_{it}\end{aligned} \tag{7-8}$$

城市群空间结构对经济增长的影响不仅存在直接作用，还可以通过影响一系列中介变量进而影响经济增长。为了探索城市群空间结构对经济增长的影响机制，根据第六章第三节所分析的中介变量，考察城市群空间结构对各中介变量的影响，进而建立如下计量模型：

$$\begin{aligned}\ln\mathrm{cap}_{it}&=\alpha+\beta X_{it}+\varepsilon_{it}\\\ln\mathrm{edu}_{it}&=\alpha+\beta X_{it}+\varepsilon_{it}\\\ln\mathrm{pol}_{it}&=\alpha+\beta X_{it}+\varepsilon_{it}\\\ln\mathrm{road}_{it}&=\alpha+\beta X_{it}+\varepsilon_{it}\\\ln\mathrm{tech}_{it}&=\alpha+\beta X_{it}+\varepsilon_{it}\end{aligned} \tag{7-9}$$

式中，α 表示常数项；β 表示解释变量 X 对被解释变量的影响系数；X 表示西部地区城市群空间结构。

城市群空间结构可以调节政府干预程度对经济增长的影响，因此构建西部地区城市群三种空间结构与政府干预程度的交叉项模型，检验调节作用是否存在，其模型表达式如下：

$$\begin{aligned} \text{rgdp}_{it} = &\alpha + \rho W\text{rgdp}_{it} + \beta_1\text{cap}_{it} + \beta_2\text{edu}_{it} + \beta_3 X_{it} + \beta_4\text{pol}_{it} + \beta_5\text{road}_{it} \\ &+ \beta_6\text{fdi}_{it} + \beta_7\text{tech}_{it} + \beta_8\text{gov}_{it} + \beta_9 X_{it} * \text{gov}_{it} + \varepsilon_{it} \end{aligned} \tag{7-10}$$

式中，X 表示西部地区城市群三种空间结构，分别用人口空间结构（hum）、产业空间结构（ind）和土地利用空间结构（land）表征，代入式（7-10）中，得到如下三个计量模型：

$$\begin{aligned} \text{rgdp}_{it} = &\alpha + \rho W\text{rgdp}_{it} + \beta_1\text{cap}_{it} + \beta_2\text{edu}_{it} + \beta_3\text{hum}_{it} + \beta_4\text{pol}_{it} + \beta_5\text{road}_{it} \\ &+ \beta_6\text{fdi}_{it} + \beta_7\text{tech}_{it} + \beta_8\text{gov}_{it} + \beta_9\text{hum}_{it} * \text{gov}_{it} + \varepsilon_{it} \end{aligned}$$

$$\begin{aligned} \text{rgdp}_{it} = &\alpha + \rho W\text{rgdp}_{it} + \beta_1\text{cap}_{it} + \beta_2\text{edu}_{it} + \beta_3\text{ind}_{it} + \beta_4\text{pol}_{it} + \beta_5\text{road}_{it} \\ &+ \beta_6\text{fdi}_{it} + \beta_7\text{tech}_{it} + \beta_8\text{gov}_{it} + \beta_9\text{ind}_{it} * \text{gov}_{it} + \varepsilon_{it} \end{aligned} \tag{7-11}$$

$$\begin{aligned} \text{rgdp}_{it} = &\alpha + \rho W\text{rgdp}_{it} + \beta_1\text{cap}_{it} + \beta_2\text{edu}_{it} + \beta_3\text{land}_{it} + \beta_4\text{pol}_{it} + \beta_5\text{road}_{it} \\ &+ \beta_6\text{fdi}_{it} + \beta_7\text{tech}_{it} + \beta_8\text{gov}_{it} + \beta_9\text{land}_{it} * \text{gov}_{it} + \varepsilon_{it} \end{aligned}$$

式中，t 表示考察时间（2003～2016 年）；ε_{it} 表示随机误差，服从独立同分布。

第二节　数据来源与变量说明

一、数据来源

原始数据来自相关年份的《中国统计年鉴》、《中国城市统计年鉴》、《中国城市建设统计年鉴》、“中国经济与社会发展统计数据库”、国务院发展研究中心信息网“区域经济数据库”、相关省份统计年鉴以及各城市统计年鉴，部分

2016 年的数据来自相关省份《国民经济和社会发展统计公报》。

二、变量说明

（1）被解释变量：经济增长

西部地区城市群在人口总量和土地面积上差异较大，如果使用总量指标会导致偏差，因此选取以 2000 年作为基期计算的可比价格人均 GDP（rgdp）表征城市群的经济增长状况，即首先根据 GDP 平减指数获得城市群实际 GDP，然后依据各城市群当年的常住人口数量，计算城市群人均 GDP 实际值。

（2）主要解释变量：城市群空间结构

在此，从三个维度测度城市群空间结构，分别为人口空间结构（hum），用人口基尼系数表示；产业空间结构（ind），用城市群产业 H 指数表示，这里使用第二产业计算；土地利用空间结构（land），用土地利用 H 指数表示。

其他解释变量的选择如下：

1）物质资本（cap）。由于获取不到中国的物质资本数据，这里采用 Goldsmith（1951）提出的永续盘存法进行估算，公式为

$$K_{it} = K_{i(t-1)}(1 - \delta_{it}) + I_{it} \tag{7-12}$$

式中，K_{it} 和 $K_{i(t-1)}$ 表示 i 市 t 年和 t−1 年的物质资本，是以基年不变价格指数（指固定资产价格指数，下同）衡量的资本；I_{it} 表示以基年不变价格指数衡量的当年固定资本形成，这里使用 t 年固定资产形成总额/固定资产投资价格指数；δ 表示中国折旧率，借鉴单豪杰（2008）的处理方法，折旧率设定为 10.96%；基期资本的估算采用 Hall 和 Jones（1999）的方法，运用初始年份的投资数据除以 10%进行计算。

2）人力资本（edu）。由于现有统计年鉴没有直接的地区人力资本含量指标，常用就业人员的平均受教育年限来代替人力资本。但是，目前地级市平均受教育年限的核算存在许多障碍，受教育年限数据很多年份是缺失的，因此本书借鉴张浩然和衣保中（2012）的做法，将各城市群中等和高等学校在校生总人数占该城市群总人口的比重作为人力资本的代理变量。

3）外商直接投资（fdi）。借鉴曾鹏和吴功亮（2016）的做法，采用各城市群实际利用外资金额来表征。

4）政府干预程度（gov）。借鉴于斌斌（2015b）的做法，采用财政支出占财政收入的比重来表征。

5）环境质量（pol）。考虑到数据的可得性，采用各城市群工业二氧化硫排放量来表征。

6）交通运输强度（road）。采用各城市群单位面积公路里程来表征。

7）技术水平（tech）。技术水平是一种无形变量，很难进行直接度量。有研究使用投入指标（如研发投入）度量技术水平，也有研究使用产出指标（如专利数量）度量技术水平（舒元和才国伟，2007）。但是，中国各地级市的研发投入数据统计年份较晚，因此难以获取考察期内的研发投入数据。同时，本书也不采用产出指标来度量技术水平，因为产出指标只占企业活动的一小部分，有些技术创新很难或者无法转化为专利，且专利数目不能真实反映技术水平。考虑到数据的可得性和研究目的，本书借鉴李锴和齐绍洲（2011）的做法，将科学事业费支出占地方财政一般预算内支出的比重作为技术水平的代理变量。

所有变量描述和指标选择如表 7-5 所示。同时，为降低数据的异方差性，所有数据均取其自然对数值。

表 7-5　变量描述和指标选择

变量	变量解释	指标选择
rgdp	经济增长	人均 GDP
hum	人口空间结构	人口基尼系数
ind	产业空间结构	第二产业 H 指数
land	土地利用空间结构	土地利用 H 指数
cap	物质资本	基年不变价格指数衡量的资本
edu	人力资本	各城市群中等和高等学校在校生总人数占该城市群总人口的比重
fdi	外商直接投资	各城市群实际利用外资金额
gov	政府干预程度	财政支出占财政收入的比重
pol	环境质量	各城市群工业二氧化硫排放量
road	交通运输强度	各城市群单位面积公路里程
tech	技术水平	科学事业费支出占地方财政一般预算内支出的比重

第三节 模型运用与结果分析

一、经典计量经济学模型运用

将西部地区城市群人均 GDP 作为被解释变量，将城市群人口空间结构、产业空间结构、土地利用空间结构作为主要解释变量，并加入物质资本、人力资本、外商直接投资、环境质量、交通运输强度、政府干预程度、技术水平等影响经济增长的控制变量，利用式（7-3）进行计量回归，得到混合回归的检验结果，如表 7-6 所示。在表 7-6 中，模型 1 是指以人口空间结构为城市群空间结构变量的混合回归检验结果，模型 2 是指以产业空间结构为城市群空间结构变量的混合回归检验结果，模型 3 是指以土地利用空间结构为城市群空间结构变量的混合回归检验结果。

表 7-6 混合回归结果

变量	模型 1	模型 2	模型 3
cap	0.585*** （15.23）	0.638*** （13.72）	0.654*** （12.43）
edu	0.229*** （4.41）	0.251*** （3.67）	0.483*** （7.69）
hum	−1.967*** （−10.73）		
ind		−3.536*** （−6.41）	
land			−1.070*** （−3.20）
gov	−0.312*** （−8.54）	−0.299*** （−6.63）	−0.198** （−2.00）
pol	−0.293*** （−8.38）	−0.207*** （−5.10）	−0.046* （−1.76）
road	−0.605*** （−7.92）	−0.571*** （−6.00）	−0.855*** （−7.21）
fdi	0.067*** （3.06）	0.003 （0.11）	0.109*** （2.94）
tech	0.063* （1.88）	0.068* （1.67）	0.029* （1.67）
R^2	0.941	0.912	0.937

注：括号内的值为 t 值，***、**、*分别表示在 1%、5%、10%水平下显著。无数据代表该变量在这一列表示的模型中没有纳入回归，下同

表 7-6 的回归结果显示，除外商直接投资外，其余变量全部通过显著性检验，而且拟合优度 R^2 也很大，这说明本书选取的变量对城市群经济增长的影响在统计上是显著的。

面板数据的混合回归忽略了个体间和时间上的异质性，而该异质性可能与解释变量相关，导致估计不一致。因此，采用个体固定效应模型可以解决不随时间变化，但随个体而异的遗漏变量问题；采用时间固定效应模型可以解决不随个体变化，但随时间而异的遗漏变量问题；如果既存在时间固定效应，又存在个体固定效应，则采用双向固定效应模型。下面以城市群人口空间结构、产业空间结构、土地利用空间结构为主要解释变量，进行面板数据的个体固定效应、时间固定效应和双向固定效应检验，具体检验结果如表 7-7～表 7-9 所示。

表 7-7　以人口空间结构为城市群空间结构解释变量的回归结果

变量	个体固定效应	时间固定效应	双向固定效应
cap	0.459*** （23.30）	0.277*** （7.84）	0.234*** （5.55）
edu	0.177*** （3.47）	0.102*** （2.21）	0.095* （1.76）
hum	−0.440*** （−4.22）	−0.496*** （−5.45）	−0.490*** （−5.03）
gov	−0.301*** （−4.56）	−0.293*** （−5.14）	−0.323*** （−5.44）
pol	−0.100*** （−4.93）	−0.066*** （−3.46）	−0.089*** （−3.45）
road	0.071** （1.96）	0.059** （1.91）	0.034 （0.80）
fdi	−0.007* （−1.67）	−0.007* （−1.71）	−0.007* （−1.77）
tech	0.008* （0.68）	0.009* （0.74）	0.027* （1.82）
F 统计量	49.490 （0.00）	68.670 （0.00）	48.180 （0.00）
R^2	0.983	0.987	0.989

注：括号内的值为 *t* 值，*F* 统计量括号内的值表示其伴随概率，***、**、*分别表示在 1%、5%、10%水平下显著

表 7-8　以产业空间结构为城市群空间结构解释变量的回归结果

变量	个体固定效应	时间固定效应	双向固定效应
cap	0.492*** （23.35）	0.305*** （7.69）	0.230*** （4.94）
edu	0.047* （1.91）	0.063* （1.75）	0.043* （1.69）
ind	−0.873* （−1.79）	−0.990** （−2. 06）	−0.752* （−1.91）
gov	−0.162*** （−4.50）	−0.183*** （−5.70）	−0.202*** （−6.03）
pol	−1.090*** （−4.73）	−0.066*** （−3.03）	−0.126*** （−4.64）
road	0.002* （0.91）	0.053 （1.11）	0.021 （0.37）
fdi	0.007* （1.69）	0.001* （1.68）	0.009* （1.68）
tech	0.013 （0.84）	0.008 （0.61）	0.008* （0.22）
F 统计量	94.680 （0.00）	123.370 （0.00）	122.640 （0.00）
R^2	0.979	0.984	0.986

注：括号内的值为 *t* 值，*F* 统计量括号内的值表示其伴随概率，***、**、*分别表示在 1%、5%、10%水平下显著

表 7-9　以土地利用空间结构为城市群空间结构解释变量的回归结果

变量	个体固定效应	时间固定效应	双向固定效应
cap	0.493*** （23.45）	0.317*** （7.56）	0.236*** （4.85）
edu	0.070* （1.74）	0.038 （1.72）	0.005* （1.88）
land	−0.195*** （−2.86）	−0.256* （−1.76）	−0.199* （−1.75）
gov	−0.168*** （−4.66）	−0.189*** （−5.71）	−0.211*** （−6.26）
pol	−0.106*** （−4.62）	−0.061*** （−2.69）	−0.130*** （−4.38）
road	0.004* （1.78）	0.045* （1.92）	0.041* （1.72）
fdi	−0.001 （−0.11）	−0.004* （−1.85）	0.006 （0.42）

续表

变量	个体固定效应	时间固定效应	双向固定效应
tech	0.017* （1.91）	0.012 （0.82）	0.019* （1.73）
F 统计量	122.720 （0.00）	143.490 （0.00）	147.200 （0.00）
R^2	0.979	0.983	0.986

注：括号内的值为 t 值，F 统计量括号内的值表示其伴随概率，***、**、*分别表示在 1%、5%、10% 水平下显著

观察表 7-7～表 7-9 可以发现，在分别使用西部地区城市群人口空间结构、产业空间结构、土地利用空间结构作为主要解释变量的检验结果中，大多数变量都通过了显著性检验。城市群人口空间、产业空间、土地利用空间集聚对经济增长存在显著的负向作用，物质资本、人力资本、技术水平、交通运输强度能促进经济增长；环境质量恶化抑制经济增长；政府干预程度、外商直接投资对经济增长的影响不确定。由于没有控制经济增长的空间依赖性，估计结果可能存在偏误，还需要进一步检验。

二、空间计量经济学模型运用

城市群人口空间结构、产业空间结构、土地利用空间结构、物质资本、人力资本、外商直接投资、环境质量、交通运输强度、政府干预程度、技术水平是影响西部地区城市群经济增长的重要因素。但是，城市群空间结构不仅直接影响经济增长，还会通过影响其他变量，间接影响经济增长。同时，经济增长具有显著的空间相关性，因此在分析城市群空间结构演变对经济增长的影响中不能忽略这种空间依赖性。下面通过构建空间计量模型对此影响路径进行检验。

1. 直接作用机制与中介作用机制检验

本书借鉴温忠麟等（2005）对中介效应与调节效应的研究方法，根据第六章第三节提出的假设，可以得到如图 7-2 所示的中介变量检验路径图。

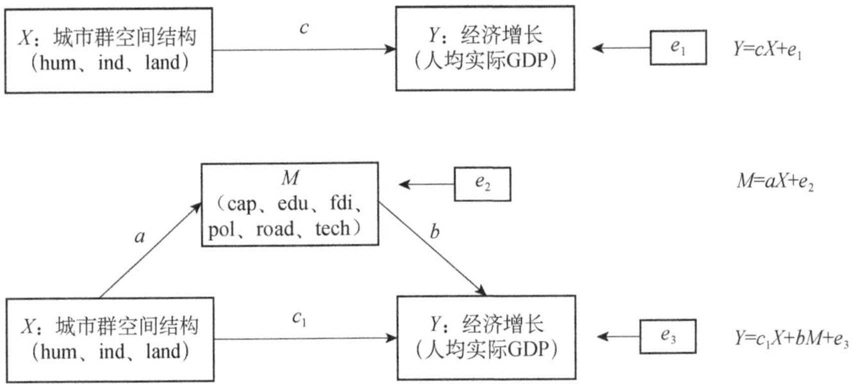

图 7-2　中介变量检验路径图

图 7-2 中，X 是自变量，表示城市群空间结构的三个维度，分别为人口空间结构、产业空间结构、土地利用空间结构；Y 是因变量，表示经济增长；M 是中介变量，表示影响经济增长的一系列变量，分别为物质资本、人力资本、外商直接投资、环境质量、交通运输强度、技术水平。将变量中心化或标准化后，可用图 7-2 所示的路径图和相应的方程来说明变量之间的关系。其中，c_1 是 X 对 Y 的总效应，a、b 是经过中介变量 M 的中介效应，c 是直接效应。其检验步骤如图 7-3 所示。

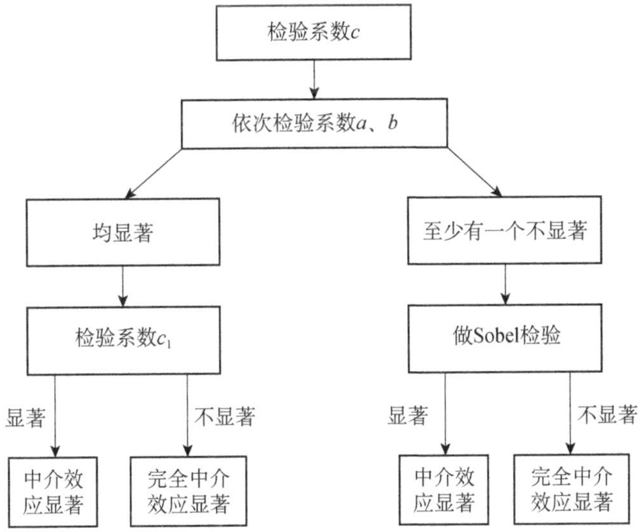

图 7-3　中介效应检验程序

检验程序包含 Sobel 检验，检验的统计量为

$$z=\frac{\hat{a}\hat{b}}{S_{ab}} \tag{7-13}$$

式中，$\hat{a}$、$\hat{b}$ 分别是 a、b 的估计值；$S_{ab}=\sqrt{\hat{a}^2S_b^2+\hat{b}^2S_a^2}$，$S_a$、$S_b$ 分别是 a、b 的标准误差。

因此，本书对中介变量的检验步骤如下：①借助式（7-7），分别将西部地区城市群人口空间结构、产业空间结构、土地利用空间结构作为解释变量，城市群人均 GDP 作为被解释变量，并加入基础变量（物质资本和人力资本），但不纳入其他控制变量，考察西部地区城市群人口空间结构、产业空间结构、土地利用空间结构对城市群经济增长影响的总效应，包括直接作用和中介作用，若系数 c 显著说明存在总效应，再进行中介作用检验。②借助式（7-9），分别将西部地区城市群人口空间结构、产业空间结构、土地利用空间结构作为解释变量，西部地区城市群物质资本、人力资本、环境质量、交通运输强度作为被解释变量，检验系数 a 是否显著，判断西部地区城市群人口空间结构、产业空间结构、土地利用空间结构是否是影响城市群经济增长的影响因素。③借助式（7-8），分别将西部地区城市群人口空间结构、产业空间结构、土地利用空间结构、物质资本、人力资本、环境质量、交通运输强度和技术水平作为解释变量，将城市群经济增长作为被解释变量，检验影响西部地区城市群经济增长的中介作用和直接作用是否存在。④综合前述①、②和③的结果，对照图 7-3 的检验流程判断不考虑调节效应的中介作用与直接作用是否存在，以及是完全中介作用还是部分中介作用。测度结果如表 7-10 和表 7-11 所示。表 7-10 中，模型 1 是指以人口空间结构为城市群空间结构变量的总效应检验结果，模型 2 是指以产业空间结构为城市群空间结构变量的总效应检验结果，模型 3 是指以土地利用空间结构为城市群空间结构变量的总效应检验结果。参数 ρ 为空间相关系数。

表 7-10　总效应检验结果

变量	模型 1	模型 2	模型 3
cap	0.317*** （7.87）	0.347** （9.64）	0.357*** （7.58）
edu	0.218*** （4.14）	0.128* （-1.81）	0.144* （1.86）

续表

变量	模型 1	模型 2	模型 3
hum	−2.179*** （−3.07）		
ind		−0.707*** （4.43）	
land			−0.192* （1.68）
ρ	0.309*** （3.55）	0.276*** （3.47）	0.241*** （3.23）
R^2	0.704	0.704	0.724

注：括号内的值为 z 值，***、**、*分别表示在 1%、5%、10%水平下显著

观察表 7-10 可以发现，西部地区城市群人口空间结构、产业空间结构、土地利用空间结构均通过了显著性检验，可以进行中介作用的下一步检验。在考察期内，西部地区城市群人口空间结构、产业空间结构、土地利用空间结构演变对经济增长的总效应分别为−2.179、−0.707、−0.192，对经济增长的影响均为负向影响。这说明，城市群人口、产业、土地利用集聚度的提高反而不利于城市群经济增长。此外，模型 1～模型 3 中的参数 ρ 均显著为正，说明邻近城市群的经济增长存在正向空间关联效应。

表 7-11　中介效应第二步检验

变量	cap	edu	pol	road	tech
hum	2.126* （1.67）	1.185*** （3.64）	−0.781* （−1.68）	0.555 （1.13）	1.311 （1.23）
ind	1.914** （2.26）	3.459*** （6.53）	−1.751** （−2.12）	3.174*** （9.28）	0.468* （1.85）
land	2.929*** （2.80）	0.887*** （3.19）	−1.092** （−2.86）	1.254*** （3.16）	2.043*** （2.32）

注：括号内的值为 t 值，***、**、*分别表示在 1%、5%、10%水平下显著

观察表 7-11 可以发现，除人口空间结构对交通运输强度和技术水平的作用没有通过显著性检验，其余检验全部显著。这表明，西部地区城市群产业空间结构和土地利用空间结构对城市群的物质资本、人力资本、环境质量、交通

运输强度、技术水平具有显著影响。

借助式（7-11）将人均 GDP 作为被解释变量，分别将西部地区城市群人口空间结构、产业空间结构、土地利用空间结构作为主要解释变量，并加入物质资本、人力资本、外商直接投资、环境质量、交通运输强度、技术水平，检验影响西部地区城市群经济增长的中介作用路径和直接作用路径是否存在。下面进行中介效应的第三步检验来确定是否存在这些作用路径，检验结果如表 7-12 所示。表 7-12 中，模型 1 是指以人口空间结构为城市群空间结构变量的检验结果，模型 2 是指以产业空间结构为城市群空间结构变量的检验结果，模型 3 是指以土地利用空间结构为城市群空间结构变量的检验结果。

表 7-12　中介效应第三步检验

变量	模型 1	模型 2	模型 3
cap	0.299*** （11.25）	0.329*** （6.84）	0.345*** （7.71）
edu	0.195*** （4.03）	0.063* （1.79）	0.116* （1.65）
hum	−0.614*** （−3.16）		
ind		−1.177* （−1.83）	
land			−0.167* （1.70）
pol	−0.093*** （−6.80）	−0.102*** （−6.48）	−0.094*** （−6.55）
fdi	0.005 （0.43）	0.034* （1.80）	0.020 （1.23）
road	0.030 （0.67）	−0.031 （−0.35）	0.040* （1.85）
tech	0.005 （0.34）	−0.009 （−0.48）	0.002 （0.16）
ρ	0.293*** （4.65）	0.257*** （3.26）	0.203*** （2.68）
R^2	0.982	0.978	0.977

注：括号内的值为 z 值，***、**、*分别表示在 1%、5%、10%水平下显著

观察表 7-10 和表 7-12 可以发现，以人口空间结构为城市群空间结构解释变量（模型 1）的检验结果中，人口空间结构的系数均为负，且均通过了显著

性检验，说明存在部分中介效应。观察表 7-11 和表 7-12 可以发现，物质资本、人力资本、环境质量全部通过了显著性检验，说明这三个变量是中介变量；但交通运输强度、技术水平两次都没有通过显著性检验。根据温忠麟等（2005）的检验步骤，对交通运输强度和技术水平进行 Sobel 检验。检验结果如表 7-13 所示。

表 7-13　以人口空间结构为解释变量的 Sobel 检验结果

项目	a	b	S_a	S_b	Sobel	p 值	结论
road	0.555	0.030	0.490	0.045	0.574	0.565	中介效应不显著
tech	1.311	0.005	1.063	0.015	0.321	0.747	中介效应不显著

表 7-13 的检验结果中，$p>0.05$，根据温忠麟等（2004）的判定方法，说明交通运输强度和技术水平的中介效应不显著。

观察表 7-10 和表 7-12 可以发现，以产业空间结构为城市群空间结构解释变量（模型 2）的检验结果中，产业空间结构的系数均为负，且均通过了显著性检验，说明存在部分中介效应。观察表 7-11 和表 7-12 的模型 2 可以发现，物质资本、人力资本、环境质量在两次检验中都显著，说明这三个变量是中介变量。表 7-12 的模型 2 结果中，交通运输强度和技术水平没有通过显著性检验，因此对这两个变量进行 Sobel 检验，检验结果如表 7-14 所示。

表 7-14　以产业空间结构为解释变量的 Sobel 检验结果

项目	a	b	S_a	S_b	Sobel	p 值	结论
road	3.174	−0.031	0.342	0.090	−0.344	0.730	中介效应不显著
tech	0.468	−0.009	0.549	0.019	−0.414	0.678	中介效应不显著

表 7-14 的检验结果中，$p>0.05$，说明交通运输强度和技术水平的中介效应不显著。

观察表 7-10 和表 7-12 可以发现，以土地利用空间结构为城市群空间结构解释变量（模型 3）的检验结果中，土地利用空间结构的系数均为负，且均通过显著性检验，说明存在部分中介效应。观察表 7-11 和表 7-12 的模型 3 可以发现，物质资本、人力资本、环境质量、交通运输强度在两次检验中都显著，说明这四个变量是中介变量。表 7-12 的模型 3 结果中，技术水平没有通过显著性检验，因此对技术水平进行 Sobel 检验，检验结果如表 7-15 所示。

表 7-15　以土地利用空间结构为解释变量的 Sobel 检验结果

项目	a	b	S_a	S_b	Sobel	p 值	结论
tech	2.043	0.002	0.879	0.010	0.199	0.842	中介效应不显著

表 7-15 的检验结果中，$p>0.05$，说明技术水平的中介效应不显著。

观察表 7-10～表 7-15 可以发现，在不考虑调节作用的情况下：

1）西部地区城市群人口空间结构演变对经济增长的直接作用为负，说明目前人口空间集聚不利于城市群整体经济增长。模型中存在部分中介作用，即城市群人口空间结构对经济增长一方面是产生直接作用，另一方面还通过物质资本、人力资本、环境质量这三个中介变量产生间接作用。具体来说，城市群人口空间结构一方面能够通过促进物质资本和人力资本的积累从而促进经济增长，另一方面能够通过加重环境污染，从而抑制经济增长，但总体表现为城市群人口空间结构抑制经济增长。

2）西部地区城市群产业空间结构演变对经济增长的直接作用为负，说明目前产业空间集聚不利于城市群整体经济增长。模型中存在部分中介作用，即城市群产业空间结构对经济增长一方面是产生直接作用，另一方面还通过物质资本、人力资本、环境质量这三个中介变量产生间接作用。具体来说，城市群产业空间结构一方面能够通过促进物质资本和人力资本的积累从而促进经济增长，另一方面能够通过加重环境污染，从而抑制经济增长，但总体表现为城市群产业空间结构抑制经济增长。

3）西部地区城市群土地利用空间结构演变对经济增长的直接作用为负，说明目前土地利用空间集聚不利于城市群整体经济增长。模型中存在部分中介作用，即城市群土地利用空间结构对经济增长一方面是产生直接作用，另一方面还通过物质资本、人力资本、环境质量、交通运输强度这四个中介变量产生间接作用。具体来说，城市群人口空间结构一方面能够通过促进物质资本和人力资本的积累并提高交通运输强度从而促进经济增长，另一方面能够通过加重环境污染，从而抑制经济增长，但总体表现为城市群土地利用空间结构抑制经济增长。

2. 调节作用机制检验

为了进一步分析西部地区城市群空间结构演变对经济增长的复杂作用，本书进一步考虑了调节作用的影响。由第六章第三节的分析可知，西部地区城市群空间结构演变对经济增长的作用受到政府政策的影响。将城市群经济增长作为被解释变量，在解释变量中增加物质资本、人力资本、环境质量、交通运输强度、外商直接投资、技术水平、政府干预程度，并加入政府干预程度与西部地区城市群人口空间结构、产业空间结构、土地利用空间结构乘积的交叉项，进行计量分析，并且对比空间滞后模型、空间误差模型和空间杜宾模型的检验结果，检验其稳健性。

（1）西部地区城市群人口空间结构演变对经济增长的影响效果检验

检验西部地区城市群人口空间结构对经济增长的影响效果，同时列出使用空间滞后模型、空间误差模型、空间杜宾模型的估计结果，比较估计结果可以作为模型的稳健性检验，结果如表 7-16 所示。

表 7-16　西部地区城市群人口空间结构演变对城市群经济增长的影响效果检验

变量	空间滞后模型	空间误差模型	空间杜宾模型
hum	−0.725*** （−7.66）	−0.595*** （−4.81）	−0.652*** （−8.34）
edu	0.095*** （1.77）	0.179*** （3.45）	0.093*** （3.73）
cap	0.267*** （15.97）	0.451*** （20.85）	0.226*** （9.63）
pol	−0.081*** （−4.66）	−0.094*** （−4.22）	−0.074*** （−3.21）
road	0.087** （2.43）	0.091* （1.80）	0.077 （1.38）
fdi	−0.014* （−1.86）	−0.011 （−0.80）	−0.004 （−0.48）
tech	0.013 （0.92）	0.010 （0.72）	0.007 （0.56）
gov	0.185* （1.72）	0.035 （0.26）	0.158 （1.44）

续表

变量	空间滞后模型	空间误差模型	空间杜宾模型
hum*gov	0.429*** （3.98）	0.277* （1.77）	0.395*** （4.98）
*W**hum			0.603*** （2.57）
*W**edu			0.018 （0.25）
*W**cap			0.195** （2.03）
*W**pol			−0.030 （−0.61）
*W**road			−0.003 （−0.05）
*W**fdi			0.047** （2.20）
*W**tech			−0.019 （−0.77）
*W**gov			−0.657** （−2.24）
*W**hum*gov			−0.666*** （−2.82）
ρ	0.414*** （10.51）		0.028 （0.15）
λ		−0.035 （−0.15）	
R^2	0.988	0.984	0.890

注：括号内的值为 z 值，***、**、*分别表示在 1%、5%、10%水平下显著

表 7-16 分别列出了使用三种模型检验的结果，综合考虑结果的显著性，并观察空间滞后模型和空间杜宾模型回归结果中的空间滞后系数 ρ，以及空间误差模型回归结果中的空间误差系数 λ，发现只有空间滞后模型回归结果中的 ρ 通过了显著性检验，然后根据图 7-1 的选择流程，确定采用空间滞后模型最合适。同时，结合豪斯曼检验结果（表 7-4），最终选择个体固定效应的空间滞后模型，以显示城市群人口空间结构演变对经济增长的影响效果。根据表 7-16

的回归结果，并结合表 7-10～表 7-15 直接作用与中介作用的检验结果，可以得出以下结论：

人口空间结构系数始终显著为负，即城市群人口空间集聚不利于整体经济增长，这与现实情况相吻合。例如，呼包鄂城市群人均 GDP 处于最高水平，但其人口基尼系数在整个考察期内处于最低水平，其他城市群也有类似的情况出现。

表 7-10 和表 7-16 中，物质资本和人力资本的系数都显著为正，环境质量的系数显著为负，说明人口空间结构能够一方面通过促进物质资本与人力资本的积累从而促进经济增长，另一方面通过影响环境质量从而抑制经济增长。

其他变量对经济增长的作用表现为：外商直接投资抑制经济增长；政府干预程度能够促进经济增长；技术水平对经济增长的作用没有通过显著性检验，说明其作用效果不明显。

人口空间结构与政府干预程度交乘项 hum*gov 通过了显著性检验，其系数为正，说明人口空间集聚正向调节了政府干预程度对经济增长的促进作用，即城市群人口空间集聚程度的增加，扩大了政府干预程度对经济增长的刺激作用。

综上所述，西部地区城市群人口空间结构演变对经济增长的作用路径如图 7-4 所示。

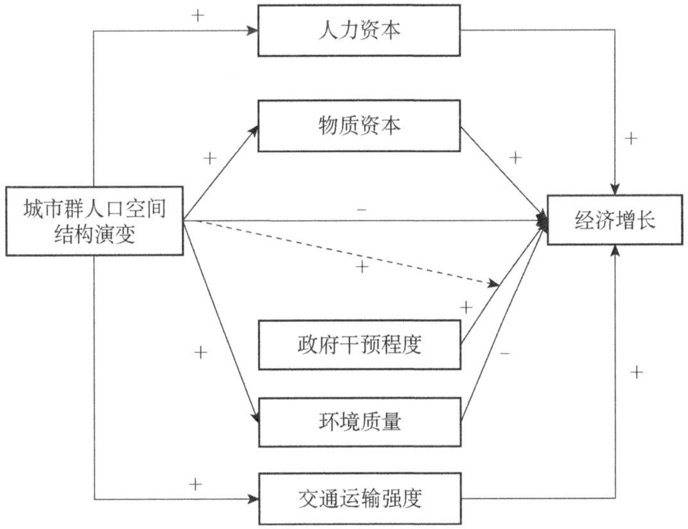

图 7-4　西部地区城市群人口空间结构演变对经济增长的作用路径

（2）西部地区城市群产业空间结构演变对经济增长的影响效果检验

检验西部地区城市群产业空间结构对经济增长的影响效果，同时列出使用空间滞后模型、空间误差模型、空间杜宾模型的估计结果，比较估计结果可以作为模型的稳健性检验，结果如表 7-17 所示。

表 7-17　西部地区城市群产业空间结构演变对城市群经济增长的影响效果检验

变量	空间滞后模型	空间误差模型	空间杜宾模型
ind	−1.332*** （−2.73）	−1.169* （−1.84）	−0.487 （−0.73）
edu	0.026* （1.91）	0.098 （1.47）	0.048 （1.15）
cap	0.300*** （11.44）	0.455*** （23.71）	0.247*** （9.83）
pol	−0.097*** （−6.83）	−0.103*** （−4.37）	−0.102*** （−5.26）
road	0.102** （2.47）	0.109** （2.22）	0.047 （0.87）
fdi	0.002* （0.87）	0.001 （0.01）	0.012 （1.21）
tech	0.005 （0.47）	0.008 （0.07）	−0.003 （−0.11）
gov	0.827* （1.91）	0.725* （1.89）	0.527 （1.17）
ind*gov	1.446*** （2.64）	1.284* （1.74）	0.977* （1.77）
*W**ind			4.358** （2.11）
*W**edu			0.098 （1.61）
*W**cap			0.179** （2.31）
*W**pol			0.055 （1.17）
*W**road			−0.031 （−0.52）
*W**fdi			0.088*** （3.83）
*W**tech			−0.010 （−0.22）

续表

变量	空间滞后模型	空间误差模型	空间杜宾模型
W^*gov			−2.656** (−2.34)
W^*ind*gov			−3.783** (−2.52)
ρ	0.347*** (6.54)		−0.095 (−0.55)
λ		−0.176 (−0.71)	
R^2	0.986	0.982	0.988

注：括号内的值为 z 值，***、**、*分别表示在 1%、5%、10%水平下显著

表 7-17 分别列出了使用三种模型检验的结果，综合考虑结果的显著性，并观察空间滞后模型和空间杜宾模型回归结果中的空间滞后系数 ρ，以及空间误差模型回归结果中的空间误差系数 λ，发现只有空间滞后模型回归结果中的 ρ 通过了显著性检验，然后根据图 7-1 的选择流程，确定采用空间滞后模型最合适。同时，结合豪斯曼检验结果（表 7-4），最终选择个体固定效应的空间滞后模型，以显示城市群产业空间结构演变对经济增长的影响效果。根据表 7-17 的回归结果，并结合表 7-10～表 7-15 直接作用与中介作用的检验结果，可以得出以下结论：

产业空间结构系数始终显著为负，三种模型的回归结果接近，说明结果具有稳健性。即城市群产业的空间集聚不能促进城市群整体经济增长。

表 7-10 和表 7-17 中，物质资本、人力资本的系数都显著为正，环境质量的系数显著为负，说明西部地区城市群产业空间结构一方面能够通过促进物质资本和人力资本的积累从而促进经济增长，另一方面能够通过加重环境污染从而抑制经济增长。

其他变量对经济增长的作用表现为：发达的交通运输能够促进经济增长；外商直接投资和政府干预程度也都能促进经济增长；技术水平对经济增长的作用没有通过显著性检验，说明其作用效果不明显。

产业空间结构与政府干预程度交乘项 ind*gov 通过了显著性检验，系数为正，说明产业空间集聚正向调节了政府干预程度对经济增长的促进作用，即城市群产业空间集聚程度的增加，扩大了政府干预程度对经济增长的刺激作用。

综上所述，西部地区城市群产业空间结构演变对经济增长的作用路径如图7-5所示。

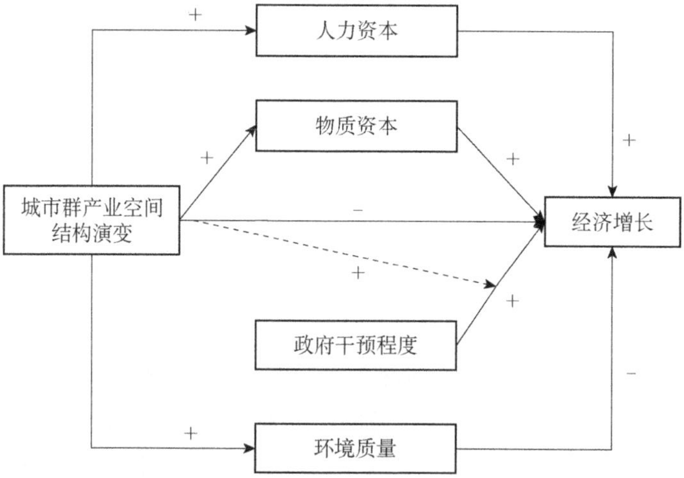

图 7-5　西部地区城市群产业空间结构演变对经济增长的作用路径

（3）西部地区城市群土地利用空间结构演变对经济增长的影响效果检验

检验西部地区城市群土地利用空间结构对经济增长的影响效果，同时列出使用空间滞后模型、空间误差模型、空间杜宾模型的估计结果，比较估计结果可以作为模型的稳健性检验，结果如表 7-18 所示。

表 7-18　西部地区城市群土地利用空间结构演变对城市群经济增长的影响效果检验

变量	空间滞后模型	空间误差模型	空间杜宾模型
land	−0.205* （−1.86）	−0.356 （−1.26）	−0.099 （−0.40）
edu	0.352* （1.91）	0.078 （1.08）	0.052 （1.49）
cap	0.341*** （10.84）	0.469 （20.18）	0.298*** （11.48）
pol	−0.089*** （−3.38）	−0.102*** （−4.05）	−0.105*** （−3.84）
road	0.072* （1.74）	0.097** （2.44）	0.022 （0.64）
fdi	0.003 （0.03）	0.006 （0.66）	0.025** （1.99）

续表

变量	空间滞后模型	空间误差模型	空间杜宾模型
tech	0.006 (0.61)	−0.007 (−0.11)	−0.026 (−1.13)
gov	0.546** (2.07)	0.178 (0.60)	0.810*** (2.96)
land*gov	−0.137* (−1.87)	0.182 (0.62)	−0.443** (−1.96)
*W**land			0.275 (0.86)
*W**edu			0.111 (1.36)
*W**cap			0.413*** (5.76)
*W**pol			0.019 (0.46)
*W**road			0.108* (1.78)
*W**fdi			0.107*** (4.12)
*W**tech			0.008 (0.25)
*W**gov			−1.479** (−2.23)
*W**land*gov			−1.501** (−2.14)
ρ	0.304*** (8.33)		−0.610 (−0.98)
λ		−0.455* (−1.73)	
R^2	0.983	0.981	0.987

注：括号内的值为 z 值，***、**、*分别表示在 1%、5%、10%水平下显著

表 7-18 分别列出了使用三种模型检验的结果，综合考虑结果的显著性以及对经济增长的解释程度，并观察空间滞后模型和空间杜宾模型回归结果中的空间滞后系数 ρ，以及空间误差模型回归结果中的空间误差系数 λ，发现空间杜宾模型回归结果中的 ρ 没有通过显著性检验，然后根据图 7-1 的选择流程，确定采用空间滞后模型比空间误差模型更合适。同时，结合豪斯曼检验结果（表 7-4），

最终选择个体固定效应的空间滞后模型，以显示城市群土地利用空间结构演变对经济增长的影响效果。根据表 7-18 的回归结果，并结合表 7-10～表 7-15 直接作用与中介作用的检验结果，可以得出以下结论：

土地利用空间结构系数始终为负，三种模型的回归结果接近，说明结果具有稳健性。而且空间滞后模型中土地利用空间结构系数显著为负，这表明西部地区城市群土地利用空间集聚对经济增长具有负向影响。

表 7-10 和表 7-18 中，物质资本、人力资本和交通运输强度的系数都显著为正，环境质量的系数显著为负，说明西部地区城市群土地利用空间结构一方面能够通过促进物质资本和人力资本的积累并提高交通运输强度从而促进经济增长，另一方面能够通过影响环境质量从而抑制经济增长。

其他变量对经济增长的作用表现为：外商直接投资和技术水平都没有通过显著性检验，说明它们对城市群经济增长的作用效果不明显；但是政府干预程度的系数显著为正，说明提高政府干预程度会促进城市群经济增长。

土地利用空间结构与政府干预程度交乘项 land*gov 通过了显著性检验，系数为负，说明土地利用空间结构存在负向的调节作用，即土地利用空间集聚度的增强，会减弱政府干预程度对经济增长的促进作用。

综上所述，西部地区城市群土地利用空间结构演变对经济增长的作用路径如图 7-6 所示。

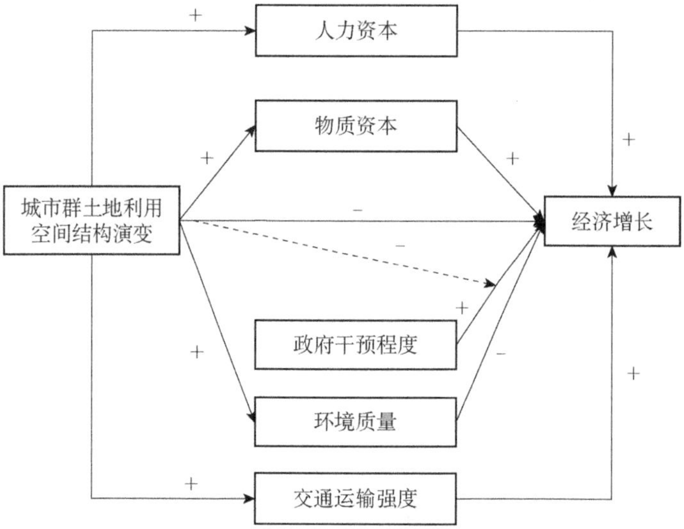

图 7-6　西部地区城市群土地利用空间结构演变对经济增长的作用路径

三、模型结果分析

综合检验结果可以发现，西部地区城市群经济增长具有显著的空间相关性，而且相关系数为负，说明单个城市群的经济增长不会对其邻近城市群产生带动作用，反而会对其邻近城市群产生抑制作用。西部地区城市群空间结构演变对经济增长存在直接作用和间接作用，但是不同的空间结构对经济增长的作用机制与路径存在差异。

西部地区城市群人口空间集聚对经济增长的直接作用为负，说明考察期内西部地区城市群人口空间集聚程度的提升不利于城市群整体经济增长。因此，需要根据城市群发展的现实，引导人口向空间效率更高的区域流动，尤其是向外围城市流动，以缓解大城市集聚不经济的影响。城市群人口空间集聚程度的提升能够促进物质资本和人力资本的积累，以及交通运输强度的提升从而促进经济增长，这会抵消一部分人口空间集聚对经济增长的直接负向影响。因此，扩大物质资本和人力资本投资、加强基础设施建设，能够为城市群经济发展提供更好的支撑条件。另外，人口空间集聚会加重环境污染进而抑制城市群整体经济增长。人口空间集聚正向调节政府干预程度对经济增长的促进作用，即城市群人口空间集聚程度的提升，会增强政府干预程度对经济增长的刺激作用。因此，西部地区城市群随着中心城市规模的扩大，集聚不经济增加更快，包括环境污染、拥挤效应、交通成本、土地成本的增加。

西部地区城市群的产业空间集聚对经济增长的直接作用为负，第二产业向中心城市集聚不利于城市群整体经济增长。因此，要结合城市群要素禀赋特点，引导产业合理有序地分布，避免城市产业同质化带来的恶性竞争。城市群产业空间集聚程度的提升能够促进物质资本和人力资本的积累从而促进经济增长，这会抵消一部分产业空间集聚对经济增长的直接负向影响。因此，扩大物质资本和人力资本投资、加强基础设施建设，能够为城市群经济发展提供更好的支撑条件。另外，第二产业空间集聚加重了环境污染进而抑制了城市群整体经济增长。产业空间集聚正向调节了政府干预程度对经济增长的促进作用，即城市群第二产业空间集聚程度的提升，会增强政府干预程度对经济增长的刺激作用。随着产业集聚度的提升，由企业生产带来的环境污染、土地租金的增加会增加企业的生产成本，从而抑制城市群整体经济增长。这说明，城市群内部各级政府在制定产业发展规划和空间发展规划时，要充分考虑区域内产业布局现状，避免同质企业过度集聚，合理引导第二产业向中心城市郊区和城市群外围城市转移。

西部地区城市群土地利用空间集聚对经济增长的直接作用为负，建设用地向中心城市集聚（中心城市建设用地规模扩张速度远快于城市群外围城市建设用地规模扩张速度）不利于城市群整体经济增长。政府作为建设用地的供给者，应制定合理的土地利用规划，加大城市群外围城市建设用地的供给。土地利用空间集聚程度的提升会促进物质资本和人力资本的积累，以及交通运输强度的提升从而促进经济增长，这会抵消一部分土地利用空间集聚对经济增长的直接负向影响。因此，在制定土地利用政策时，既要考虑城市群内部城市土地利用的协调发展，又要关注各城市路网和相应配套设施的建设，以及分区域人才差异化吸引政策的支持，要将其作为一个整体的系统来考虑，为城市建设用地的集约化利用和城市群经济的持续增长提供依据。另外，城市群土地利用空间集聚程度的提升加重了环境污染，进而抑制城市群整体经济增长。土地利用空间集聚还负向调节了政府干预程度对经济增长的促进作用，即土地利用空间集聚程度的提升，会削弱政府干预程度对经济增长的促进作用。

第八章　西部地区城市群空间结构演变对环境污染影响效果分析

本章利用西部地区城市群面板数据，检验第六章第四节提出的影响机制，辨析影响路径是否存在并分析影响效果。实证检验包括以下四个步骤：①明确城市群环境污染的影响因素，并在此基础上构建空间计量模型。②直接效应检验：在不考虑中介效应和调节效应的条件下，检验西部地区城市群人口空间结构、产业空间结构、土地利用空间结构演变对城市群环境污染的直接影响是否存在，如果存在则分析影响效果。③中介效应检验：在不考虑调节效应的条件下，检验西部地区城市群人口空间结构、产业空间结构、土地利用空间结构演变是否通过城市群居民收入水平、技术水平、产业结构、产出规模、环境自净能力间接影响城市群环境污染状况，如果存在则分析影响效果。④调节效应检验：城市群空间结构是否作为调节变量调节技术水平、产业结构和产出规模对环境污染的影响？

第一节　计量模型设定

一、基础模型

本节在环境污染影响因素研究的基础上，提出检验西部地区城市群空间结构演变对环境污染影响的基础模型。在目前区域环境污染的研究文献中，

Grossman 和 Krueger（1991）提出的环境库兹涅茨曲线模型得到了广泛认同。他们认为随着经济的发展，环境污染将会越来越严重，但是当经济社会发展突破某一个“转折点”时，环境污染现象将会得到明显改善，即环境污染随着经济增长呈先增长后下降态势，环境库兹涅茨曲线模型在不同国家和区域都得到了检验。环境库兹涅茨曲线模型的形式为

$$\text{pol}=\alpha+\beta_0\text{rgdp}+\beta_1(\text{rgdp})^2+\varepsilon \quad (8\text{-}1)$$

式中，α 表示常数项，pol 作为被解释变量表示城市群环境污染；rgdp 表示人均 GDP，在很多研究中用来表征地区经济发展水平，但也有研究用来表征区域居民收入水平（Pfaff et al.，2004；Paudel and Schafer，2009）；β 表示估计参数；ε 表示随机误差项。第六章第四节已经梳理出西部地区城市群空间结构演变对环境污染可能的综合影响机制，西部地区城市群的人口空间结构、产业空间结构、土地利用空间结构、居民收入水平、技术水平、产业结构、产出规模、环境自净能力都有可能是西部地区城市群环境污染状况的影响因素，为了验证这些影响因素对西部地区城市群环境污染状况的影响是否显著，在式（8-1）的基础上增加其他影响因素。在数据搜集过程中发现，很难找到合适的指标度量环境自净能力，所以实证分析中暂不考虑环境自净能力的影响，具体基础模型如下：

$$\text{pol}_{it}=\beta_0\text{rgdp}+\beta_1\left(\text{rgdp}\right)^2+\beta_2X_{it}+\beta_3\text{pro}_{it}+\beta_4\text{tech}_{it}+\beta_5\text{indus}_{it}+\varepsilon_{it} \quad (8\text{-}2)$$

式中，i 表示西部地区第 i 个城市群（i=1，2，…，8）；t 表示观测时间；rgdp 表示居民收入水平；X 表示城市群空间结构，分别用人口空间结构（hum，人口基尼系数）、产业空间结构（ind，产业 H 指数）和土地利用空间结构（land，土地利用 H 指数）表征；pro 表示产出规模；tech 表示技术水平；indus 表示产业结构；β 表示估计参数；ε_{it} 表示随机误差项。

二、空间计量模型

西部地区城市群环境污染具有显著的空间依赖性，因此采用空间计量经济学模型来控制这种空间依赖性。在此应用的空间计量经济学模型是空间滞后模型、空间误差模型、空间杜宾模型。

空间滞后模型是将被解释变量的空间滞后项（即样本邻近区域的观测值对

样本观测值的影响）纳入模型进行回归分析，用来验证被解释变量溢出效应存在与否。其表达式为

$$Y_{it} = \rho WY_{it} + \beta X_{it} + \varepsilon_{it} \tag{8-3}$$

式中，Y_{it}是被解释变量，表示西部地区第 i 个城市群（i=1，2，…，8）在第 t 年的观测值；X_{it}是解释变量，表示西部地区第 i 个城市群（i=1，2，…，m）在第 t 年的观测值；参数 β 表示解释变量 X 对被解释变量 Y 的影响系数；参数 ρ 为空间相关系数，表示被解释变量的空间滞后项对被解释变量的作用，如果 $\rho>1$，表明邻近城市群的被解释变量存在正向空间关联效应，如果 $\rho<1$，表明邻近城市群的被解释变量存在负向空间关联效应，如果 $\rho=0$，表明邻近城市群的被解释变量之间无相关关系；W 表示 8×8 阶的空间权重矩阵，反映西部地区城市群之间的空间关系强度；WY_{it} 表示被解释变量的邻近效应；ε_{it} 表示随机误差项。

空间误差模型主要用来研究随机误差项中存在空间依赖性的情况，模型假设空间依赖性存在于随机误差项中，即城市群间的相互关系是通过随机误差项中的空间效应来体现的。表达式为

$$\begin{cases} Y_{it} = \alpha + \beta X_{it} + \mu_{it} \\ \mu_{it} = \lambda W \mu_{it} + \varepsilon_{it} \end{cases} \tag{8-4}$$

式中，α 表示常数项；μ_{it} 表示随机误差项；λ 表示因变量向量的空间误差系数，用来衡量样本观察值中的空间依赖作用，即相邻城市群的被解释变量 Y 对本城市群被解释变量 Y 的影响方向和程度；ε_{it} 表示正态分布的随机误差项。其余变量的含义与式（8-3）相同。

空间杜宾模型在一定程度上是空间滞后模型和空间误差模型的综合，其实质是将各解释变量的空间滞后项引入空间滞后模型中。空间杜宾模型除了考虑邻近城市群被解释变量 Y 的空间溢出效应外，还考虑空间上邻近城市群的各项解释变量 X 对本城市群被解释变量 Y 的影响。表达式为

$$Y_{it} = \rho WY_{it} + \beta X_{it} + WX_{it}\theta + \varepsilon_{it} \tag{8-5}$$

式中，$WX_{it}\theta$ 表示相邻城市群各解释变量 X 的空间溢出对本城市群被解释变量 Y 的影响，系数 θ 则体现了影响方向和程度。其余变量的含义与式（8-3）相同。

式（8-3）～式（8-5）中 W 为空间权重矩阵，本书选择基于地理距离的空间

权重矩阵，即假定空间相互作用的强度取决于空间单元中心之间的距离，随着距离的增加，作用力减弱，其具体计算取决于所选的函数形式。本书选择城市群中心城市之间地理距离平方的倒数作为城市群之间的权重，具体计算见式（4-2）。

三、计量模型选择

详细见第七章第一节的模型选择检验流程。在此，分别将西部地区城市群人口空间结构（hum）、产业空间结构（ind）、土地利用空间结构（land）作为城市群空间结构解释变量，并加入居民收入水平、产出规模、技术水平、产业结构作为控制变量进行普通最小二乘回归，得到基于普通最小二乘残差的四个统计量：LM-Lag、LM-Error、RLM-Lag 和 RLM-Error，结果如表 8-1～表 8-3 所示。

表 8-1　人口空间结构作为城市群空间结构解释变量的检验结果

检验统计量	统计值	自由度	p 值
LM-Lag	8.263	1	0.004
RLM-Lag	6.125	1	0.016
LM-Error	3.114	1	0.079
RLM-Error	0.662	1	0.395

表 8-2　产业空间结构作为城市群空间结构解释变量的检验结果

检验统计量	统计值	自由度	p 值
LM-Lag	20.329	1	0.000
RLM-Lag	16.381	1	0.000
LM-Error	5.146	1	0.012
RLM-Error	4.047	1	0.149

表 8-3　土地利用空间结构作为城市群空间结构解释变量的检验结果

检验统计量	统计值	自由度	p 值
LM-Lag	9.153	1	0.003
RLM-Lag	16.041	1	0.000
LM-Error	2.258	1	0.146
RLM-Error	6.256	1	0.011

观察表 8-1～表 8-3 可以发现，当以人口空间结构作为城市群空间结构解

释变量时，LM-Lag 和 RLM-Lag 均通过 5%水平的显著性检验，拒绝原假设；LM-Error 和 RLM-Error 均没有通过 5%水平的显著性检验，所以选择空间滞后模型更合适。当以产业空间结构作为城市群空间结构解释变量时，LM-Lag 和 RLM-Lag 均通过 1%水平的显著性检验，拒绝原假设；LM-Error 虽然通过 5%水平的显著性检验，但是显著性水平没有 LM-Lag 高，且 RLM-Lag 没有通过显著性检验，所以选择空间滞后模型更合适。当以土地利用空间结构作为城市群空间结构解释变量时，LM-Lag 和 RLM-Lag 均通过 1%水平的显著性检验，而 LM-Error 没有通过显著性检验，所以选择空间滞后模型更合适。

本书采用豪斯曼检验来确定应该选择固定效应模型还是随机效应模型，即 H_0 表示要验证的零假设，H_1 表示对立假设。原假设 H_0：随机效应模型为正确模型。若原假设成立，则随机效应模型比固定效应模型更有效，若原假设不成立，则应选用固定效应模型。因此，如果 H_0 成立，则随机效应模型和固定效应模型估计量将共同收敛于真实参数值，即 $(\hat{\beta}_{\mathrm{FE}}-\hat{\beta}_{\mathrm{RE}})'[\hat{\mathrm{Var}}(\hat{\beta}_{\mathrm{FE}})-\hat{\mathrm{Var}}(\hat{\beta}_{\mathrm{RE}})]^{-1}(\hat{\beta}_{\mathrm{FE}}-\hat{\beta}_{\mathrm{RE}})\xrightarrow{d}\chi^2(K)$，其中，$K$ 为 $\hat{\beta}_{\mathrm{FE}}$ 的维度，即 X_{it} 中包含的随时间而变的解释变量因素（因为 $\hat{\beta}_{\mathrm{FE}}$ 无法估计不随时间而变的解释变量系数）。如果该统计量大于临界值，则拒绝 H_0（陈强，2014）。通过豪斯曼检验程序，计算结果如表 8-4 所示，可以发现大于卡方分布临界值的概率值均小于 0.01，因此拒绝原假设，应该选择固定效应模型。在固定效应模型中，有个体固定效应、时间固定效应、个体时间双固定效应三种情况。

表 8-4 豪斯曼检验结果

主要解释变量	卡方检验统计量（chi2）	大于卡方分布临界值的概率（prob> chi2）
hum	126.59	0.000
ind	87.21	0.000
land	153.87	0.000

本书对比了 LM 和 RLM 结果选择空间滞后模型和空间误差模型，发现空间滞后模型 LM 检验和 RLM 检验的显著性均高于空间误差模型，因此选择空间滞后模型更合适。基于上述分析，结合环境库兹涅茨曲线模型，考虑到西部地区城市群环境污染的空间相关性因素，加入西部地区城市群环境污染状况的空间滞后项，本书设定的空间滞后计量模型表达式为

$$\begin{aligned}\text{pol}_{it} &= \rho W\text{pol}_{it} + \beta_0\text{rgdp}+\beta_1(\text{rgdp})^2 + \beta_2 X_{it} \\ &\quad + \beta_3\text{pro}_{it} + \beta_4\text{tech}_{it} + \beta_5\text{indus}_{it} + \varepsilon_{it}\end{aligned} \tag{8-6}$$

式（8-6）表示西部地区城市群环境污染状况还受到技术水平、产业结构、产出规模和城市群空间结构等变量影响。

城市群空间结构对环境污染的影响不仅存在直接作用，还可以通过影响一系列中介变量进而影响环境污染。为了探索城市群空间结构对环境污染的影响机制，在此根据第六章第四节分析得到的中介变量，考察城市群空间结构对各中介变量的影响，进而建立如下计量模型：

$$\begin{aligned}\ln\text{rgdp}_{it} &= \alpha + \beta X_{it} + \varepsilon_{it} \\ \ln\text{tech}_{it} &= \alpha + \beta X_{it} + \varepsilon_{it} \\ \ln\text{indus}_{it} &= \alpha + \beta X_{it} + \varepsilon_{it} \\ \ln\text{pro}_{it} &= \alpha + \beta X_{it} + \varepsilon_{it}\end{aligned} \tag{8-7}$$

式中，α 表示常数项；β 表示解释变量 X 对被解释变量的影响系数；X 表示西部地区城市群空间结构。

基于第六章第四节的分析，技术水平、产业结构、产出规模可以调节城市群空间结构对环境污染的影响，因此再构建西部地区城市群三种空间结构与技术水平、产业结构、产出规模的交叉项模型，检验调节作用是否存在，其模型表达式如下：

$$\begin{aligned}\text{pol}_{it} &= \rho W\text{pol}_{it} + \beta_0\text{rgdp}+\beta_1(\text{rgdp})^2 + \beta_2 X_{it}+\beta_3\text{pro}_{it} + \beta_4\text{tech}_{it} \\ &\quad + \beta_5\text{indus}_{it} + \beta_6 X_{it} * \text{pro}_{it} + \beta_7 X_{it} * \text{tech}_{it} + \beta_8 X_{it} * \text{indus}_{it} \\ &\quad + \varepsilon_{it}\end{aligned} \tag{8-8}$$

式中，β 表示各解释变量对被解释变量 pol_{it} 的影响系数；X 表示西部地区城市群三种空间结构，分别用人口空间结构（hum）、产业空间结构（ind）、土地利用空间结构（land）表征，代入式（8-8）中得到三个具体的计量模型：

$$\begin{aligned}\text{pol}_{it} &= \rho W\text{pol}_{it} + \beta_0\text{rgdp}+\beta_1(\text{rgdp})^2 + \beta_2\text{hum}_{it}+\beta_3\text{pro}_{it} + \beta_4\text{tech}_{it} \\ &\quad + \beta_5\text{indus}_{it} + \beta_6\text{hum}_{it} * \text{pro}_{it} + \beta_7\text{hum}_{it} * \text{tech}_{it} + \beta_8\text{hum}_{it} * \text{indus}_{it} \\ &\quad + \varepsilon_{it}\end{aligned} \tag{8-9}$$

$$\begin{aligned}\mathrm{pol}_{it} = {} & \rho W\mathrm{pol}_{it} + \beta_0\mathrm{rgdp} + \beta_1(\mathrm{rgdp})^2 + \beta_2\mathrm{ind}_{it} + \beta_3\mathrm{pro}_{it} + \beta_4\mathrm{tech}_{it} \\ & + \beta_5\mathrm{indus}_{it} + \beta_6\mathrm{ind}_{it} * \mathrm{pro}_{it} + \beta_7\mathrm{ind}_{it} * \mathrm{tech}_{it} + \beta_8\mathrm{ind}_{it} * \mathrm{indus}_{it} \\ & + \varepsilon_{it}\end{aligned} \tag{8-10}$$

$$\begin{aligned}\mathrm{pol}_{it} = {} & \rho W\mathrm{pol}_{it} + \beta_0\mathrm{rgdp} + \beta_1(\mathrm{rgdp})^2 + \beta_2\mathrm{land}_{it} + \beta_3\mathrm{pro}_{it} + \beta_4\mathrm{tech}_{it} \\ & + \beta_5\mathrm{indus}_{it} + \beta_6\mathrm{land}_{it} * \mathrm{pro}_{it} + \beta_7\mathrm{land}_{it} * \mathrm{tech}_{it} + \beta_8\mathrm{land}_{it} * \mathrm{indus}_{it} \\ & + \varepsilon_{it}\end{aligned} \tag{8-11}$$

第二节　数据来源与变量说明

一、数据来源

原始数据来自相关年份的《中国统计年鉴》、《中国城市统计年鉴》、《中国城市建设统计年鉴》、“中国经济与社会发展统计数据库”、国务院发展研究中心信息网“区域经济数据库”、相关省份统计年鉴以及各城市统计年鉴，部分2016年的数据来自相关省份的《国民经济和社会发展统计公报》。

二、变量说明

（1）被解释变量：环境污染

西部地区城市群在人口总量和土地面积上差异较大，如果使用总量指标会导致偏差，因此用城市群人均工业二氧化硫排放量表征城市群环境污染状况。即将城市群范围内所有城市的工业二氧化硫排放量加总得到城市群工业二氧化硫排放总量，然后依据当年城市群常住人口数量，计算城市群人均工业二氧化硫排放量。由于西部地区城市层面的工业固体废物排放量和工业废水排放量数据缺失较多，为了面板数据的一致性，本书选择工业二氧化硫排放量这一单一指标表征环境污染水平。

（2）主要解释变量：城市群空间结构

在此，从三个维度测度城市群空间结构，分别为人口空间结构（hum），用人口基尼系数表示；产业空间结构（ind），用城市群产业 H 指数表示，这里使用第二产业计算；土地利用空间结构（land），用土地利用 H 指数表示。

其他解释变量的选择如下：

1）居民收入水平（rgdp）。以 2000 年作为基期，计算出城市群可比价格人均 GDP，即首先根据 GDP 平减指数获得实际 GDP，然后依据各地区的常住人口数量，计算人均 GDP 实际值。

2）产出规模（pro）。用城市群工业总产值表征，因为主要产出中对环境污染影响最大的是工业。

3）技术水平（tech）。技术水平是一种无形变量，很难进行直接度量，有研究使用投入指标（如研发投入）度量技术水平，也有研究使用产出指标（如专利数量）度量技术水平（舒元和才国伟，2007），但有研究认为从研发投入到转化为最终技术具有滞后性，如何选择时间滞后期存在困难（Kwang and Chihiro，2002；Yin et al.，2015）。中国地级市层面的研发投入数据统计年份较晚，因此难以获取考察期内所有研发投入数据。同时，本书也不采用产出指标来度量技术水平，因为产出指标只占企业活动的一小部分，有些技术创新很难或者无法转化为专利，且专利数目不能真实反映技术水平。考虑到数据的可获得性和研究目的，在此借鉴李锴和齐绍洲（2011）的方法，将科学事业费支出占地方财政一般预算内支出的比重作为技术水平的代理变量。

4）产业结构（indus）。借鉴屈小娥（2012）、Yang 等（2015）的指标选择，在此用城市群第二产业产值与地区生产总值的比值表征。

所有变量描述和指标选择如表 8-5 所示。同时，为降低数据的异方差性，所有数据均取其自然对数值。

表 8-5　变量描述和指标选择

变量	变量解释	指标选择
pol	环境污染状况	人均工业二氧化硫排放量
rgdp	居民收入水平	人均 GDP
X	城市群空间结构	人口空间结构（hum）、产业空间结构（ind）、土地利用空间结构（land）
pro	产出规模	城市群工业总产值

续表

变量	变量解释	指标选择
tech	技术水平	科学事业费支出占地方财政一般预算内支出的比重
indus	产业结构	城市群第二产业产值与地区生产总值的比值
X*pro	交乘项	城市群三种空间结构与产出规模的乘积
X*tech	交乘项	城市群三种空间结构与技术水平的乘积
X*indus	交乘项	城市群三种空间结构与产业结构的乘积

第三节　模型运用与结果分析

第五章第三节的分析已经发现，西部地区城市群环境污染存在空间依赖性，因此本节引入空间计量模型来控制空间依赖性。另外，实证分析中难以找到合适的指标表征环境自净能力，因此本节暂不考虑城市群空间结构演变对环境自净能力的影响。

一、经典计量经济学模型运用

将西部地区城市群环境污染状况作为被解释变量，将城市群人口空间结构、产业空间结构、土地利用空间结构作为主要解释变量，并引入居民收入水平、产出规模、技术水平、产业结构等作为控制变量，利用式（8-2）进行计量回归，得到混合回归的检验结果，如表 8-6 所示。表 8-6 中，模型 1 是指以人口空间结构为城市群空间结构变量的混合回归检验结果，模型 2 是指以产业空间结构为城市群空间结构变量的混合回归检验结果，模型 3 是指以土地利用空间结构为城市群空间结构变量的混合回归检验结果。

表 8-6　混合回归结果

变量	模型 1	模型 2	模型 3
rgdp	-5.013^{***} （-3.29）	-8.030^{***} （-4.76）	-6.675^{***} （-3.90）
$(\text{rgdp})^2$	0.204^{***} （2.66）	0.385^{***} （4.58）	0.311^{***} （3.67）

续表

变量	模型 1	模型 2	模型 3
hum	−0.936*** (−6.65)		
ind		−1.085*** (−2.90)	
land			−0.536*** (−3.07)
pro	0.842*** (16.19)	0.334*** (2.84)	0.516*** (8.00)
tech	−0.184*** (−2.73)	−0.098* (−1.78)	−0.162** (−2.01)
indus	0.066** (2.16)	1.515*** (4.08)	1.780*** (5.05)
R^2	0.762	0.686	0.689

注：括号内的值为 t 值，***、**、*分别表示在 1%、5%、10%水平下显著

观察表 8-6 可以发现，变量全部通过显著性检验，而且拟合优度 R^2 也较大，说明选取的变量确实是环境污染的重要影响因素。

面板数据的混合回归是将面板数据看成截面数据进行回归，即假设样本中每个个体都拥有完全相同的回归方程，这样的假设忽略了个体和时间的异质性，会导致估计偏误。因此，采用个体固定效应模型可以解决不随时间而变，但随个体而异的遗漏变量问题；采用时间固定效应模型可以解决不随个体而变，但随时间而异的遗漏变量问题；如果既存在时间固定效应，又存在个体固定效应，则采用双向固定效应模型。下面以城市群人口空间结构、产业空间结构、土地利用空间结构为主要解释变量，进行面板数据的个体固定效应、时间固定效应和双向固定效应检验。具体结果如表 8-7～表 8-9 所示。

表 8-7　以人口空间结构为城市群空间结构解释变量的回归结果

变量	个体固定效应	时间固定效应	双向固定效应
rgdp	−2.525* (−1.83)	−1.321* (−1.88)	−3.415*** (−2.69)
$(rgdp)^2$	0.023** (1.96)	0.009** (2.14)	0.138** (2.38)

续表

变量	个体固定效应	时间固定效应	双向固定效应
hum	−0.970** （−2.30）	−0.424* （−1.83）	−0.375* （−1.84）
pro	1.256*** （3.95）	1.494*** （4.40）	0.046** （2.13）
tech	0.027 （0.39）	0.021 （0.31）	0.018 （0.14）
indus	1.156** （2.55）	1.833*** （3.17）	0.947* （1.93）
F 统计量	11.790 （0.00）	7.190 （0.00）	13.610 （0.00）
R^2	0.603	0.627	0.626

注：括号内的值为 *t* 值，*F* 统计量括号内的值表示其伴随概率，***、**、*分别表示在 1%、5%、10%水平下显著

表 8-8　以产业空间结构为城市群空间结构解释变量的回归结果

变量	个体固定效应	时间固定效应	双向固定效应
rgdp	−3.571** （−2.36）	−1.762* （−1.79）	−2.909* （−2.14）
$(\text{rgdp})^2$	0.069** （2.02）	0.009** （2.13）	0.120** （2.04）
ind	−1.041* （−1.65）	−0.741* （−1.75）	−0.800** （−1.96）
pro	1.335*** （3.76）	1.655*** （4.53）	0.267 （0.65）
tech	0.020 （0.28）	0.009 （0.14）	−0.022 （−0.17）
indus	1.362*** （2.73）	2.134*** （3.78）	0.616 （1.22）
F 统计量	18.880 （0.00）	16.500 （0.00）	27.410 （0.00）
R^2	0.460	0.572	0.663

注：括号内的值为 *t* 值，*F* 统计量括号内的值表示其伴随概率，***、**、*分别表示在 1%、5%、10%水平下显著

表 8-9　以土地利用空间结构为城市群空间结构解释变量的回归结果

变量	个体固定效应	时间固定效应	双向固定效应
rgdp	-2.041*** (-1.33)	-0.776** (-2.50)	-2.808** (-2.14)
$(rgdp)^2$	-2.041* (-1.83)	-0.023* (-1.74)	0.107* (1.80)
land	-0.467** (-2.14)	-0.247*** (-3.61)	-0.601* (-1.76)
pro	0.985*** (2.97)	1.433*** (3.95)	0.255* (1.67)
tech	0.046 (0.65)	0.027 (0.39)	0.024 (0.18)
indus	0.868* (1.75)	1.835* (3.05)	0.458** (1.89)
F 统计量	6.430 (0.00)	6.880 (0.00)	7.850 (0.00)
R^2	0.420	0.571	0.637

注：括号内的值为 t 值，F 统计量括号内的值表示其伴随概率，***、**、*分别表示在 1%、5%、10%水平下显著

观察表 8-7～表 8-9 可以发现，在分别使用西部地区城市群人口空间结构、产业空间结构、土地利用空间结构作为主要解释变量的检验中，大多数变量都通过了显著性检验。城市群人口空间、产业空间、土地利用空间集聚对环境污染确实具有抑制作用，而城市群产出规模和产业结构加剧了环境污染。由于没有控制城市群环境污染的空间依赖性，估计结果可能存在偏误，还需要进一步检验。

二、空间计量经济学模型运用

1. 直接作用机制与中介作用机制检验

中介作用机制的检验过程（不包括调节作用）如下：①借助式（8-6），分别将西部地区城市群人口空间结构、产业空间结构、土地利用空间结构作为解释变量，将城市群环境污染状况作为被解释变量，但不纳入其他控制变量，考察西部地区城市群人口空间结构、产业空间结构、土地利用空间结构对城市群环境污染影响的总效应，包括直接作用和中介作用，如果结果显著再进行中介

作用检验，具体估计结果如表 8-9 所示。②借助式（8-7），采用线性模型，分别将西部地区城市群人口空间结构、产业空间结构、土地利用空间结构作为解释变量，将西部地区城市群居民收入水平、技术水平、产业结构、产出规模作为被解释变量，判断西部地区城市群三种空间结构是否影响这些（区域环境污染的潜在）影响因素。③借助式（8-6），分别将西部地区城市群人口空间结构、产业空间结构、土地利用空间结构、居民收入水平、技术水平、产业结构、产出规模作为解释变量，将城市群环境污染程度作为被解释变量，检验影响西部地区城市群环境污染的中介作用与直接作用是否存在。④综合前述①、②和③的结果，判断不考虑调节效应的中介作用与直接作用是否存在，以及是完全中介作用还是部分中介作用。具体检验结果如表 8-10～表 8-12 所示。表 8-10 中，模型 1 是指以人口空间结构为城市群空间结构变量的总效应检验结果，模型 2 是指以产业空间结构为城市群空间结构变量的总效应检验结果，模型 3 是指以土地利用空间结构为城市群空间结构变量的总效应检验结果。

表 8-10　总效应检验结果

变量	模型 1	模型 2	模型 3
rgdp	−2.589* （−1.72）	−0.736* （−1.71）	−0.022** （−2.02）
$(rgdp)^2$	0.054* （1.68）	0.031* （1.64）	0.004** （2.08）
hum	−0.361** （−2.80）		
ind		−0.714* （−1.68）	
land			−0.853** （−2.42）
ρ	0.466*** （3.63）	0.493*** （3.48）	0.478*** （3.40）

***、**、*分别表示在 1%、5%、10%水平下显著

观察表 8-10 可以发现，西部地区城市群人口空间结构、产业空间结构、土地利用空间结构均通过了显著性检验，可以进行中介作用的下一步检验。在考察期内，西部地区城市群人口空间结构、产业空间结构、土地利用空间结构演变对环境污染的总效应分别为−0.361、−0.714、−0.853，对环境污染影响最大的是土地利用空间结构演变。

表 8-11 中介效应第二步检验

变量	rgdp	tech	indus	pro
hum	0.748** （2.13）	1.311* （1.73）	0.130** （1.98）	1.494* （1.84）
ind	-3.759*** （-4.47）	-5.404*** （-3.93）	-0.410*** （-2.77）	-5.030*** （-4.00）
land	1.421*** （2.61）	2.043** （2.32）	0.325*** （3.69）	2.047*** （2.56）

***、**、*分别表示在 1%、5%、10%水平下显著

观察表 8-11 可以发现，西部地区城市群人口空间结构、产业空间结构、土地利用空间结构对城市群居民收入水平、技术水平、产业结构、产出规模的影响全部通过了显著性检验，表明西部地区城市群三种空间结构确实对城市群居民收入水平、技术水平、产业结构、产出规模具有显著影响。这表明在考察期内，城市群人口空间结构和土地利用空间结构集聚有助于城市群产出规模的扩大、居民收入水平的提升、技术进步的加速、产业结构的升级（与第二产业比重的提高成反比）。集聚的产业空间结构对居民收入水平、产出规模、技术水平和第二产业比重均产生正向影响，不利于产业结构的优化升级。三种空间结构中，对城市群居民收入水平、产出规模、技术水平促进作用最大的是城市群产业空间结构的演变。城市群空间结构可能通过城市群居民收入水平、产出规模、技术水平、产业结构等中介变量，间接影响城市群环境污染，下面进行中介效应的第三步检验来确定是否存在这些影响路径，检验结果如表 8-12 所示。表 8-12 中，模型 1 是指以人口空间结构为城市群空间结构变量的检验结果，模型 2 是指以产业空间结构为城市群空间结构变量的检验结果，模型 3 是指以土地利用空间结构为城市群空间结构变量的检验结果。

表 8-12 中介效应第三步检验

变量	模型 1	模型 2	模型 3
rgdp	-2.589* （-1.72）	-2.959* （-1.95）	-2.048* （-1.75）
$(rgdp)^2$	0.054* （1.68）	0.368* （1.78）	0.039*** （2.58）
hum	-0.261* （-1.80）		
ind		-0.368* （-1.78）	

续表

变量	模型 1	模型 2	模型 3
land			−0.412** (−2.14)
tech	−0.022** (−2.23)	−0.019** (−2.20)	−0.030 (−0.30)
indus	−1.397 (−1.40)	−1.483*** (−2.78)	−1.205** (−2.04)
pro	0.967*** (3.34)	0.982*** (4.26)	0.794*** (2.92)
ρ	0.439*** (5.82)	0.462*** (4.03)	0.473*** (4.05)

***、**、*分别表示在 1%、5%、10%水平下显著

观察表 8-12 可以发现，以人口空间结构为城市群空间结构变量（模型 1）的检验结果中，人口空间结构的系数为−0.261，且通过了显著性检验，说明存在部分中介效应。居民收入水平、技术水平和产出规模在表 8-11 和表 8-12 的模型 1 两次检验中都显著，说明这三个变量是中介变量。而产业结构在表 8-12 的模型 1 中没有通过显著性检验。根据温忠麟等（2005）的检验步骤，对产业结构再进行 Sobel 检验，具体检验结果如表 8-13 所示。

表 8-13　以人口空间结构为解释变量的 Sobel 检验结果

变量	a	b	S_a	S_b	Sobel	p 值	结论
indus	0.130	−1.397	0.110	0.582	−1.060	0.289	中介效应不显著

表 8-13 的检验结果中，$p>0.05$，根据温忠麟等（2004）的判定方法，这说明技术水平的中介效应不显著。

以产业空间结构为城市群空间结构变量（模型 2）的检验结果中，产业空间结构的系数为−0.368，且通过了显著性检验，说明存在部分中介效应。居民收入水平、产业结构、技术水平和产出规模在表 8-11 和表 8-12 的模型 2 两次检验中都显著，说明这四个变量是中介变量。因此根据图 7-3 的检验程序，不用再进行 Sobel 检验。

以土地利用空间结构为城市群空间结构变量（模型 3）的检验结果中，土地利用空间结构的系数为−0.412，且通过了显著性检验，说明存在部分中介效应。居民收入水平、产业结构和产出规模在表 8-11 和表 8-12 的模型 3 两次检验

验中都显著，说明这三个变量是中介变量。而技术水平在表 8-12 的模型 3 中没有通过显著性检验技术水平，因此根据图 7-3 的检验程序，对技术水平再进行 Sobel 检验，具体检验结果如表 8-14 所示。

表 8-14 以土地利用空间结构为解释变量的 Sobel 检验结果

变量	a	b	S_a	S_b	Sobel	p 值	结论
tech	2.043	0.002	0.879	0.010	0.199	0.842	中介效应不显著

表 8-14 的检验结果中，$p>0.05$，说明技术水平的中介效应不显著。

综合表 8-10～表 8-12 的结果可以得出，在不考虑调节作用的情况下：

1）西部地区城市群人口空间结构演变对环境污染排放的直接作用为负，说明目前人口空间集聚能够抑制城市群环境污染。模型中还存在部分中介作用，即城市群人口空间结构对环境污染排放一方面可以产生直接作用，另一方面还可以通过技术水平和产出规模这两个中介变量产生间接作用。具体来说，城市群人口空间结构一方面能够通过促进产业结构的调整加重环境污染；另一方面能够通过提高技术水平进而抑制环境污染。

2）西部地区城市群产业空间结构演变对环境污染排放的直接作用为负，说明目前产业空间集聚能够抑制环境污染。模型中还存在部分中介作用，即城市群产业空间结构对环境污染排放一方面可以产生直接作用，另一方面还可以通过产业结构、技术水平和产出规模这三个中介变量产生间接作用。具体来说，城市群产业空间结构一方面能够通过促进产出规模的扩大和产业结构的调整加重环境污染；另一方面能够通过提高技术水平进而抑制环境污染。

3）西部地区城市群土地利用空间结构演变对环境污染排放的直接作用为负，说明目前土地利用空间集聚能够抑制环境污染。模型中还存在部分中介作用，即城市群土地利用空间结构对环境污染排放一方面可以产生直接作用，另一方面还可以通过产业结构和产出规模这两个中介变量产生间接作用。具体来说，城市群土地利用空间结构能够通过促进产出规模的扩大和产业结构的调整加重环境污染。

2. 调节作用机制检验

为了进一步分析西部地区城市群空间结构演变对环境污染的复杂作用，本书进一步考虑调节作用的影响。由第六章第四节的分析可知，西部地区城市群空间结构演变对环境污染的作用受到产出规模、产业结构、技术水平的影响。

将城市群环境污染作为被解释变量，在解释变量中增加城市群居民收入水平、技术水平、产业结构、产出规模，并加入产出规模、产业结构、技术水平与西部地区城市群人口空间结构、产业空间结构、土地利用空间结构乘积的交乘项，进行计量分析，并且对比空间滞后模型、空间误差模型、空间杜宾模型的检验结果，检验其稳健性。

（1）西部地区城市群人口空间结构演变对环境污染的影响效果检验

检验西部地区城市群人口空间结构演变对环境污染的影响效果，同时列出使用空间滞后模型、空间误差模型、空间杜宾模型的估计结果，比较估计结果可以作为模型的稳健性检验，结果如表 8-15 所示。

表 8-15　西部地区城市群人口空间结构演变对城市群环境污染的影响效果检验

变量	空间滞后模型	空间误差模型	空间杜宾模型
rgdp	2.735** （2.42）	2.499* （1.75）	0.735 （0.28）
$(rgdp)^2$	−0.054* （−1.83）	−0.085** （−1.98）	−0.010 （−0.08）
hum	−0.076** （−2.09）	−1.991** （−1.97）	−2.525* （−1.89）
tech	−0.051** （−2.29）	−0.282** （−2.27）	−0.171 （−1.04）
indus	−1.313 （−1.31）	−0.864 （−0.41）	−1.598 （−1.47）
pro	1.113*** （2.79）	0.062 （0.11）	−0.178* （−1.84）
hum*tech	−0.012** （−2.13）	−0.174* （−1.81）	−0.210** （−2.39）
hum*indus	0.264 （0.21）	0.074 （0.06）	−0.853 （−1.55）
hum*pro	−0.218 （−0.98）	−0.226 （−0.80）	−0.312** （−1.94）
*W**hum			−14.906** （−2.53）
*W**rgdp			15.236 （1.29）

续表

变量	空间滞后模型	空间误差模型	空间杜宾模型
W*tech			−0.730* (−1.83)
W*indus			−7.034 (1.04)
W*pro			1.437*** (2.84)
ρ	0.431*** (6.22)		0.224 (1.59)
λ		0.579*** (4.99)	0.224 (1.59)
R^2	0.621	0.494	0.597

注：括号内的值为 z 值，***、**、*分别表示在 1%、5%、10%水平下显著

表 8-15 分别列出了使用三种模型检验的结果，综合考虑结果的显著性，并观察空间滞后模型和空间杜宾模型回归结果中的空间滞后系数 ρ，以及空间误差模型回归结果中的空间误差系数 λ，发现空间杜宾模型回归结果中的 ρ 没有通过显著性检验，根据图 7-1 的选择流程，确定采用空间滞后模型比空间误差模型更合适。同时，结合豪斯曼检验结果（表 8-4），最终选择个体固定效应的空间滞后模型，以显示城市群人口空间结构演变对环境污染的影响效果。根据表 8-15 的回归结果，并结合表 8-10～表 8-14 直接作用与中介作用的检验结果，可以得出以下结论：

人口空间结构的回归系数始终显著为负，说明西部地区城市群内部的人口空间集聚可以抑制环境污染，提升城市群环境质量。根据第三章第二节的分析结果，西部地区城市群人口空间结构在考察期内不断集聚，因此人口空间集聚有利于降低西部地区城市群环境污染。这可能是因为西部地区城市群尚处于人口集聚发展阶段，城市人口集聚有利于资源集约利用和污染集中治理，进而降低城市群环境污染。

中介变量中，产出规模、技术水平、居民收入水平均通过了显著性检验，且居民收入水平、产出规模的系数为正，技术水平的系数为负，产业结构没有通过显著性检验。这表明在考察期内，西部地区城市群人口空间集聚程度的提升，促进了城市群产出规模的增加和城市群居民收入水平的提升，进而加剧了西部地区城市群环境污染；西部地区城市群人口空间结构集聚程度的提升，促

使技术水平提升，进而显著降低了西部地区城市群环境污染。

人口空间结构与技术水平交乘项 hum*tech 通过了显著性检验，系数为负，说明人口空间结构增强了技术水平对环境污染的负向作用。即当城市群人口空间结构的指标值（人口基尼系数）越大时，可增强技术水平对环境污染的抑制作用。这表明在考察期内，西部地区城市群内部人口空间结构越集聚，越有利于技术水平的提升，进而降低城市群环境污染。其原因可能是，西部地区城市群人口空间结构表现出集聚的结构特征，集聚的人口空间结构会带来人才的集聚与交流。现代信息技术的进步虽然促进了人群间的同时异地交流，但某些隐性知识的交流学习与扩散仍然需要人群间面对面进行。此外，面对面的交流还能促进信息共享、激发创新，从而提升城市群整体科技水平。整体科技水平的提升包括更绿色生产技术的应用和污染治理技术的提升，这都有利于提升城市群环境质量。

城市群居民收入水平会影响环境污染，但这种影响并不是线性的，而是呈倒“U”形。城市群居民收入水平及其平方项均通过了显著性检验，而且居民收入水平的系数为正，其平方项的系数为负，表明西部地区城市群环境污染与城市群经济增长之间存在倒“U”形曲线关系。这可能与考察期内西部地区城市群经济增长模式有关，考察期内大量传统的生产要素投入促进了城市群经济的迅速发展，但同时也加重了城市群环境污染。但这种情况可能存在拐点，当经济继续增长超越拐点后，城市群环境状况将会改善。

西部地区城市群环境污染的空间滞后项通过了显著性检验且系数为正，表明目前西部地区城市群之间环境污染存在正的空间相关性，这进一步支持了第五章第三节中 Moran’s I 的测度结果，说明西部地区城市群在环境污染上并不孤立，因此不能将城市群环境污染作为孤立变量，环境污染严重的城市群会对其他城市群产生影响，加剧周边城市群环境污染。这可能是因为，环境污染严重的城市群通过与周边城市群的密切联系，将自身城市群产生的污染物运送至其他地区处理，造成这些地区环境污染的加剧。高投入、高污染的城市群以环境污染为代价实现了经济社会发展，可能会刺激其他城市群的模仿学习，从而引起城市群环境污染状况的进一步恶化。

综上所述，西部地区城市群人口空间结构演变对环境污染的作用路径如图 8-1 所示。

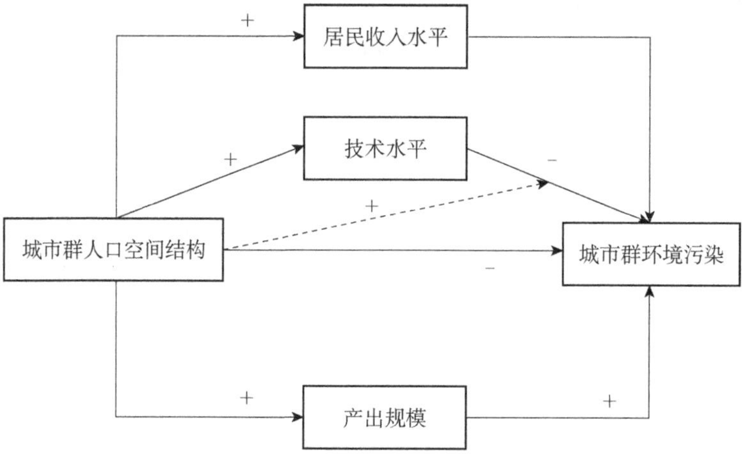

图 8-1　西部地区城市群人口空间结构演变对环境污染的作用路径

（2）西部地区城市群产业空间结构演变对环境污染的影响效果检验

检验西部地区城市群产业空间结构演变对环境污染的影响效果，同时列出使用空间滞后模型、空间误差模型、空间杜宾模型的估计结果，比较估计结果可以作为模型的稳健性检验，结果如表 8-16 所示。

表 8-16　西部地区城市群产业空间结构演变对城市群环境污染的影响效果检验

变量	空间滞后模型	空间误差模型	空间杜宾模型
rgdp	2.889* (1.72)	2.559** (2.40)	0.212 (0.08)
$(rgdp)^2$	-0.067* (-1.90)	-0.086 (-1.09)	-0.062 (-0.45)
ind	-0.430** (-2.23)	-1.038 (-0.43)	-0.371*** (-3.11)
tech	-0.176* (-1.79)	-0.279* (-1.97)	0.486 (1.52)
indus	-1.112 (-0.57)	0.582** (2.25)	2.957** (2.01)
pro	1.103*** (3.32)	0.483* (1.90)	0.860* (1.84)
ind*tech	-0.175* (-1.72)	-0.285 (-1.15)	-0.459** (-2.43)
ind*indus	0.430 (0.23)	1.846 (0.79)	3.425** (2.05)

续表

变量	空间滞后模型	空间误差模型	空间杜宾模型
ind*pro	0.087* （1.73）	0.055 （0.51）	−0.848*** （−3.25）
*W**ind			
*W**rgdp			5.950*** （7.40）
*W**tech			4.420*** （2.98）
*W**indus			1.691 （0.26）
*W**pro			−5.087*** （−2.70）
ρ	0.472*** （4.68）		−0.015 （−0.09）
λ		0.606*** （8.07）	
R^2	0.631	0.455	0.543

注：括号内的值为 z 值，***、**、*分别表示在 1%、5%、10%水平下显著

表 8-16 分别列出了使用三种模型检验的结果，综合考虑结果的显著性，并观察空间滞后模型和空间杜宾模型回归结果中的空间滞后系数 ρ，以及空间误差模型回归结果中的空间误差系数 λ，发现空间杜宾模型回归结果中的 ρ 没有通过显著性检验，根据图 7-1 的选择流程，确定采用空间滞后模型比空间误差模型更合适。同时，结合豪斯曼检验结果（表 8-4），最终选择个体固定效应的空间滞后模型，以显示城市群产业空间结构演变对环境污染的影响效果。根据表 8-16 的回归结果，并结合表 8-10～表 8-14 直接作用与中介作用的检验结果，可以得出以下结论：

产业空间结构的回归系数始终显著为负，说明西部地区城市群内部的产业空间集聚可以抑制环境污染，改善城市群环境质量。这可能是因为，西部地区城市群产业集聚促进了企业间的交流与合作，有利于技术创新与扩散，而且产业集聚还有利于共享生产性基础设施，降低企业成本，进而提升企业生产效率。此外，产业集聚还有利于促进产业链条式发展和优化产业布局，并且上下游产业生产出的污染物还能作为中间品或原料进入生产环节，有利于资源的清洁利用，减少污染物排放，从而改善城市群环境质量。

中介变量中，技术水平、产出规模、居民收入水平均通过了显著性检验。这表明在考察期内，西部地区城市群产业空间集聚程度的提升，促进了城市群产出规模的增加和居民收入水平的提升，进而显著加剧了西部地区城市群环境污染；西部地区城市群产业空间结构集聚程度的提升，促使技术水平提升，进而显著降低了西部地区城市群环境污染。

技术水平的系数显著为负，城市群产业空间结构与技术水平的交乘项系数也为负且通过了显著性检验，这表明在考察期内，西部地区城市群技术水平的提升有利于降低环境污染。产业空间集聚作为调节变量，促进了技术水平对环境污染的抑制作用。其原因可能在于，产业空间集聚度的提升能够促进技术外溢，改进生产技术，降低企业生产成本，提升环境治理能力，减少生产性污染物，进而使城市群整体环境污染状况得到显著改善。

产出规模的系数显著为正，城市群产业空间结构与产出规模的交乘项系数也为正且通过了显著性检验，这表明西部地区城市群产业空间结构正向调节城市群产出规模对环境污染的作用，即城市群产业空间集聚度的增加，扩大了产出规模对城市群环境污染的作用。西部地区城市群产业空间集聚在实现产出规模扩大的同时，也产生了一系列严重的环境问题，原因可能与西部地区城市群产业现状有关。目前，西部地区城市群产业以第二产业为主，但第二产业中包含了大量重污染型产业，生产中伴随着大量污染物排放，恶化了城市群环境状况。此外，城市群产业空间结构与产业结构的交乘项没有通过显著性检验。

城市群产业空间结构能够通过影响居民收入水平进而影响环境污染，但是其影响效果不是线性的，而是呈倒“U”形。城市群居民收入水平及其平方项均通过了10%水平的显著性检验，且居民收入水平的系数为正，其平方项的系数为负，表明西部地区城市群环境污染与居民收入水平之间存在倒“U”形曲线关系。在城市群居民收入水平提升的早期阶段，城市群环境污染状况也在恶化，居民收入水平增长越快，城市群环境污染越严重。这可能与考察期内西部地区城市群经济增长模式有关，考察期内大量传统的生产要素投入促进了城市群经济的迅速发展，但同时也加重了城市群的环境污染。但这种情况可能存在拐点，当城市群居民收入水平继续增长超越拐点后，城市群环境状况将会改善。此外，城市群环境污染的空间滞后项通过了1%水平的显著性检验且回归系数为正，表明目前西部地区城市群之间环境污染存在正的空间相关性，因此不能将城市群环境污染作为孤立变量，环境污染严重的城市群会对其他城市群产生影响，加剧周边城市群环境污染。这说明，西部地区城市群在环境污染治理上不能各自为政，需要联防联控加强合作。

综上所述，西部地区城市群产业空间结构演变对环境污染的作用路径如图 8-2 所示。

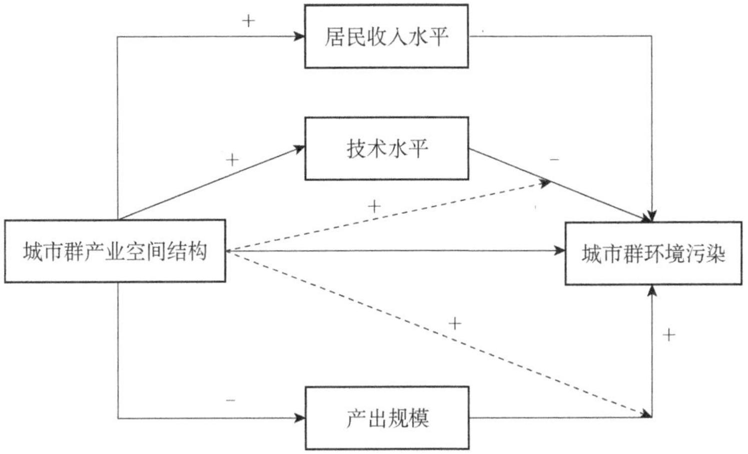

图 8-2　西部地区城市群产业空间结构演变对环境污染的作用路径

（3）西部地区城市群土地利用空间结构演变对环境污染的影响效果检验

检验西部地区城市群土地利用空间结构演变对环境污染的影响效果，同时列出使用空间滞后模型、空间误差模型、空间杜宾模型的估计结果，比较估计结果可以作为模型的稳健性检验，结果如表 8-17 所示。

表 8-17　西部地区城市群土地利用空间结构演变对城市群环境污染的影响效果检验

变量	空间滞后模型	空间误差模型	空间杜宾模型
rgdp	2.372* (1.76)	2.456* (1.78)	0.033 (0.01)
$(rgdp)^2$	−0.061* (−1.76)	−0.083 (−0.97)	−0.070 (−0.57)
land	−4.326* (−1.92)	−4.246** (−2.44)	−0.700** (−2.54)

续表

变量	空间滞后模型	空间误差模型	空间杜宾模型
tech	0.196 (1.21)	0.095 (0.33)	−0.066 (−0.38)
indus	−2.962*** (−3.17)	−2.430*** (−2.83)	−1.296** (−1.97)
pro	0.961*** (6.41)	0.666*** (3.50)	0.512 (1.14)
land*tech	0.211 (1.26)	0.128 (0.73)	0.070 (0.37)
land*indus	−2.451** (−2.40)	−2.014** (−2.014)	−0.546 (−1.44)
land*pro	0.262* (1.97)	0.287 (1.53)	0.236 (1.15)
*W**land			3.298 (0.63)
*W**rgdp			2.288** (2.46)
*W**tech			0.350 (0.50)
*W**indus			2.947 (0.50)
*W**pro			0.758 (0.63)
ρ	0.471*** (4.64)		0.080 (0.45)
λ		0.550*** (4.71)	
R^2	0.618	0.364	0.606

注：括号内的值为 *z* 值，***、**、*分别表示在 1%、5%、10%水平下显著

表 8-17 分别列出了使用三种模型检验的结果，综合考虑结果的显著性，并观察空间滞后模型和空间杜宾模型回归结果中的空间滞后系数ρ，以及空间误差模型回归结果中的空间误差系数λ，发现空间杜宾模型回归结果中的ρ没

有通过显著性检验，根据图 7-1 的选择流程，确定采用空间滞后模型比空间误差模型更合适。同时，结合豪斯曼检验结果（表 8-4），最终选择个体固定效应的空间滞后模型，以显示城市群土地利用空间结构演变对环境污染的影响效果。根据表 8-17 的回归结果，并结合表 8-10～表 8-14 直接作用与中介作用的检验结果，可以得出以下结论：

土地利用空间结构的回归系数始终显著为负，说明西部地区城市群内部的土地利用空间集聚可以抑制环境污染，改善城市群环境质量。其原因可能是，西部地区城市群土地利用空间集聚表现为土地利用类型集中连片分布，这促进了产业的集中连片布局，有利于实行统一的环境规制标准和土地集约高效利用，进而降低环境污染。城市群内部绿地的集中还能充分发挥绿地的净化作用进而降低污染影响，因此需要调控土地利用的集聚结构，使土地利用类型能在空间上集中连片分布。合理有序地土地扩张变更，有利于进一步改善西部地区城市群环境质量。

中介变量中，城市群产出规模、产业结构和居民收入水平均通过了显著性检验，而技术水平没有通过显著性检验。这表明在考察期内，西部地区城市群土地利用空间集聚度的提升，促进了城市群产出规模的增加和居民收入水平的提升，进而显著加剧了西部地区城市群环境污染；西部地区城市群人口空间结构集聚度的提升，促进了产业结构升级，进而显著降低了西部地区城市群环境污染。

产出规模的回归系数通过了 1%水平的显著性检验且系数为正，城市群土地利用空间结构与产出规模的交乘项系数也为正且通过了显著性检验，表明西部地区城市群产出规模的扩大伴随着城市群环境污染的恶化，城市群土地利用空间结构集聚能够增强产出规模对环境污染的促进作用。

产业结构的系数显著为负，城市群土地利用空间结构与产业结构的交乘项系数也显著为负，这表明在考察期内，西部地区城市群土地利用空间集聚度的提升有利于促进产业结构升级对环境污染的改善作用。西部地区城市群土地利用空间结构集聚通过合理布局相关产业，集约利用土地，促使相关产业集聚，增加了企业间交流合作的机会，促进了技术创新与扩散，降低了环境污染，从而改善了城市群的环境污染状况。

城市群土地利用空间结构能够通过影响居民收入水平进而影响环境污染，但是其影响效果不是线性的，而是呈倒“U”形。城市群居民收入水平及其平方项均通过了 10%水平的显著性检验，而且居民收入水平的系数为正，其平方项系数为负，这表明西部地区城市群环境污染与居民收入水平之间存在倒“U”形曲线关系。在城市群居民收入水平提升的早期阶段，居民收入水平增长越快，城市群环境污染越严重。这可能与考察期内西部地区城市群经济增长模式有关，考察期内大量传统的生产要素投入促进了城市群经济的迅速发展，但同时也加重了城市群环境污染。但这种情况可能存在拐点，当居民收入水平继续增长超越拐点后，城市群环境状况将会改善。此外，城市群环境污染的空间滞后项通过了 1%水平的显著性检验且系数为正，表明目前西部地区城市群之间环境污染存在正的空间相关性，因此不能将城市群环境污染作为孤立变量，环境污染严重的城市群会对其他城市群产生影响，加剧周边城市群环境污染。

综上所述，西部地区城市群土地利用空间结构演变对环境污染的作用路径如图 8-3 所示。

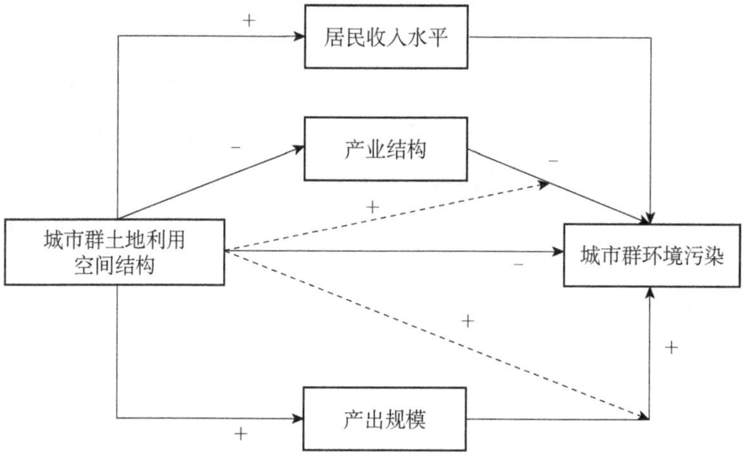

图 8-3　西部地区城市群土地利用空间结构演变对环境污染的作用路径

三、模型结果分析

西部地区城市群之间环境污染存在正的空间相关性，说明单个城市群的环境污染排放会对其邻近城市群环境质量产生负面影响，这进一步支持了第五章第三节西部地区城市群环境污染全域 Moran’s I 的检验结果。西部地区城市群之间环境污染存在空间上的相互影响，单个城市群的环境污染会通过城市群之间密切的人流、物流、商品流等联系，产生扩散效应和溢出效应，加剧其他邻近城市群环境污染。因此，西部地区城市群在环境污染治理上不能“以邻为壑”，要考虑邻近城市群环境污染的溢出影响，从更宏观的区域层面积极开展跨城市群合作治理，重视城市群之间的相互依赖联系与现实联系，增强跨域合作治理能力。

西部地区城市群空间结构演变对环境污染存在直接作用和间接作用，但不同的空间结构对环境污染的作用机制与路径存在差异。西部地区城市群空间结构对城市群环境污染排放影响的总效应显著为负，并且存在显著的直接作用、中介作用和调节作用。

根据表 8-15～表 8-17，城市群人口空间结构、产业空间结构和土地利用空间结构的回归系数均显著为负，这表明西部地区城市群三种空间结构演变均改善了城市群的环境污染状况。可能的原因是：①人口空间集聚对城市群环境污染的积极作用很大，人口的适度集中将有利于资源的充分利用以及污染的集中治理与防治，进而降低城市群环境污染，提升城市群环境质量。②第二产业的空间集聚有助于产生集聚效应，促进企业间的交流与合作，有利于绿色生产技术和污染治理技术的推广，进而减少污染物的产生。同时，产业的集聚分布可以实现优化布局，合理规范布局各种产业，降低其对环境污染的影响，努力改善城市群环境质量。③土地利用的空间集聚有利于实行统一的环境规制标准和土地集约高效利用，进而降低环境污染。

西部地区城市群空间结构可通过不同的中介变量（居民收入水平、技术水平、产业结构、产出规模）显著影响城市群环境污染。加入城市群空间结构与技术水平、产业结构、产出规模的交乘项后，发现城市群人口空间结构、产业空间结构和土地利用空间结构，会调节技术水平、产出规模、产业结构对环境污染的作用。这表明，西部地区城市群空间结构的集聚演变有力地调节了城市群技术水平对污染物排放的抑制作用。与此同时，西部地区城市群空间结构的演变，促进了产出规模的扩大和居民收入水平的提升，但同时也扩大了污染物排放。此外，西部地区城市群空间结构的演变，还促进了产业结构的升级，抑制了污染物排放。因此，西部地区城市群亟须转变经济发展方式，调整空间结构，采取有效措施，以降低城市群环境污染，实现西部地区城市群经济增长和环境的协调发展。

第九章　促进中国西部地区城市群经济与环境协调发展的对策建议

由第七章和第八章的分析结果可以发现，西部地区城市群空间结构的演变对城市群经济增长和环境污染都存在直接和间接影响，因此可以通过调控城市群空间结构演变，促进西部地区城市群经济与环境协调发展。本章从实施分区域人口调整政策、引导产业合理布局与污染密集型产业转移、促进城市群内部土地利用空间协调、明确城市群内部城市功能定位、加强基础设施建设与人力资本投资、完善差异化环境规制体系等方面，针对西部地区城市群的具体发展实际，提出操作性强的政策建议。

第一节　实施分区域人口调整政策

由第七章和第八章的分析结果可以发现，西部地区城市群人口集聚程度的提升，不利于城市群整体经济增长，但有利于降低城市群环境污染，因此西部地区城市群在制定差异化人口落户政策时，要根据现实情况引导人口向空间效率更高的区域流动。具体来说，对于西部地区人口集聚度较低的城市群，促进人口向中心城市集聚，有利于促进城市群内部商品市场一体化，共享经济发展成果。对于西部地区人口集聚度较高的城市群，应适当疏散中心城市人口，引导人口向外围城市流动，缓减大城市的集聚不经济。另外，各城市群在制定和实施人口相关政策时，需要与对应的产业和土地政策搭配，以便更好地发挥人口政策效果。

根据第三章的分析结果，可以将西部地区城市群分为四类：第一类人口集聚度最高，包括南北钦防城市群、成渝城市群；第二类人口集聚度处于中上水平，包括黔中城市群、关中城市群；第三类人口集聚度处于中下水平，包括滇中城市群、银川平原城市群、兰白西城市群；第四类人口集聚度最低，包括呼包鄂城市群。本书根据各城市群人口空间集聚现状，提出如下引导人口空间分布的具体建议。

1. 南北钦防城市群

南北钦防城市群人口空间集聚度最高，其中心城市南宁市的人口规模远超过城市群内其他城市，需要适当控制南宁市的人口规模，引导人口合理流动到北海市、防城港市等城市，以缓减大城市集聚不经济的现状，形成以中心城市为核心，中小城市协调发展的城市群组织结构。参考《广西壮族自治区新型城镇化规划（2014—2020 年）》和《广西壮族自治区人民政府关于印发广西人口发展规划（2016—2030 年）的通知》，建议以南宁市为核心，促进北海市、钦州市和防城港市同城化，通过实施差别化落户门槛政策引导人口流动到中小城市。同时，实行人口居住证制度来安置未落户的农业转移人口，从而缓解南宁市的人口压力，争取到 2030 年，将南宁市建成拥有 600 万人口的区域性现代商贸物流基地和区域性国际城市；将北海市建成拥有 80 万人口的现代产业集聚地和北部湾国际旅游度假区核心城市；将钦州市建成拥有 90 万人口的北部湾临海核心工业城市；将防城港市打造成拥有 45 万人口的北部湾现代化主要港口城市。此外，促进沿边沿海地区人口适度集聚，合理有序流动。通过大力发展特色优势外向型产业集群，完善边民互市贸易，创造有利于人口适度集聚发展的产业基础和商贸物流条件。

2. 成渝城市群

成渝城市群的人口规模较大，人口集聚度较高，中心城市成都市和重庆市人口规模都远远高于其他城市，因此要合理引导人口向人口密度较低的城市落户。参考《重庆市人民政府关于印发重庆市人口发展规划（2016—2030 年）的通知》，建议在考虑人口密度和资源环境承载能力的情况下，实行差别化人口政策。在都市功能核心区探索实施积分落户制度，有序推动都市功能核心区的功能疏解和人口减载，使重庆市人口适当流动到其他人口密度较低的外围城市。同时，配合中心城市产业转移政策与外围城市建设用地分配政策，使外围城市能够吸引更多的企业，为外来人口提供更多的就业机会。根据《四川省人民政府办公厅关于印发四川省“十三五”人口发展规划的通知》，成都市天府新区应尽量吸纳外来人口；泸州市、绵阳市、南充市、宜宾市等区域性中心城市应加强产业和人口集聚；德阳市、内江市、遂宁市应加快引导人口落户，争取尽快成为拥有 50 万～100 万人口的中等城市；根据各区域发展条件，建设一批 10 万～50 万人口的小城市，以及 10 万人口以下的县城，拓展农业转移人口就近城镇化。

3. 黔中城市群

参考《贵州省山地特色新型城镇化规划（2016—2020 年）》，建议增强贵阳市中心城市的城市功能，利用贵阳市较强的辐射力引导更多的人口流向安顺市、遵义市等周边中小城市，实现贵阳市与其腹地城市一体化发展。同时，贵阳市要加大培育劳动密集型产业，通过就业带动外围城市人口的快速集聚，争取到 2030 年将贵阳市打造成为拥有 600 万人口的中心城市。此外，要加快制定外来人口的落户政策，合理引导人口到外围城市落户。通过建立“一站式”服务机制和机构，为入黔人口提供就业创业服务和支持。对于农业人口，要制定和出台农业转移人口落户城镇的实施方案，同时保留农民在农村享有的合法权益，不得因农民进城取消农民的土地承包经营权、宅基地使用权、农村集体经济组织收益分配权。

4. 关中城市群

参考《陕西省人民政府关于印发人口发展规划（2016—2030 年）的通知》，建议关中城市群实施差别化的落户政策，将具有优势的农业人口转移落户至城镇，加强城镇人口集聚，争取到 2030 年实现常住人口城镇化率达到 70%以上。同时，由于西安市、铜川市、宝鸡市、咸阳市、渭南市等城市的人口发展现状不同，参考《西安市深化人才发展体制机制改革 打造“一带一路”人才高地若干政策措施》，建议西安市出台人才薪金所得税的税收鼓励政策，适当降低高收入人才的个人所得税。企业应对不同层次的人才实施相应的优惠政策，可以按其个人所得税留市区部分的相应额度，在政策执行期内给予对应额度的全额奖励。建议事业单位科研活动实行绩效工资倾斜政策，吸引急需紧缺的高层次人才；同时，建议科研人员依靠智力成果获得的收入，如科技成果转化奖励、科研经费绩效奖励等，不纳入绩效工资总量。建议国有企业实行高层次人才协议工资制、项目工资制等，吸引更多高端优秀人才落户西安市。对于铜川市、宝鸡市、咸阳市和渭南市等城市，建议全面取消落户限制，积极引导有条件的农业人口向这些城市集聚。

5. 滇中城市群

滇中城市群人口集聚度处于中下水平，要实现滇中城市群内部各城市人口和产业合理分流，减轻生态环境压力，需要引导人口和产业逐步向安宁市、曲靖市、玉溪市北部等城市和地区分流。参考《滇中城市群规划（2016—2049年）》（公示稿），建议滇中城市群以产业为支撑，大力发展城镇经济，使进城农村居民向重点城市曲靖市、玉溪市有序转移，逐步优化各地区人口空间布局，确保进城农村居民能够充分就业，为农村转户进城居民提供就业、教育、医疗、养老、低保、住房等市民保障，同时还要加强中小城市产业集聚区建设。例如，昆明市的一些功能布局可以分布在曲靖市、玉溪市、楚雄市，并建立与集聚区建设需要相适应的高效便捷的综合交通网络以及能源、供水、通信等要素保障体系，通过产业发展集聚人口。此外，应进一步提高土地集约利用程度，严格控制城市建设规模，同时完善中小城市的基础设施服务，增加中小城市的流动人口，从而加大中小城市的人口集聚，促进城市健康发展。

6. 银川平原城市群

参考2016年发布的《银川市“十三五”人口发展规划》，建议加快银川平原城市群的户籍制度改革，一是取消外来人口落户的限制。通过放宽外来人口落户条件，让有意愿、有能力的农业转移人口在银川落户定居，到2020年，基本实现自由迁徙，2030年全部实现自由迁徙，同时鼓励和引导农业转移人口就地就近向石嘴山市、吴忠市、中卫市等城市集聚，并与城镇居民有同等权利和义务。二是实施居住证制度，使流动人口与农民工有合法固定的住所，平等地享受城市居民的社会保障、劳动就业、卫生医疗、文化教育，推进城乡统筹，缩小城乡差距，实现基本公共服务常住人口全覆盖，同时实施农业转移人口融入工程，依法将农业转移人口纳入城镇职工或城乡基本养老、医疗保险范围。参考2019年发布的《宁夏回族自治区新型城镇化“十三五”规划（修订稿）》，建议在区域性中心城市方面，应形成以银川市为核心，石嘴山市、吴忠市为一体的银川都市圈。

7. 兰白西城市群

兰白西城市群人口集聚度处于中下水平，应合理引导人口稳定增长和集聚。参考2018年发布的《兰州—西宁城市群发展规划》和《甘肃省人口发展规划（2016—2030年）》，建议增强兰白都市圈的中心带动功能，加快以兰白都市圈为核心的中部城市群的建立。同时，合理控制兰州市主城区人口规模，将兰州市主城区的人口疏散引导至兰州新区、定西市、临夏市等重要节点城市。此外，加快治理兰州市、西宁市等城市布局不合理、交通拥堵现象，通过提高城市宜居度和居民幸福感，进一步集聚人口。兰州市作为西北地区的商贸物流、科技创新、综合服务中心，要加强交通枢纽功能。此外，要调整完善兰州市和西宁市落户条件，区分主城区、郊区、新区等区域，分类制定落户政策。此外，可以根据城市规模有序放开落户限制，建立与户籍制度脱钩的基本公共服务提供机制，推进兰白西城市群内部基本公共服务均等化，逐步消除户籍人口与居住证持有人的权益差别，促进人口有序流动、自由迁徙。

8. 呼包鄂城市群

呼包鄂城市群人口空间集聚度最低，但城市群内部城市都是当地经济发展水平最高的几个城市，而且地广人稀，因此按人均GDP计算出的经济发展处于较高水平。针对目前的发展状况，呼包鄂城市群应进一步提升人口集聚度。参考2017年发布的《内蒙古自治区“十三五”人口发展规划》，建议通过放宽落户条件，鼓励外来人口的迁入，同时以培育和引进高层次创新创业领军人才为重点，着力造就一支能够服务和支撑内蒙古自治区经济社会发展的高层次创新创业型人才队伍。同时，全面放开城区人口100万人以下的城市和建制镇落户限制，合理确定城区人口100万人以上的城市落户条件，允许农牧业转移人口在就业地落户。建议取消城市群内部所有城市建成区的城镇社会保险落户条件，扩大合法稳定就业认定范围，进一步放宽户口准入条件。

第二节　引导产业合理布局与污染密集型产业转移

根据第七章和第八章的分析结果，西部地区城市群第二产业集聚程度的提升，不利于城市群整体经济增长，但有利于降低城市群环境污染，而第二产业占 GDP 比重的提高扩大了环境污染。因此，西部地区城市群需要摒弃仅围绕传统工业基地的观念，鼓励对本区域化工、造纸、冶金、电力等重污染传统产业进行改造或整合（傅京燕，2006），提高污染密集型产业的节能减排效率（蔡宁等，2016）。同时，采取优选转移产业、培育优势产业的措施，将制造业和高新技术产业有意识地分布在适合的地区，将中心城市的污染密集型产业转移到外围地区。

西部地区城市群可以根据自身发展情况和承载能力，承载一些有利于城市群发展的清洁、高效、高端的产业，并且在承接产业的过程中，注意承载产业的发展空间和外溢效应，加强区域产业链的高效衔接，减少承接产业对环境的污染，从而打造绿色生态的城市群发展模式（张肃和诺敏，2013）。西部地区城市群在承接城市群外部产业时，应合理规划承接产业，提高准入门槛（优化准入、重点准入、限制准入和禁止准入四类），根据区域发展要求规划产业布局。一方面，慎重选择承接产业，着重承接一些高端、创新、具有集群性的产业，同时也要根据区域经济发展状况和资源禀赋优势，明确各城市的产业发展重点，实行差异化的产业发展模式，避免产业趋同；另一方面，要提高技术准入门槛，尽量吸收发达地区的先进技术与先进管理方法，实现高端承接。

西部地区城市群的经济增长、产业发展、环境污染状况各异，本书根据各城市群的发展现状，提出如下引导产业合理布局与污染密集型产业转移具体建议。

1. 南北钦防城市群

南北钦防城市群可以凭借气候条件的优势，开展港口、岸线、油气、农林、旅游等资源开发，实行绿色发展模式，同时以区域内部的海湾环境容量，约束陆地和海洋资源开发，增强海湾环境质量。参考 2017 年发布的《北部湾城市群发展规划》，建议南北钦防城市群淘汰转移一批不符合城市群总体定位的产业，加强城市群绿色供应链的全面发展，打造生态型工业集群。建议钦州市、防城港市等港区大力发展海洋经济，制定产业政策鼓励出口加工业及进口替代业、港口及航运、仓储、商贸等第三产业快速发展；南宁市发展机械、农产品加工、旅游运输等产业，通过推进传统工业绿色化改造升级，实现存量绿色化改造、增量高端化发展。

2. 成渝城市群

成渝城市群环境污染状况较好，城市群在发展过程中可以根据自身环境状况与承载能力，适度承接部分产业转移，从而促进城市群整体发展。但是，在选择承接产业时，要注重承接产业的发展空间，积极对承接产业进行技术改造，最大限度地避免承接产业对城市群环境产生破坏。参考 2016 年发布的《成渝城市群发展规划》，建议成渝城市群在承接产业转移的过程中，依托长江黄金水道和渝新欧、蓉欧国际大通道，对交通区位条件好的工业园区进行承接产业转移，建设沿海加工贸易转移的重点承接地，深入推进重庆沿江承接产业转移示范区和四川广安承接产业转移示范区建设。同时，应加强产业转型升级，建立现代化产业体系。建议成都市大力发展先进制造业，着重发展电子信息、航空航天、轨道交通等高技术产业，同时加快节能环保、新能源、现代服务业及都市现代农业的发展，以及天府新区和国家自主创新示范区的建设。重庆市应根据山地特色，发展文化旅游、商贸物流、资源加工、交通枢纽等特色产业，同时充分发挥科技资源优势，重点推进现代金融、高技术服务业和科技服务业的发展，建设现代服务业基地。

3. 黔中城市群

黔中城市群可以依赖城市群内部的丰富资源，通过提升装备制造业产业集群，培育战略型新兴产业集群，提升内部产业集聚度，适度缩小产业污染的范围。参考 2017 年发布的《黔中城市群发展规划》，建议黔中城市群以贵阳市国家高新技术产业开发区、贵安新区、安顺民用航空国家高技术产业基地等为支撑，依托遵义市、毕节市、安顺市、都匀市、凯里市等工业组团，按照分工细化、协作紧密、资源共享的要求，联合推进装备制造业向智能化、高端化转型升级。同时，发展航空航天、新能源汽车、机器人及其他各类专用装备制造等为重点的高端装备制造业，推进遵义市、安顺市老工业城市转型发展，支持老工业区加快改造。此外，还应加强城际协作配套，提高遵义市、毕节市、安顺市等产区的能矿资源精深加工水平，促进矿产资源就地转化，减少污染源的投放力度。

4. 关中城市群

关中城市群应抓住“一带一路”建设、东部地区加工贸易转移等机遇，积极承接产业转移。参考2018年发布的《关中平原城市群发展规划》，建议关中城市群应充分发挥其地理优势，利用广阔的市场空间及资源优势，打造以西安市为核心的产业转移示范区。建议西安市着力引导生产要素合理布局，依托中国西部创新港、国家工程研究中心等产业化平台，着力突破产业链技术瓶颈，打造战略性新兴产业，推动产业由价值链低端向高端演进。杨凌区可以充分发挥杨凌农业高新技术产业示范区的辐射作用，加强农业科技自主创新，提高绿色优质农产品产量，培育高端涉农支柱产业，构建特色化农产品加工产业集群。咸阳市应加快引进国内外先进的煤制油气、烯烃、芳烃等现代煤化工技术路线，建设彬长旬高端能源化工基地，推动煤炭资源绿色、清洁、安全、高效转化。渭南市应着力降低第一产业比重，可以依托新兴技术实行产业智能化、链群化、集约化。铜川市应大力发展接续产业，强化制造产业集聚能力，加快转型步伐。

5. 滇中城市群

滇中城市群的环境污染状况较为严重。因此，滇中城市群在发展经济时，应将污染密集型产业由中心城市向外围城市梯度转移。城市群内部城市应根据其城市等级以及具体的外部环境布局相应产业，在不同等级城市之间形成一条合理分工的产业链，避免由于同质竞争带来的环境污染。参考《滇中城市群规划（2016—2049年）》（公示稿），建议昆明市应注重城市区域内人口高度密集，以及土地资源、水资源紧张及环境承载能力有限的问题，限制发展纺织行业及类似高耗水、高耗能、高污染产业，慎重发展劳动密集型产业，同时城市区域内部的重化工产业可以向嵩明—寻甸—东川的特定区域转移。曲靖市应改变功能过度集中于麒麟老城区的单一中心结构，将产业逐步向沾益片区、马龙片区、城南新区、珠街组团等副中心疏解，同时以昆曲经济带为依托，发展以新型工业、商贸物流、旅游休闲度假服务业及现代服务业为主的园林城市。楚雄彝族自治州作为滇中城市群向西开放的门户和战略枢纽，可将其建设成为云南省重要的先进装备制造基地、有色金属加工中心、区域商贸物流中心，协调滇中城市群西部地区的发展。玉溪市应重点发展会展、外贸、教育、科研等高端产业；大力推动烟草产业技术创新、体制创新和环境创新，充分发挥烟草产业在专业化生产方面的带头和示范作用。

6. 银川平原城市群

在经济发展过程中，银川平原城市群的产业对资源的依赖程度较高，且产业发展模式粗放，经济增长过多地依赖能源化工和以煤为主的产业。因此，应加强城市群内部城市的功能分区，优化产业空间布局，发展绿色生态经济。参考《银川市国民经济和社会发展第十三个五年规划纲要（修订本）》，建议银川市应改变其产业结构，减少煤化工、电力、石油化工、水泥制造业、生物发酵五大污染严重的传统行业在工业中的比重，加快发展高端装备制造业、新能源产业、信息技术产业与能源环保产业。同时，银川市作为城市群内部的中心城市，应努力承接其他省域的产业转移，并且围绕主导产业积极发展相应的生产性服务业，推进产业结构向知识密集型和技术密集型优化（杜传忠和刘英基，2013）。参考《宁夏回族自治区“十三五”工业发展及两化融合发展规划》，建议中卫市应加快发展现代农业，抓好粮食、枸杞、蔬菜、苹果、马铃薯等优势特色产业，同时发展钢铁、金属锰、精细化工、建筑材料等配套物流产业，打造区域性生产资料转运中心。石嘴山市应坚持促进工业发展向质量效益型转变，推动装备制造、新材料、电石化工、冶金四大优势产业集群向创新驱动、绿色低碳、智能制造发展转型，同时大力发展新能源、生物医药、新型煤化工、现代纺织四个特色产业，形成先导性、带动性强的新兴产业。

7. 兰白西城市群

首先，兰白西城市群可以转变资源发展方式，充分利用循环经济实现资源的高效利用，降低因不合理的资源开发造成的环境污染和生态破坏，促进兰白西城市群健康持续发展。其次，可以利用兰白西城市群的资源禀赋和地理条件承接适合城市群发展的产业。参考 2018 年发布的《兰州—西宁城市群发展规划》，建议兰州市应重点承接精细化工、航空航天器、特色农副产品及食品加工、新能源装备制造。西宁市应重点承接盐湖化工产业、有色金属生产及深加工、青藏地区急需的建筑用钢材及特种钢材。定西市应重点承接生物医药、轻工业、新型特殊建材、光伏发电、风能发电等清洁新型能源产业。

8. 呼包鄂城市群

呼包鄂城市群的环境污染状况逐年恶化，因此要限制其污染密集型产业的发展。参考 2018 年发布的《呼包鄂榆城市群发展规划》，建议包头市可以通过科学技术对其境内的重金属和稀有金属实行深加工，提高资源利用率，并限制钢铁、火电等高耗能产业的过快扩张。对包头钢铁（集团）有限责任公司、包头铝业（集团）有限责任公司等大型企业实行绿色循环化改造，推动产业向高端化发展。鄂尔多斯市应合理利用其境内丰富的煤炭资源和钢铁资源，转变经济增长方式，以保障国家能源安全为目标，坚持高端、清洁、环保、安全发展，加快非资源性产业、战略性新兴产业和现代服务业的发展。此外，应打造城市群内部各区域分工协作产业链条，合理配置资源，优化产业布局，加快培育新兴产业，减少环境污染源。包头市可以着力发展稀土新材料、先进装备制造、新能源、高技术服务、煤炭清洁高效利用、新能源汽车、节能环保、新一代信息技术、绿色农畜产品精深加工等产业。鄂尔多斯市可以依托煤化工产业基础，发展化工新材料以及高品质镁合金、铝合金等新材料，加快新兴产业的发展。呼和浩特市可以深入实施“互联网 +”发展战略，通过大数据产业引领带动作用，建设云计算数据中心、备份中心和开发应用中心，以及大数据综合试验区和光伏基地，构建环境友好型产业体系，提升城市群整体环境。

第三节　促进城市群内部土地利用空间协调

根据第三章的分析结果，西部地区城市群土地利用过于集中，中心城市建设用地占比远高于外围城市。根据第七章的分析结果，这种土地利用空间模式阻碍了城市群整体经济增长，而且还负向调节政府干预程度对经济增长的促进作用。但是，根据第八章的分析结果，这种土地利用空间模式改善了城市群的环境污染。因此，需要兼顾经济增长与环境质量，对城市群内部土地利用空间模式进行合理协调。从城市群整体角度来看，建议适度扩大外围城市的建设用地面积，做好城际交通和城市公共交通的衔接，建设城市群综合交通网，实现多中心或者单中心模式的外延扩展。从单个城市角度来看，建议提高城市用地的集聚性和空间利用率，盘活土地存量，减少土地资源浪费。合理的土地利用能够为城市群绿色发展带来新的机遇，针对西部地区城市群发展现状，本书提出如下具体建议。

1. 南北钦防城市群

参考《广西壮族自治区土地利用总体规划（2006—2020 年）》，建议南宁市、北海市、钦州市、防城港市要严格控制城镇建设用地规模，加大存量土地盘活力度，减少土地资源浪费。另外，还可以适当调整行政区划，建议将玉林市与北海市合并，崇左市与防城港市合并，钦州市与南宁市合并，这样有利于扩大核心城市的发展空间，提高城市土地环境利用率。

2. 成渝城市群

成都市土地外延开发模式较明显，城市内部土地集约利用程度不高，因此应注意城市土地整理，实现多中心模式的城市外延扩展。根据第三章的分析结果，参考尚勇敏等（2011）的研究结论，建议成都市应将空间布局从城市圈层式转变为轴线式或者多中心发展模式，以城市对外交通为轴线，强化土地的利用率，实现中心城区土地高效利用和城市的协调发展。重庆市应迁出主城区内部高污染、低效益的企业，从而为高效率的第三产业提供土地，通过改善土地利用结构，加强对城市存量土地的管理，实现城市土地资源的效率最大化。同时，扩大外围城市的建设用地面积，广安市、遂宁市、德阳市、自贡市等城市可以通过建立生态发展带，优化土地空间布局，实现城市土地规模与产业生态的平衡。同时，在适当扩大城市规模时，做到土地利用与资源、生态的良好融合，避免出现变相圈地、重复建设以及超出城市资源环境承载力的现象（朱志远和苗建军，2017）。

3. 黔中城市群

黔中城市群应将交通设施建设作为城市群空间建设的重点，加强以交通运输用地为主的非营利项目的土地用途管制制度建设，合理统筹布局，促进城市群土地开发的均衡。此外，还应结合城市交通区位与社会经济发展基础，形成以贵阳市为核心的城市带。重点推进贵阳—安顺城市带、贵阳—遵义城市带和贵阳—凯里城市带建设，利用核心城市带的辐射力及其影响力，促进周围区域的快速发展。要做好交通设施建设项目用地保障工作，可以通过实行“先行用地”政策，鼓励城市群区域内实现“共建共享”的交通基础机制。同时，应加强联系紧密的县级单元的合作，加强各县级单元基础设施的联动对接，实现社会经济要素的合理流动及更深层次的空间关联，通过区域间有效的分工合作，实现城市群各区域特色化发展。

4. 关中城市群

西安市、咸阳市、宝鸡市由于具有优越的自然环境和地理区位条件以及经济、社会、国家政策条件，城市规模等级高，城市人口密度大、素质高，城市基础设施较完善，道路交通网络发达。参考雒澂（2016）的发现，并结合第三章的分析结果，建议适当控制西安市的建设用地面积，扩大外围城市渭南市和铜川市的建设用地面积。渭南市和铜川市注重城市的外延式扩张，忽视了内涵式开发，在扩张过程中忽视了城市生态建设，造成土地利用的粗放和人地矛盾的紧张。因此，要合理调整城市用地功能分布，降低交通用地比重，提高城市绿化用地比重，优化城市用地布局，提高集聚性和空间利用率，改善城市交通设施条件，减少土地资源浪费现象。同时，对土地进行合理配置，加强旧城区改造力度，缓解旧城区中建筑拥挤现象，提高土地利用效益。此外，还要合理规划各城市工业用地面积，宝鸡市、咸阳市、渭南市应不断完善和调整产业结构，重点投入资金发展具有特色和优势的产业，打造具有集聚效应和创新溢出的特色产业链，并根据一定的标准制定严格的行业、产业用地定额，优先发展用地集约的新型产业，减少工业用地浪费现象。

5. 滇中城市群

滇中城市群内昆明市的城市建设用地比重远高于外围城市曲靖市、玉溪市，这样的发展模式不利于现阶段城市群的整体发展，因此要对城市群内部土地利用空间进行合理协调。参考《滇中城市群规划（2016—2049 年）》（公示稿），建议昆明市应合理规划建设用地，减少不合理的土地开发，加强城镇存量建设用地的盘活率，有计划、有目的地对主城建成区内的城中村进行改造。协调各城市土地利用方式的转变，注重完善城市群统一交通网络建设。对于曲靖市和玉溪市，应增大其建设用地面积，但同时也要合理配置各项资源，协调土地利用与各生产要素之间的关系，尽量将土地资源配置到最优的产业上，从而引导产业结构调整，促进社会经济的发展。

6. 银川平原城市群

参考《宁夏回族自治区土地利用总体规划（2006—2020 年）》，建议扩大石嘴山市、吴忠市、中卫市的建设用地规模，优化建设用地结构和布局。同时，银川平原城市群在实行土地规划时，要协调好各类型用地之间的比重，保证住房用地、商业用地、公共设施用地、工业用地的分布和数量，提升土地的收益率。增加公共用地、公益用地、保障性住房等民生项目的用地指标，设立集约、生态、经济效率等方面的指导性指标；再次控制各类土地的集约利用情况，充分发挥土地的集聚效应，避免城市用地的盲目扩张，提高土地利用率，建议将农民现有分散宅基地发展为城镇集中住宅的模式。银川市应合理规划工业用地，加快改造升级传统产业，推动产业链条从前端向末端延伸、价值链条从低端向高端攀升。对于居民用地布局，面对不同收入阶层，应建立完备的住房供应体系，以发展适应广大市民需要的住房为主，重点解决好中低收入家庭的住房问题，提高廉租房的供应比例，增加中低档商品住房的供给，控制高档商品住房的发展。

7. 兰白西城市群

参考《兰州市中心四区土地储备专项计划（2018—2020 年）》，结合兰州市发展实际，根据未来收储时采取的不同改造方式，进一步细分中心四区具有储备潜力的土地。除增量土地外，存量土地按照改造类型具体可划分为以下几类：已储未供用地、棚户区改造用地、城中村改造用地、批发市场出城入园用地、职业学校出城入园用地、企业出城入园用地和其他项目用地。参考《西宁市 2030 年城市空间总体发展规划》，西宁市应保证建设用地平衡，适当下调居住和工业用地比例，实现城市协调发展。针对目前公共设施发展存在的建设滞后、空间分布不均衡等问题，建议合理组织公共中心体系，优化城市基本服务职能，并分等级配置设施。对于中心城市工业用地和仓储用地规划，应改变现状工业用地分布和城市总体空间发展二元化的状况，为未来工业发展提供充足的空间，推动城区不适宜的产业向周边地区转移，在更大的区域范围内促进产业的合理配置。对于城市群中的其他城市，还可以通过提高交通运输强度促进经济增长。具体地，可通过进一步优化城市换乘线路，做好城际交通和城市公共交通衔接，将相应配套设施建设作为一个整体系统来考虑，为城市建设用地的集约化利用和区域经济的快速发展提供依据。

8. 呼包鄂城市群

呼包鄂城市群区域内城市建设用地较集聚，应适度缓解区域内部土地压力。根据《内蒙古自治区土地利用总体规划（2006—2020 年）》，建议加快构建立体化的现代交通运输体系，统筹互通共享的信息网络。对于呼和浩特市和鄂尔多斯市，因为其旧城区土地压力过大，建议通过建设现代交通网络，缓解旧城区交通拥挤及环境恶化的问题。另外，统筹安排产业用地，控制城镇建设用地低成本盲目扩张，努力降低人均城镇工矿用地面积。针对包头市目前存在的工业建设用地无序扩张现象，建议统筹产业用地安排，避免居住用地继续被工业用地包围。

第四节　明确城市群内部城市功能定位

城市间密切的产业关联和功能互补能促进城市群经济增长，因此需要从城市群整体的角度，综合考虑资源优势、技术优势和经济基础，明确城市的功能定位（杨建城，1999；史炜和汪勰，2013），促进城市间垂直分工，以形成优势互补、产业互动、资源共享的分工合作体系，发挥各个城市的比较优势。

根据第三章的分析结果，西部地区城市群内部中心城市均已进入工业化中后期，中心城市的产业结构中教育、研发、培训、金融等产业比重较大，基础设施和公共服务较完善，因此建议将中心城市定位为整个城市群的核心枢纽，发展总部经济和物流经济，重点关注生产性服务业或高新技术产业，促进劳动密集型产业、制造业初级产品向外围城市转移。因为中等城市的人口规模适中，建议将中等城市定位为城市群下游产业或制造产业的加工基地，主动接纳中心城市的产业转移，充分发挥自身劳动力、土地等要素价格较低的优势。小城市的基础设施和公共服务水平相对较差，贴近农村，因此建议小城市重点关注特色产业、农产品加工业和农业服务业。针对西部地区城市群的发展现状，本书提出如下具体建议。

1. 南北钦防城市群

参考《北部湾城市群发展规划》，南北钦防城市群应发挥地缘优势，挖掘区域特质，建设宜居宜业的蓝色海湾城市群，建议南宁市要以加快建设南宁特大城市和区域性国际城市为目标，加快区域性综合交通枢纽建设，有机衔接门户枢纽城市和内陆开放型经济战略高地。钦州市集沿海、沿江于一体，临港工业框架已初步形成，应建成北部湾临海核心工业城市、商贸服务中心和农产品集散中心。随着北海市亚热带滨海旅游资源的不断挖掘，应将北海市建成服务中国、面向国际的亚热带滨海旅游度假胜地、中国—东盟区域经济合作中重要的商贸基地。防城港市作为中国唯一的沿海沿边港口城市，应加快建成沿海制造业和新型能源基地，以海洋文化和边境贸易为特色的风景旅游城市。

2. 成渝城市群

成渝城市群应优化行政区划设置，适当扩大城市建成区规模，与邻近地区一体化发展。参考《成渝城市群发展规划》，建议将万州市建设为渝东北区域中心、长江经济带的重要节点城市；将黔江区建设为渝东南区域中心、武陵山区重要经济中心；将绵阳市、乐山市打造为成都平原区域性中心城市、宝成—成昆发展轴带向北和向南辐射的空间节点；将南充市打造为川东北区域性中心城市，带动川东北城乡均衡发展；将泸州市、宜宾市打造为川南区域性中心城市，带动川南丘陵地区和长江经济带沿线城镇发展。集中发展重要节点城市，通过发展节点城市促进成渝城市群城镇体系的不断优化、服务功能的专业化及优势产业的特色化。同时，加强江津区、德阳市、遂宁市、大足区、自贡市、达州市等的合作力度，完善重要城市对成渝城市群的支撑作用。

3. 黔中城市群

作为贵州省经济实力最强、发展条件最佳的重点区域，黔中城市群是带动贵州省经济持续快速增长、促进区域协调发展的重要平台。城市群发展的基础是产业发展，建议贵阳市、遵义市、安顺市、都匀市、凯里市、毕节市等具有较好产业基础的城市，大力发展大数据及信息技术产业、大健康和生物医药产业等主导产业，推动装备制造、资源能源、特色食品和白酒、现代农业、文化旅游、生态健康、商贸物流等优势产业的优化升级，以产业促进城市群的崛起。在服务业方面，重点整合各重点城市的大数据、旅游、商贸物流等服务业，充分发挥贵阳市在城市群中的文教、科研等优势，形成以贵阳市为核心引领、其他重点城市密切配合的现代服务业发展格局。

4. 关中城市群

关中城市群内部可分为四个层级：第一层为核心层，即西安市；第二层为紧密层，即咸阳市；第三层为中间层，即铜川市和渭南市；第四层为开放层，即宝鸡市。参考《关中平原城市群发展规划》，建议西安市应重点发展教育、科研以及高新技术产业。咸阳市作为距离西安市最近的城市，要加快推进“西咸一体化”进程，积极承接西安市的产业转移，并为西安市输送水果、蔬菜等农副产品。铜川市作为资源型城市，应积极发展能源化工、机械制造、食品、医药工业等产业。渭南市位于关中城市群东部，化工、冶金等高耗水高能工业较突出，未来应着重发展农产品加工、机械制造、社会文化等产业。宝鸡市应凭借其重要的工业基地和交通枢纽优势，着重发展电子信息、装备制造、材料制造、食品制造、旅游商贸等主导产业，努力向西部地区先进制造基地、交通枢纽城市、创新型城市和跨省域旅游商贸中心迈进（郭俊华和许佳瑜，2016）。

5. 滇中城市群

滇中城市群应分区发展优势产业，加快打造现代工业基地。参考《滇中城市群规划（2016—2049 年）》（公示稿），建议曲靖市加快发展煤电、新能源基地和重化工基地建设，还应加强有色金属和新材料基地以及省内交通枢纽、物流中心建设，促进机械制造业、高新技术产业的发展，为打造云南现代工业基地创造条件。玉溪市应优先发展休闲旅游业、高新技术产业、装备制造业、节能环保产业和现代服务业。楚雄市应重点发展生物医药、旅游、民族文化、绿色食品加工等产业。

6. 银川平原城市群

基于银川平原城市群内部各城市产业发展基础，建议中心城市银川市应重点发展高新技术产业；石嘴山市应重点发展新材料产业和煤矿机械制造业；中卫市应重点发展造纸工业；吴忠市可以依托地理和人文优势，建成清真食品及穆斯林用品产业基地。

7. 兰白西城市群

兰白西城市群目前正处在初级成长阶段，但由于受生态环境和区域发展条件的限制，发展水平较中国东部地区城市群存在较大差距。兰州市和西宁市作为两座中心城市，其综合承载能力和城市功能较弱，在城镇发展的过程中，中等城市缺位，小城镇数量大但发展不足，城市群的空间扩展虽然出现了扩散的势头，但未来需要强化其中心城市的功能定位，以兰州市和西宁市为窗口，加强与关中平原城市群、成渝城市群等城市群的合作，积极承接创新成果转移（公维民等，2018）。在着力发展优势产业的同时，还需调整兰白西城市群的产业结构，大力发展高端制造业，将低端制造业转移至周边地区。兰州市作为中心城市，应加快金融、贸易信息服务等现代服务业的发展，利用其科技优势发展高新技术产业。此外，还可以凭借其优越的地理条件，加强兰州市在西北地区的现代物流商贸中心和信息中心的地位，努力将其打造为综合性的区域性中心城市。西宁市应着重发展化工和高原资源特色加工业，同时利用丰富的旅游资源发展旅游业。白银市应注重科研技术服务业的发展，将高新技术与工业发展相结合，同时大力发展第三产业，促进第二产业的转型和升级。

8. 呼包鄂城市群

根据呼包鄂城市群的发展现状，应加强呼包鄂城市群内部各城市主体的关联，强化城市群内部各功能区的主体功能，促使区域错位发展。参考《呼包鄂榆城市群发展规划》，建议呼和浩特市应发挥其区域性中心城市的优势，强化科技服务、文化教育、开放合作等中心城市功能。同时，可以利用资源禀赋优势，加强建设国家级乳业生产加工基地和大数据产业基地。包头市应坚持绿色发展，着力发展稀土新材料、新型冶金、现代装备制造、绿色农畜产品精深加工等产业，打造创新型企业孵化基地和具有全球影响力的“稀土＋”产业中心。鄂尔多斯市应实行“生态优先、绿色发展”的发展模式，通过加快东胜区、康巴什区城镇一体化步伐，加强要素集聚，建立生态宜居的现代化城市。同时，应加强科技创新，推进高新技术产业开发区建设，打造资源精深加工中心和能源化工产业示范基地。

第五节　加强基础设施建设与人力资本投资

根据第七章的分析结果，西部地区产业空间集聚未能直接促进经济增长，但产业空间集聚通过促进物质资本和人力资本的积累进而间接促进了经济增长。因此，扩大物质资本和人力资本投资，加强基础设施建设，能够为城市群的经济发展提供更好的支撑条件。

从城市群内部城市来看，基础设施一体化包括两个方面，一是中心城市与边缘城市之间的基础设施一体化，即放射状一体化；二是边缘城市之间的基础设施一体化，即网络状一体化（李圣军，2015）。基础设施的完善对于城市群内部要素流动、产业集聚、商品运输等具有重要的促进作用，西部地区城市群大多数城市基础设施尚不完善，影响了各种要素的流通及利用效率。此外，西部地区经济发展主要依靠物质资本，人力资本发挥的作用较小，而人力资本投资能够带动科技创新能力的提升，因此未来要加大人力资本投资。

一、基础设施一体化

基础设施是“一群城市”成为“城市群”的基础，基础设施一体化能推动城市之间人流、物流和信息流的全面对接和融合。目前，城市群内基础设施一体化主要包括两个方面：一是单项设施的共建共享、高效畅通，这种共享方式不存在城市间的人为阻隔；二是各种设施尤其是交通设施之间的无缝对接，这种方式有利于降低城市群内部的流通成本和交易费用，加快货物贸易和人员流动。

目前，西部地区城市群信息化水平不高，建议各城市群加大信息技术的普及利用，将信息技术应用到经济运行、社会管理和公共服务的各个环节。政府要加快智慧城市建设步伐，推进智能交通、智能物流、智能家居、智能医疗、智能安保、智能城管等领域的建设。政府与企业之间应建立信息互动机制，减少由于信息不对称带来的政策实施阻力。对于政府各部门，要推进信息系统集约化建设和信息资源充分开发、整合共享，减少同类工作的重复。总之，要积极推动互联网与各项基础设施建设融合发展，通过互联网的使用形成联系紧密的网络信息系统，推动城市群经济一体化的发展进程。

针对西部地区城市群的发展现状，本书提出如下具体建议。

1. 南北钦防城市群

南北钦防城市群应完善基础设施建设，增强城市群的综合保障能力。一方面，应加快交通运输网络的建立；另一方面，应搭建城市群信息化共享平台。因此，可以重点建设以南宁市为主，北海市、钦州市、玉林市等为辅的综合交通枢纽，构建枢纽城市内部铁路、公路、机场、港口安全便捷换乘换装体系。参考《北部湾城市群发展规划》，建议南北钦防城市群应建立城市群综合交通体系，完善城市群内部交通基础设施，促进各种交通设施的互联互通。同时，应加快推进交通基础设施建设，提升交通基础设施质量等级，增加公路、铁路密度，加快柳州—南宁、南宁—钦州—防城港高速公路繁忙路段扩容改造工程，贯通广西滨海公路，推进广西沿边公路改造，形成通边达海、陆海相连的北部湾城市群内部公路铁路网络。在水运方面，应加快深水航道及配套设施建设，重点推进防城港企沙南 40 万吨级航道扩建，以及北部湾港公共锚地等水上支持保障系统建设。加快城市群对外交通通道建设，提升连接东盟及西南、中南、珠三角的路网等级，实现东通粤港澳、南进东盟、西达西南、北连中南的公路铁路运输网络，打造与东盟国家联系便捷的国际大通道枢纽。

在打造高速共享安全的信息网络方面，应加快建设城市群信息高速公路网络和基础信息库，整合城市群的信息资源，重点建设中国—东盟国际通信设施和区域性综合信息服务平台、华为云计算及大数据中心，同时建立以南宁市为核心的新型智慧城市协同创新中心，实现技术合作、信息共享、贸易金融互换共享等。推进社会保障管理服务一体化，推行“互联网+人社”，实现社保“一卡通”，进而建立健全城市群内跨区域社保业务经办机构的信息共享和业务协同机制。

2. 成渝城市群

成渝城市群地理位置优越，立足西南、辐射西北、面向欧亚，有利于内外经济的交流，为建设现代化产业体系提供了保障。参考《成渝城市群发展规划》，建议成渝城市群依托综合运输大通道，加强成都市和重庆市两大综合交通枢纽的作用，加快建设兰渝铁路和成渝高速铁路。同时，规划重庆—达州、达州—开县—万州等城际铁路，构建安全、高效、绿色、经济的综合交通运输网络，实现“一轴两带双核三圈”的城市群空间格局。在成渝城市群内部，加快建立重庆市与成都市之间的交通路线，同时加快成都市、绵阳市、德阳市之间的快速轨道，提升公路运输能力。

在综合交通枢纽建设方面，可以按照“零距离换乘、无缝化衔接”的要求，强化运输方式的有效衔接。将南充市和泸州市打造成区域性综合交通枢纽，提高综合交通运输体系运行效率，提升综合客运枢纽一体化水平。

在信息基础设施方面，可以充分利用基础设施廊道资源，提高网络覆盖程度。参考《成渝城市群发展规划》，建议成渝城市群进一步发挥成都市和重庆市两个国家级互联网骨干直联点的辐射带动作用，提高网间流量疏导能力和互通效率。增加省市干线光缆路由，推进重庆市和成都市城际骨干网建设，优化升级骨干传输网，增加互联网省际出口带宽。以成都市和重庆市为核心，集约统筹布局数据中心，建设推广公共云计算服务平台，推进老旧小数据中心的关停和绿色化改造，积极探索城市群内数据中心的规模化集聚和共享。创建“宽带中国”示范城市，加快无线局域网络在成都市、重庆市、绵阳市等城市的城市公共区域和交通线路的热点覆盖。鼓励基础电信企业共建共享骨干网络，开展城市群无线频谱资源共享试点。

此外，成渝城市群还应加强城市间信息的横向对接和互通共享，提升城市间协调运用大数据的水平，同时加快建立地理信息公共服务平台，通过开放数据接口和网络平台，推进信息一体化应用平台建设，构建成都市、重庆市、绵阳市等智慧城市。同时，还应加强智慧城市网络安全管理，提升信息安全保障水平，健全城市间的预警机制，增强信息基础设施的可靠性。

3. 黔中城市群

黔中城市群具备较好的交通和经济基础，是贵州省最具发展条件的重点城市化区域和经济实力最强的板块，也是带动贵州省经济持续快速增长、促进区域协调发展的重要平台。参考《黔中城市群发展规划》，建议黔中城市群统筹推进交通、信息等重大基础设施建设，提升基础设施互联互通和现代化服务水平，增强城市群一体化发展的支撑能力。黔中城市群要加快构建一核、一圈、四带、五心、多点的空间结构，推进形成核心引领、圈层推进、五心支撑、协同联动的发展格局。一核，即贵阳市中心城区和贵安新区；一圈，即贵阳市周边高速公路 1 小时可通达的 16 个城市组成的黔中核心经济圈；四带，即贵阳—安顺、贵阳—都匀—凯里、贵阳—遵义、贵阳—毕节四条通道经济带，培育壮大特色优势产业；五心，即遵义市、安顺市、都匀市、凯里市、毕节市五个区域性中心城市；多点，即其余县城和小城镇，加快贵阳—贵安新区城市轻轨、花溪—龙里城市大道等贵阳与周边城镇的连接通道建设，推进周边城市同城化发展，推动贵阳市所辖部分县（市）撤县（市）设区。

在公共交通方面，建议全面实施公交优先措施，建立以快速公交系统为骨干、常规公交为基础的智能公交系统。加快推进贵阳市环城快铁及贵阳市轻轨建设，发展现代有轨电车等大容量公共交通系统，提高县域、镇域两级公共交通系统无盲点覆盖率、准点率和运行速度。加快建设综合交通枢纽，促进城乡交通之间的顺畅衔接、便捷换乘。大力发展智能交通，加强城市公共交通与其他交通方式、城市道路交通管理系统的信息共享和资源整合。

在进一步推进智慧城市建设方面，运用云计算、大数据、物联网、空间地理信息等信息技术，集成城镇产业经济、市政管理、社会民生、资源环境管理，完善贵阳市信息惠民试点城市标准，加快贵阳市、遵义市、毕节市、贵阳市乌当区、安顺市西秀区、凯里市、仁怀市等国家智慧城市试点建设。推进公共信息平台和智慧社区建设，实现数据标准统一、信息共享、系统协同、业务协作的智慧城市建设目标。参考《贵州省山地特色新型城镇化规划（2016—2020年）》，建议加强推进智慧城市典型应用，开展国家信息消费试点城市、数字城市地理空间建设试点城市等创建工作。

4. 关中平原城市群

关中平原城市群发展基础较好，发展潜力较大，基础设施支撑体系日趋健全。在基础设施互联互通方面，参考《关中平原城市群发展规划》，建议西安市要强化其辐射功能，通过培育发展轴带和增长极点，构建“一圈一轴三带”的总体格局。应加快大西安都市圈的功能布局，增强科技研发、金融服务等功能。同时，还应积极推进“一轴”（沿陇海铁路和连霍高速的主轴线）的发展建设。通过提升西安市的辐射能力，增强宝鸡市、渭南市、杨凌区等腹地及重要节点城市的集聚能力。另外，还可以依托“三带”，即包茂发展带、京昆发展带、福银发展带，促进大西安都市圈的发展，进而带动延安市、榆林市、汉中市、安康市等地的发展，形成连通西南西北的城镇发展带。

在综合交通运输网络建设方面，关中城市群应构建城市群对外的运输大通道，畅通城市群内部的快速交通网络，提升运输服务能力。要突出重点，加快推进交通等基础设施网络建设，构建综合交通运输网络。要加快构建“四纵四横”的对外运输大通道，形成覆盖全面、辐射范围广的铁路网。通过加快城际铁路、省级高速公路、国省干线建设，加强西安北站至西安—咸阳国际机场、西安至韩城等城际铁路建设，同时，以西安—咸阳国际机场、西安北站和西安国际港务区为依托，通过强大的辐射能力，将西安市打造为“丝绸之路经济带”的重要节点城市及具有影响力的国际性综合交通枢纽。

在信息基础设施建设方面，建议西安市应加快建设国家级互联网骨干直联点、互联网示范城市，通过加强城市群内部的基础信息建设，打造智慧城市群。此外，还可以加强区域内部的光纤网络全覆盖，加快建设“云网端”新基础设施以及基于云计算的创新服务公共平台。

5. 滇中城市群

滇中城市群应以昆明市为核心，通过各大铁路、公路网沟通内陆，实现与东南亚、南亚的对接，通过进一步降低国际运输成本，促进中国与东南亚的经济往来。同时，可以构建以昆明市为核心，形成昆明半小时通勤圈和一小时通勤圈，通过城市群的经济影响力带动云南省的整体发展。此外，还可以优化城市圈交通基础设施布局，完善滇中内、外交通体系，实现城市群区域内部的协同发展。

6. 银川平原城市群

银川平原城市群应继续推进基础设施一体化，统筹布局城市群基础设施建设，重点构建现代立体交通运输体系，建设沿黄大堤、滨河大道等骨干工程，逐步整合城市群内部国道、省道收费站卡，为实现无障碍快速通行创造条件。同时，建议构建以银川为中心、辐射周边的高速客运网，促进银川平原城市群快速融入“一带一路”。此外，还建议加快推进银川平原城市群内部城际公交一体化进程，努力实现城市群内部城市间公交一卡通的互联互通。

7. 兰白西城市群

在铁路建设方面，兰白西城市群应加快兰成铁路、成宁铁路、兰合铁路等的建设，要充分发挥陇海—兰新铁路的通道功能，加强主要城市与重点城镇的交通连接，打通节点城市之间的公路联系，改善公路通行条件，构建以高速公路为骨架、国省公路干线为基础、县乡农村公路为补充的公路网络。

在公路建设方面，兰白西城市群应加快建立中小城镇间的省级公路和高速公路（如乐都至化隆、临夏至循化等），构建兰州—白银和西宁—海东两大都市圈层，打通节点城市的联系通道，加强城镇之间的联系与交流，促进城市间基础设施和公共服务共建共享。

8. 呼包鄂城市群

参考《呼包鄂榆城市群发展规划》，建议呼包鄂城市群应提升城市之间的互联互通，构建完善的运输网络。可以优化交通运输网络，提升交通安全设施防护能力。要畅通对外交通通道，加强京包、包银、包西等铁路建设；重点建设大能力货运铁路和重载公路，改造繁忙干线、主要枢纽及客货站场，促进呼包鄂城市群与周边区域紧密连接。要打造综合航空运输体系，增强呼和浩特市的区域航空枢纽功能，提升其对周边的辐射能力；加快包头市、鄂尔多斯市机场的扩建。要优化城市公共交通组织，加强机场、高铁、公路等交通枢纽建设，重点推进以呼和浩特市为核心，包头市、榆林市等为辅的综合性交通枢纽，实现客运“零距离”换乘和货运“无缝化”衔接。

在统筹信息基础设施建设方面，应推进呼包鄂三城市城际网络的高速互联，通过“三网”融合，提升互联网及移动通信网的保障水平。同时，应深化信息技术在城市建设管理中的重要作用，通过提高云服务及信息化水平，建设智慧园区和智慧社区试点，协同推进智慧城市建设。

二、扩大人力资本投资

与中东部地区相比，西部地区城市群中大多数城市经济发展相对落后，人才缺失，而且劳动者素质总体偏低。因此，需要制定科学合理的人才政策，综合考虑人才使用、发展、待遇等问题，采用多种手段为人才工作和发展创造便利条件。

高等教育对劳动者素质的提高非常重要，西部地区在重点高校建设方面仍处于相对落后的水平，因此要加大对科研经费的投入，引入强大的师资队伍，鼓励更多优秀的人才投入到教育建设的队伍中。同时，还要鼓励社会资本的投入，共同为西部地区的经济增长储备人才。在人才培养方面，注重培养创新型人才，并结合西部地区的产业特点，以产学研为导向，培养实用型科研技术人才。

1. 成渝城市群

成渝城市群应坚持以“高精尖缺”为导向，着力培养具有创新能力和创业意识的人才，利用人才资本与城市战略的高度契合，实现城市创新技术的优化和人力资本的健全，完善专业化、信息化、国际化的人力资本服务软硬件体系。

成渝城市群内部创新基础较薄弱的涪陵区、永川区、内江市等应出台优惠政策，实施创新人才集聚工程，然后利用后发优势，提高整个城市群的创新能力。同时，建议各级政府采取增加教育经费支出，以及加强高校、科研机构及企业之间的合作交流等方式促进创新人才的培养。

2. 关中城市群

关中城市群内部高校众多，因此必须将人才战略纳入城市群发展整体规划。在吸引人才的政策中，可以通过设立各种奖项，如科技进步最高成就奖、科技企业杰出经营管理人才奖、青年科技奖等激励人才。在支持人才创业方面，可以鼓励大学生到基层创业、就业，同时在西安市、宝鸡市、咸阳市等地建立创新基地，吸引国内外人才来关中城市群发展（郭俊华和许佳瑜，2016）。此外，还要加快完善现代化教育体系，支持跨地区的资源共享，构建教育交流平台，健全高校专家交流合作机制，促进基本公共教育均衡发展。

建议西安市出台更细化的针对高校毕业生的奖励政策，如针对在西安市就业落户的应届毕业生，只要其签订劳动合同并缴纳社会保险，就给予一次性奖励补助；针对自主创业的高校毕业生，只要其在大学毕业五年内开始创业，取得正规工商营业执照并经营 6 个月以上，就给予一次性创业补贴，并将创业贷款最高额提高至 100 万元；针对外国人才，可适当放宽外国人才准入条件，取消外国人才来华工作年龄限制，还可以鼓励外籍产学研复合型人才在不同岗位创新创业，给予来西安市工作的外国人才最高 60 万年薪补贴及来华工作补贴。对宝鸡市和渭南市等地实施城市人口和产业布局的战略性调整，重点发展基础条件好、发展潜力大的建制镇，优化村镇布局，促进农业产业化和农村经济快速发展，以发展中小城市和乡（镇）为主要形态，提升吸纳农业转移人口的能力。鼓励用人单位与县外高校、医疗卫生机构、科研单位联合进行项目攻关、技术合作等，加强人才与项目的对接。此外，要引导人口有序流动和合理分布，促进人口分布与区域发展战略相适应，完善以城市为主体的人口空间布局，实现人口与资源环境和谐发展。

3. 黔中城市群

黔中城市群应顺应乡村发展大趋势，结合易地扶贫搬迁和生态移民工程，科学合理地引导农民集中居住，推进村庄环境整治和美丽乡村建设以聚集人气。同时，还应进一步深化户籍制度改革，强化农业转移人口市民化，使有能力的农业转移人口与城镇居民享有同等权利、履行同等义务。

根据《贵州省山地特色新型城镇化规划（2016—2020 年）》，建议黔中城市群建立入黔人口服务制度，通过建立“一站式”服务机制和机构，为入黔人口提供就业创业服务和支持。同时，要加大人才工作力度，通过实施“百千万人才引进计划”，加快引进山地特色新型城镇化建设人才。要全面放开落户限制，积极完善非户籍人口落户方案，有序引导农业转移人口落户城镇。此外，还应建立人力资源市场信息共享和预测预警机制，积极引进各类人才，健全人才柔性流动机制。

4. 南北钦防城市群

南北钦防城市群要进一步促进劳动力自由流动。深化户籍制度改革，放宽南宁市的落户限制，全面放开其他城市户籍迁移限制。推进人口服务同城化建设，实现身份证换领补领、户口迁移网上审批、出入境管理、车辆管理等事项异地办理。要建立北部湾人才市场，共享就业信息和人才信息，争取在城市群内部做到各类职业资格、专业标准的统一认证认可。

参考 2018 年发布的《关于深化人才发展体制机制改革打造北部湾人才高地的实施意见》，建议在南北钦防城市群内部建立人才发展专项资金，加快建立一批公共实训中心、高技能人才培养（实训）基地、技能大师工作室等载体，继续完善“学校＋基地＋农技站（中心）＋远程教育＋科技下乡”五位一体的农村实用人才培训体系。

5. 呼包鄂城市群、银川平原城市群、兰白西城市群和滇中城市群

针对呼包鄂城市群、银川平原城市群、兰白西城市群和滇中城市群四个城

市群，建议建立城市群内部可共享的区域协作创新中心，这不仅需要各城市群内部高校、科研院所、企业、政府的密切协调合作，还需要各城市群在人才聘用管理、大型实验设备仪器共享共用、组织框架、经费投入、科研技术转化等方面有创新和突破。同时，还要加强人才交流合作。完善城市群内部人才评价激励机制和服务保障体系，加快培养各类高层次人才，通过搭建产学研合作平台，开展多层次、多渠道交流，加强国内外专家、企业家的合作创新。此外，还应推动教育文化交流合作，联合引进优质教育资源，加快建立现代公共文化服务体系。

第六节　完善差异化环境规制体系

西部地区城市群环境治理应依据城市群的现实实际、各自的产业基础和环境污染状况，实行分区域的差异化环境规制（方创琳和张舰，2011），城市群内部各级政府应根据实际情况管控污染物排放，因地制宜地选择环境管制措施。

西部地区城市群的环境污染状况各异，政府在政策制定层面和政策执行层面要做到“因地制宜”，而不能搞“一刀切”，所以应采取差异化的环境规制，应对城市群在发展经济过程中造成的环境污染。对于环境污染形势严重的城市群（如滇中城市群和呼包鄂城市群），应提高环境规制强度，实施适度严格的环境政策，同时鼓励企业研发环保技术，提高经济发展效率，促进新的经济转型（原毅军和赵蒙，2014）。在今后发展过程中，可以将城市群内部划分为优化开发区、重点开发区、限制开发区和禁止开发区，然后针对自身的环境状况实行严格的环境管理制度，建立完善的环境污染监测、环境污染责任及环境污染处罚制度，明确责任制度，通过“谁污染谁治理”方式，督促城市群内污染排放超标企业进行改造。对于环境承载力较低的城市群（如兰白西城市群），由于其环境状况易受到外部条件的破坏（贾卓等，2014），在经济发展过程中应选择严格的环境规制，防止城市群环境污染状况的恶化。此外，对于环境承载力较低的城市群要优化能源结构以减少废弃物的产生，增强区域内部环境的自我净化能力、恢复能力和环境承载能力，注重绿色、清洁技术创新在经济增长中的应用，并针对西部地区的能源资源开发利用制定相关的环境法律法规（任胜钢和蒋婷婷，2016）。在未来发展中，需要将经济发展与环境整治并重，避免环境污染状况继续恶化。对环境状况相对较好、资源禀赋较丰富，且环境承载力与自净力较强的区域，可以在保障环境生态红线的基础上，根据区域产业结构、资源开发、对外开放等状况，制定适度宽松的环境政策。一方面，可以适当引导产业发展，避免污染密集型工业企业大量集聚（冯志军等，2017）；另一方面，可以防止过重的环境规制强度产生挤出效应，避免工业企业为了应对环境规制而削减技术创新投资，从而阻碍城市群的经济发展。

本书根据第五章的分析结果，按照各城市群环境污染的严重程度，提出如下具体建议。

1. 滇中城市群

滇中城市群内部湖泊、河流污染及生态环境退化，水资源及土地资源短缺，工业、农业及生活污染严重。因此，首先，应加强工业、农业和生活污染治理，加强环境基础设施建设。参考《滇中城市群规划（2016—2049年）》（公示稿），建议昆明市全面推动以滇池流域为主的重点流域水污染防治，加大大气环境保护力度，着力改善环境质量，防范环境风险，同时完善滇池流域健康水循环体系建设，充分利用牛栏山—滇池补水工程和污水处理厂尾水外排工程，实现滇池水资源的优化调度。玉溪市应加快抚仙湖、星云湖和杞麓湖三湖环湖截污工程，严格控制污水入湖，提高污水、垃圾收集和处理率，现有污水必须经过污水处理厂深度处理后再排入水体。其次，政府可以根据各地区的实际情况，合理规划生态环境建设。昆明市可以将城市群区域内部的生态功能区分为生态敏感区、生态缓冲区、生态保育区和城市建设区，针对不同的生态功能区制定相应的生态标准，以满足区域发展的生态要求。

2. 呼包鄂城市群

呼包鄂城市群区域内的煤炭、钢铁、天然气资源较丰富，必须加强对现有能源行业，特别是煤炭行业的节能减排改造，提高能源系统效率，减少能源资源浪费和生态环境破坏行为。参考2018年发布的《呼包鄂榆城市群发展规划》和《内蒙古自治区生态环境保护“十三五”规划》，首先，建议包头市提升包头钢铁（集团）有限责任公司、包头铝业（集团）有限责任公司的废气收集率和废气处理效率，通过大力推广密闭仓储、装煤地面除尘站等先进技术，促进无组织排放的污染物有组织化。鄂尔多斯市应规范各类煤炭产品的质量指标，严格执行总量调控，特别是加强优质煤、环保煤和特殊煤种的保护性开采，实行煤炭标准化建设。其次，可以在呼包鄂城市群沿黄河丘陵沟壑及黄土高原分布地区，统筹实施“三北”防护林、天然林保护、退牧还草等生态工程，加强黄河湿地生态系统保护。最后，应加强土地生态保护，扎实推进污染地块风险管控，有序推进污染地块治理与修复。包头市应发挥《包头市土地利用总体规划（2006—2020 年）》对一切土地资源利用与保护活动的引领和综合统筹作用，将境内土地划分为允许建设区、有条件建设区、禁止建设区和限制建设区。鄂尔多斯市应根据国家和内蒙古自治区的统一规划与布局，将境内矿区和土地划分为重点、鼓励、限制和禁止开采的矿种和地区，并安排鄂尔多斯市东部及中部丘陵区进行有必要的生态退耕。

3. 银川平原城市群

随着工业化、城镇化进程的加快，银川平原城市群环境污染由单一型向复合型发展，水体污染严重，自然生态环境脆弱。参考《银川市“十三五”主要污染物总量控制规划》，建议银川平原城市群应增强污染物排放前置条件，严守环境门槛。首先，严格实施污染排放总量控制，对超标、超总量的排污企业依法限制生产或停产整治，对重点行业和企业采取清洁生产改造、污染深度治理措施，确保稳定达标排放。中卫市、石嘴山市应重点控制本地区水泥、石油炼制、有色金属等重点行业的污染物排放，使污染物全部达到特别排放限值要求，同时对水泥产业进行烟气脱硝升级改造，使综合脱硝效率达到 55%以上。其次，要深化流域污染综合防治。建议银川市对阅海、典农河、鸣翠湖等实施全流域控源减排与生态修复，全面提升水体水质。同时，还要整治城市群内各区域的黑臭水体，采取控源截污、垃圾清理、清淤疏浚、生态修复等措施，加大黑臭水体排水力度，维系城市群良好的生态环境。

4. 兰白西城市群

兰白西城市群应以工矿区、农村面源污染区为重点，加强污染土壤用途管控。参考《甘肃省“十三五”环境保护科技发展规划》，建议兰白西城市群应按照优先保护类（未污染和轻微污染）、安全利用类（轻度和中度污染）、严格管控类（重度污染）三个类别，落实土壤环境质量保护，特别需要加大优先保护类耕地的保护力度，增加生态植被。白银市应加强对东大沟流域土壤重金属污染的治理；定西市应加强对工业污染场地等土壤污染的治理；兰州市应遵循固体废弃物污染防治“减量化、无害化、资源化”原则，以冶金、化工、建材等六大领域为重点，实行固体废弃物内部循环综合利用，不断加强固体废弃物污染防治力度，减少对土壤的危害。此外，还应坚持大生态原则，推进城市群环境共治共享，对黄河上游的西宁市、兰州市、白银市段实施黄河上游生态综合治理工程，同时加强大通河、祖厉河、湟水河、洮河等支流流域的保护，构建城市群生态廊道。

5. 南北钦防城市群

南北钦防城市群毗邻粤港澳、面向东南亚，区域内部存在半封闭海湾，海流较弱，不利于污染物扩散与降解，导致近岸海域环境污染风险加大，生态系统服务功能退化。因此，南北钦防城市群应开展近岸海域水环境保护，规范入海排污口设置，实施入海污染物总量控制和考核，严格约束陆域入海污染负荷。同时，还应坚持陆海联动、生态共建、环境共治，加快推进水源涵养及土壤保持生态功能区建设，维护生态安全。参考《广西环境保护和生态建设“十三五”规划》，建议防城港市、钦州市应加强港口码头环境保护设施建设和船舶污染治理，防止港口污水和船舶废水未经有效处理直接排入码头或者附近海域；同时，要严管拆船行为，禁止冲滩拆解，实施修造（拆）船污染专项整治。北海市应实行环境综合整治工程，全面负责流域环境综合整治和监管，有效控制总氮、总磷、重金属等影响海洋生态系统健康的污染物入海量，并严控海域开发使用规模。南宁市应按照“防、控、治”三位一体并重推进的思路和原则，切实强化源头监督管理，优先保护未受污染的农田，积极推进土壤污染治理修复，逐步改善土壤环境质量。

6. 黔中城市群

黔中城市群应依托山地立体气候和生态环境的特点强化生态建设。首先，可以依托贵州省国家生态文明试验区建设，加强生态保护和环境治理。参考 2017 年发布的《黔中城市群发展规划》和《贵州省“十三五”节能减排综合工作方案》，建议安顺市、遵义市应加强市内环城森林带、绿化带建设，同时通过加强人工造林、坡耕地退耕还林，调整农业种植结构等，提高森林覆盖率。贵阳市应争取建立低碳研究中心，实施绿色建筑行动，并推动太阳能、风能、地热能的多元化和规模化应用，加快环境友好型及国家级绿色生态示范城区的建立。其次，应强化水土保持及节能减排工程，严格控制污染源的扩散。遵义市应推进能源结构优化，积极开发清洁能源，大力推进煤改气、煤改电工程。贵阳市应加大百花湖、红枫湖等重要水源涵养区，同时注重区域内局部地区水土流失和石漠化等生态问题。安顺市应加强夜郎湖等水功能区管理，同时积极开展节水型城市建设，实施建筑节能和公共机构节能示范工程。

7. 成渝城市群

成渝城市群区域内城市建设用地扩展与耕地保护矛盾加剧，水土能矿资源利用效率较低，部分城市大气污染严重。因此，成渝城市群必须严格保护水土资源，避免城市边界无序扩张，严格控制污染物排放。参考2016年发布的《成渝城市群发展规划》，首先，建议实施深化长江干流、岷江、沱江、渠江、乌江、嘉陵江等跨区域流域的水污染联防联治。在江河源头、饮用水水源保护区及其上游，禁止发展高风险、高污染产业，控制高耗能、高排放行业低水平扩张和重复建设，同时要因地制宜地发展水电、风电、太阳能、生物质能等清洁能源，推动燃煤消费替代工作，加强城市群内环境综合治理。其次，要处理好土地利用与环境保护的关系。成都市应严格保护各类自然保护区并禁止随意侵占湿地或改变其利用方式，土地规划利用要严格按照中部土地利用区、西北部土地利用区、东南部土地利用区、东西部丘陵山区土地利用区，因地制宜、分区引导和管制。重庆市应按照大城市、大农村、大山区、大库区的基本情况，强化农用地、水系等生态用地的分隔作用，加强土地整治及管理。

8. 关中城市群

关中城市群区域内渭河流域部分区段水质污染严重，地下水超采问题突出，大气环境污染情况严峻，重污染天气频发。因此，建议通过“减煤、控车、抑尘、治源、禁燃、增绿”等措施，实现关中城市群区域污染同治、生态同建。参考《陕西省主体功能区规划》和《陕西省“十三五”生态环境保护规划》，首先，建议强化关中城市群城市间固体废弃物联合处理处置机制，严格防范搬迁关停工业企业改造过程中二次污染和次生突发环境事件。应建设固体废弃物资源回收基地和危废处置节点，构建区域性资源回收网络，严格控制渭河流域工业污染、城镇生活污染、农业面源污染。其次，严格控制重点污染物排放总量和强度，深化大气污染联防联治。建议渭南市实施煤炭消费总量削减、散煤治理行动计划，推动天然气等清洁能源替代煤炭工作，减少大气污染。建议西安市停止冬季工地施工，并严格划定城市高污染燃料禁燃区，实施严于国家标准的大气污染物排放限值。最后，应加强生态修复工程。建议渭南市在渭北地区实施山水林田湖草生态保护修复工程，同时重点对渭北露天采矿区和采煤沉陷区全面实施植被恢复工程，恢复矿区森林植被和生态系统。咸阳市应迅速关停非法采石场，拆除地面设施，封堵进山道路，彻底解决山体破坏问题。宝鸡市应加强对环境的分级分类，按照未污染、轻中度污染、重度污染等级实行土地生态修复与分级管理。

参考文献

埃里克·A. 汉努舍克，丹尼斯·D. 金科，陈大冰. 2003. 学校教育，劳动力质量和各国经济增长［J］. 经济资料译丛，(2)：11-32.

安虎森. 2005. 空间经济学原理［M］. 北京：经济科学出版社.

安虎森. 2007. 增长极形成机制及增长极与外围区的关系［J］. 南开学报(哲学社会科学版)，(4)：90-101.

安虎森，蒋涛. 2006. 一体化还是差别化——有关区域协调发展的理论解析［J］. 当代经济科学，(4)：53-63.

白如山，姜玉培，曾承. 2016. 江淮城市群土地利用空间结构的多尺度研究［J］. 安徽师范大学学报（自然科学版），39（6）：561-567.

蔡风景，李元. 2014. 我国环境污染的主要影响因素分析［J］. 统计与决策，(12)：123-126.

蔡宁，丛雅静，姚懿珈. 2016. 基于行业数据的新型工业节能减排效率与技术创新研究［J］. 工业技术经济，35（8）：19-30.

蔡湃，吴映雪. 2009. 物质资本存量与经济增长的计量分析［J］. 改革与开放，(8)：83.

蔡寅寅. 2014. 城市空间结构与经济增长［D］. 上海：华东师范大学硕士学位论文.

曹裕，陈晓红，马跃如. 2010. 城市化、城乡收入差距与经济增长——基于我国省级面板数据的实证研究［J］. 统计研究，27（3）：29-36.

岑树田，李晔. 2013. 土地利用结构变化与中国经济增长：模型及应用［J］. 南方经济，(4)：1-13.

柴泽阳，孙建. 2016. 中国区域环境规制“绿色悖论”研究——基于空间面板杜宾模型［J］. 重庆工商大学学报（社会科学版），33（6）：33-41.

陈国平，赵俊三，李红波，等. 2017. 滇中城市群土地利用空间结构差异性分析［J］. 河南理工大学学报（自然科学版），36（2）：68-74.

陈建军，胡晨光. 2008. 产业集聚的集聚效应——以长江三角洲次区域为例的理论和实证分析［J］. 管理世界，（6）：68-83.

陈浪南，陈景煌. 2002. 外商直接投资对中国经济增长影响的经验研究［J］. 世界经济，（6）：20-26.

陈立泰，张祖妞. 2010. 我国服务业空间集聚水平测度及影响因素研究［J］. 中国科技论坛，（9）：51-57.

陈强. 2014. 高级计量经济学及 Stata 应用（2 版）［M］. 北京：高等教育出版社.

陈淑云，杨建坤. 2017. 人口集聚能促进区域技术创新吗——对 2005—2014 年省级面板数据的实证研究［J］. 科技进步与对策，34（5）：45-51.

陈田田，张红. 2017. 京津冀地区土地集约利用对城市经济发展的影响［J］. 城市问题，（6）：60-67.

陈万旭，李江风，冉端. 2019. 长江中游城市群土地利用转型和城镇化之间的空间关系［J］. 长江流域资源与环境，28（5）：1036-1048.

陈向阳. 2015. 环境库兹涅茨曲线的理论与实证研究［J］. 中国经济问题，（3）：51-62.

陈秀山，张可云. 2003. 区域经济理论［M］. 北京：商务印书馆.

程开明，庄燕杰. 2012. 城市体系位序-规模特征的空间计量分析——以中部地区地级以上城市为例［J］. 地理科学，32（8）：905-912.

程颖慧，王健. 2014. 能源消费、技术进步与经济增长效应——基于脉冲响应函数和方差分解的分析［J］. 财经论丛，（2）：10-15.

程钰，陈延斌，任建兰，等. 2012. 城市群产业结构与分工的测度研究——以辽中南城市群为例［J］. 城市发展研究，19（6）：1-5.

楚菲菲，俞博. 2015. 基于 Solow 经济增长模型的技术进步对我国经济的影响分析［J］. 甘肃科技，31（19）：101-103，108.

重庆市人民政府. 2017. 重庆市人民政府关于印发重庆市人口发展规划（2016—2030 年）的通知［EB/OL］. http://www.cq.gov.cn/zwgk/fdzdgknr/ghxx/zxgh/202001/t20200114_4604932.html［2020-03-07］.

大卫·李嘉图. 2014. 政治经济学及赋税原理［M］. 郭大力，王亚南，译. 北京：译林出版社.

丁从明，梁甄桥，常乐. 2015. 城市规模分布与区域经济增长——来自中国的证据［J］. 世界经济文汇，（5）：91-117.

丁焕峰，李佩仪. 2010. 中国区域污染影响因素：基于 EKC 曲线的面板数据分析［J］. 中国人口·资源与环境，20（10）：117-122.

丁琳琳，吴群. 2017. 环境约束下中国工业用地投入对经济增长的影响——基于“绿色索洛模型”的分析［J］. 资源科学，39（4）：620-628.

董冠鹏，郭腾云，马静. 2010. 中国区域经济波动与经济增长关系［J］. 地理科学进展，29（10）：1233-1238.

豆建民，汪增洋. 2010. 经济集聚、产业结构与城市土地产出率——基于我国234个地级城市1999—2006年面板数据的实证研究［J］. 财经研究，36（10）：26-36.

豆建民，张可. 2014. 集聚与污染：研究评述及展望［J］. 苏州大学学报（哲学社会科学版），35（2）：109-118.

杜传忠，刘英基. 2013. 区际产业分工与产业转移研究［M］. 北京：经济科学出版社.

杜雯翠，何浩然，张平淡. 2014. 小城镇、城市群与环境污染［J］. 城市问题，（5）：97-101.

杜鑫. 2018. 市场化对中国城乡收入差距的影响：基于省级面板数据的经验分析［J］. 北京工商大学学报（社会科学版），33（1）：19-32.

段瑞娟，郝晋珉，李伟，等. 2005. 城市化进程中城郊土地利用及区位变化分析——以北京近、远郊为例［J］. 生态经济，（2）：53-56.

段瑞君，安虎森. 2009. 中国城市化和经济增长关系的计量分析［J］. 经济问题探索，（3）：26-30.

方创琳. 2009. 城市群空间范围识别标准的研究进展与基本判断［J］. 城市规划学刊，（4）：1-6.

方创琳. 2014. 中国城市群研究取得的重要进展与未来发展方向［J］. 地理学报，69（8）：1130-1144.

方创琳，张舰. 2011. 中国城市群形成发育的政策保障机制与对策建议［J］. 中国人口·资源与环境，20（10）：107-113.

方大春，张凡. 2017. 城市化、人口集中度与经济增长——基于空间动态面板模型的实证分析［J］. 经济经纬，34（1）：8-13.

方颖，赵扬. 2011. 寻找制度的工具变量：估计产权保护对中国经济增长的贡献［J］. 经济研究，46（5）：138-148.

方远平，唐瑶，陈宏洋，等. 2018. 中国城市群知识密集型服务业集聚与经济增长关系研究——基于动态面板数据的GMM方法［J］. 经济问题探索，（2）：85-93.

丰雷，魏丽，蒋妍. 2008. 论土地要素对中国经济增长的贡献［J］. 中国土地科学，22（12）：4-10.

冯志军，陈伟，杨朝均. 2017. 环境规制差异、驱动创新与中国经济绿色增长［J］. 技术经济，36（8）：61-69.

付云鹏，马树才. 2015. 中国区域人口、经济与资源环境耦合的时空特征分析［J］. 管理现代化，35（3）：31-33.
付云鹏，马树才，宋琪. 2015. 人口规模、结构对环境的影响效应——基于中国省际面板数据的实证研究［J］. 生态经济，31（3）：14-18，30.
傅京燕. 2006. 环境成本转移与西部地区的可持续发展［J］. 当代财经，（6）：102-106.
甘家武，龚旻，冯坤媛. 2017. 中国环境规制对经济发展方式的影响研究——基于“双重红利”视角［J］. 生态经济，33（1）：14-20，27.
甘肃省环境保护厅. 2017. 甘肃省环境保护厅关于印发《甘肃省“十三五”环境保护科技发展规划》的通知［EB/OL］. http://sthj. gansu. gov. cn/info/1397/47631. htm［2019-08-07］.
甘肃省人民政府. 2018. 甘肃省人民政府关于印发《甘肃省人口发展规划（2016—2030 年）》的通知［EB/OL］. http://www. gansu. gov. cn/art/2018/3/28/art_4785_359227. html［2019-08-07］.
高凤莲，段会娟. 2010. 集聚、产业结构类型与区域经济增长——基于我国省级面板数据的分析［J］. 中央财经大学学报，（10）：59-64.
格林沃尔德 D. 1981. 现代经济词典［M］.《现代经济词典》翻译组，译. 北京：商务印书馆.
葛翔，王亚萍，杨春，等. 2016. 金堂县土地利用空间结构定量分析［J］. 中国农业信息，（14）：48-53，56.
公维民，张志斌，王凯佳，等. 2018. 基于夜间灯光数据的兰白西城市群空间扩展分析［J］. 资源开发与市场，34（8）：1048-1053.
顾朝林，丁金宏，陈田，等. 1995. 中国大城市边缘区研究［M］. 北京：科学出版社.
广西人民政府. 2017. 广西环境保护和生态建设“十三五”规划［EB/OL］. http://gxzf_d. gxxw. cn/file/2017/05/17/1495010654. pdf［2020-03-09］.
广西壮族自治区发展和改革委员会. 2014. 广西壮族自治区新型城镇化规划（2014—2020 年）［EB/OL］. http://fgw. gxzf. gov. cn/sites_45917/fzgh/ghc_zywj_2019/201408/W020191103399616217579. pdf［2020-03-09］.
广西壮族自治区国土资源部. 2009. 广西壮族自治区土地利用总体规划（2006～2020 年）［EB/OL］. http://www. mnr. gov. cn/gk/ghjh/201811/t20181101_2324589. html［2020-02-11］.
广西壮族自治区人民政府. 2017. 广西壮族自治区人民政府关于印发广西人口发展规划（2016—2030 年）的通知［EB/OL］. http://www. gxzf. gov. cn/zwgk/zfwj/zzqrmzfwj/20170620-613527. shtml［2020-02-11］.
贵州省发展和改革委员会. 2017. 黔中城市群发展规划［EB/OL］. http：//www. qiannan. gov. cn/zwgk/bmxxgkml/zfzggw/fggw/zcfg_33990/sjzcfg/201708/t20170830_2126614. html［2020-02-11］.
贵州省人民政府. 2016. 省人民政府关于印发《贵州省山地特色新型城镇化规划（2016—2020

年)》的通知[EB/OL]. http://www.guizhou.gov.cn/zwgk/zcfg/szfwj_8191/qff_8193/201710/t20171031_1078978.html [2020-02-11].

郭俊华，许佳瑜. 2016. 丝绸之路经济带背景下关中城市群发展路径研究［J］. 西北大学学报（哲学社会科学版），46（4）：86-93.

郭郡郡，刘成玉，刘玉萍. 2013. 城镇化、大城市化与碳排放——基于跨国数据的实证研究［J］. 城市问题，(2)：2-10.

郭荣朝，苗长虹. 2010. 城市群结构优化与功能升级研究［J］. 中州学刊，(4)：56-59.

郭施宏. 2017. 海西城市群城市土地利用结构与效率［J］. 经济地理，37(1)：170-175，180.

郭四代，张华，郭杰，等. 2018. 基于空间计量模型的中国环境污染评价及影响因素分析［J］. 生态学杂志，37（2）：471-481.

郭旭东，陈利顶，傅伯杰. 1999. 土地利用/土地覆被变化对区域生态环境的影响［J］. 环境科学进展，(6)：66-75.

郭志仪，郑周胜. 2013. 财政分权、晋升激励与环境污染：基于1997～2010年省级面板数据分析［J］. 西南民族大学学报（人文社科版），34（3）：103-107.

何甜，朱翔，郑亮. 2016. 基于运输通道场理论的长株潭城市群经济聚散效应分析［J］. 经济地理，36（2）：27-35.

贺跻，钟坛坛，李瑞. 2016. "大众创业、万众创新"政策促进经济增长的经济学分析［J］. 商业经济研究，(24)：112-113.

贺小丹. 2017. 京津冀高端生产性服务业集聚形成及效应分析［J］. 首都经济贸易大学学报，19（3）：64-70.

侯亚非，曹颖. 2000. 人力资本存量质量浅析［J］. 中国人口科学，(6)：43-48.

胡彩梅. 2012. 产业集聚结构对创新活动空间差异影响的实证研究［J］. 科技进步与对策，29（15）：61-66.

胡东滨，蔡洪鹏. 2018. 财政分权、经济增长与环境污染：基于省级面板数据的实证分析［J］. 生态经济，(2)：84-88，114.

胡海洋，姚晨. 2018. 聚集经济、人力资本与经济增长——基于省级动态面板数据的系统GMM分析［J］. 工业技术经济，37（4）：106-113.

胡双梅. 2005. 人口、产业和城市集聚在区域经济中的关系［J］. 西南交通大学学报（社会科学版），(4)：106-109.

胡晓莉. 2014. 物质资本、人力资本对中国经济增长影响的实证研究［J］. 湖南财政经济学院学报，30（3）：128-134.

胡昕利，易扬，康宏樟，等. 2019. 近25年长江中游地区土地利用时空变化格局与驱动因素［J］.

生态学报，39（6）：1877-1886.

胡煜，李红昌. 2017. 交通枢纽对城市集聚经济的影响研究——基于中国地级市数据的实证研究［J］. 经济问题探索，（2）：76-83.

胡志强，苗健铭，苗长虹. 2016. 中国地市尺度工业污染的集聚特征与影响因素［J］. 地理研究，35（8）：1470-1482.

宦梅丽，侯云先，曹丹丘，等. 2018. FDI、技术进步与中国地区经济增长：基于 1979—2013 年省际面板数据［J］. 当代经济科学，40（2）：29-36，125.

黄德春，邵雨佳. 2018. 长江经济带的金融产业集聚对经济增长效应的实证研究［J］. 工业技术经济，37（6）：55-60.

黄利秀. 2011. 江苏省沿海空间经济形成机制探析——基于新经济地理学视角［J］. 学术论坛，34（7）：125-130.

黄凌翔，于蕊，汪东川，等. 2018. 土地供给空间结构与经济增长关系研究——以天津市滨海新区为例［J］. 资源开发与市场，34（2）：183-187.

黄若云，徐俊武，刘琪. 2016. 制度视角下的环境规制与经济增长［J］. 合作经济与科技，（17）：37-39.

黄妍妮，高波，魏守华. 2016. 中国城市群空间结构分布与演变特征［J］. 经济学家，（9）：50-58.

黄志基，贺灿飞，王伟凯. 2013. 土地利用变化与中国城市经济增长研究［J］. 城市发展研究，20（7）：35-43.

姬卿伟，李跃. 2015. 经济集聚与城市土地产出分析——以新疆为例［J］. 新疆农垦经济，（6）：57-61，66.

纪玉俊，邵泓增. 2018. 产业集聚影响环境污染：加剧抑或抑制?——基于我国城市面板数据的实证检验［J］. 经济与管理，32（3）：59-64.

贾卓，陈兴鹏，王鹏. 2014. 中国西部城市群产业结构测度及产业升级路径选择——以兰白西城市群为例［J］. 重庆大学学报（社会科学版），20（5）：1-8.

贾卓，陈兴鹏，袁媛. 2013. 中国西部城市群城市间联系测度与功能升级研究——以兰白西城市群为例［J］. 城市发展研究，20（4）：71-76.

姜海，曲福田. 2009. 不同发展阶段建设用地扩张对经济增长的贡献与响应［J］. 中国人口·资源与环境，19（1）：70-75.

焦若静. 2015. 人口规模、城市化与环境污染的关系——基于新兴经济体国家面板数据的分析［J］. 城市问题，（5）：8-14.

景维民，张璐. 2014. 环境管制、对外开放与中国工业的绿色技术进步［J］. 经济研究，

49（9）：34-47.

康继军，张宗益，傅蕴英. 2007. 开放经济下的经济增长模型：中国的经验［J］. 数量经济技术经济研究，（1）：3-12.

柯善咨，赵曜. 2014. 产业结构、城市规模与中国城市生产率［J］. 经济研究，49（4）：76-88.

兰州市国土资源部. 2018. 兰州市中心四区土地储备专项计划（2018—2020年）［EB/OL］. http：//zrzyj. lanzhou. gov. cn/art/2019/4/11/art_10432_564243. html［2020-03-09］.

雷玷，雷娜. 2012. 产业政策、产业结构与经济增长的实证研究［J］. 经济问题，（4）：45-48.

类骁，韩伯棠. 2012. 基于EG指数模型的我国制造业产业集聚水平研究［J］. 科技进步与对策，29（8）：43-46.

李斌，赵新华. 2011. 经济结构、技术进步与环境污染——基于中国工业行业数据的分析［J］. 财经研究，37（4）：112-122.

李德煌，夏恩君. 2013. 人力资本对中国经济增长的影响——基于扩展Solow模型的研究［J］. 中国人口·资源与环境，23（8）：100-106.

李粉，孙祥栋，张亮亮. 2017. 产业集聚、技术创新与环境污染——基于中国工业行业面板数据的实证分析［J］. 技术经济，36（3）：1-7.

李佳洺，张文忠，孙铁山，等. 2014. 中国城市群集聚特征与经济绩效［J］. 地理学报，69（4）：474-484.

李杰. 2009. 基于空间内生增长理论的区域差异成因探析［J］. 南开经济研究，（3）：87-107.

李静. 2009. 中国区域环境效率的差异与影响因素研究［J］. 南方经济，（12）：24-35.

李锴，齐绍洲. 2011. 贸易开放、经济增长与中国二氧化碳排放［J］. 经济研究，46（11）：60-72，102.

李圣军. 2015. 城市群发展阶段划分及功能定位［J］. 石家庄经济学院学报，38（2）：49-53.

李姝. 2011. 城市化、产业结构调整与环境污染［J］. 财经问题研究，（6）：38-43.

李顺毅，王双进. 2014. 产业集聚对我国工业污染排放影响的实证检验［J］. 统计与决策，（8）：128-130.

李仙德，宁越敏. 2012. 城市群研究述评与展望［J］. 地理科学，32（3）：282-288.

李小胜，宋马林，安庆贤. 2013. 中国经济增长对环境污染影响的异质性研究［J］. 南开经济研究，（5）：96-114.

李晓文，方创琳，黄金川，等. 2003. 西北干旱区城市土地利用变化及其区域生态环境效应——以甘肃河西地区为例［J］. 第四纪研究，（3）：280-290，348-349.

李勇刚，张鹏. 2013. 产业集聚加剧了中国的环境污染吗——来自中国省级层面的经验证据［J］. 华中科技大学学报（社会科学版），27（5）：97-106.

李煜伟，倪鹏飞. 2013. 外部性、运输网络与城市群经济增长[J]. 中国社会科学，(3)：22-42，203-204.
梁琦，陈强远，王如玉. 2013. 户籍改革、劳动力流动与城市层级体系优化［J］. 中国社会科学，(12)：36-59，205.
梁琦，吕大国. 2012. 市场一体化、企业异质性与地区补贴——一个解释中国地区差距的新视角［J］. 中国工业经济，(2)：16-25.
梁润，余静文，冯时. 2015. 人力资本对中国经济增长的贡献测算［J］. 南方经济，(7)：1-14.
梁泳梅，董敏杰. 2015. 中国经济增长来源：基于非参数核算方法的分析［J］. 世界经济，38（11）：29-52.
蔺雪芹，方创琳. 2008. 城市群地区产业集聚的生态环境效应研究进展［J］. 地理科学进展，(3)：110-118.
林云. 2007. 产业集聚、技术创新与城市经济动力［J］. 技术经济，(12)：32-36.
刘海燕，刘敬远. 2009. FDI 与区域经济增长的实证研究——基于天津经济技术开发区数据的计量检验［J］. 国际商务（对外经济贸易大学学报），(6)：68-74.
刘佳，赵金金. 2013. 中国旅游产业结构与旅游产业集聚空间关联与相互作用的实证研究［J］. 首都经济贸易大学学报，15（3）：40-49.
刘建民，陈霞，吴金光. 2015. 财政分权、地方政府竞争与环境污染——基于 272 个城市数据的异质性与动态效应分析［J］. 财政研究，(9)：36-43.
刘静玉，王发曾. 2004. 城市群形成发展的动力机制研究［J］. 开发研究，(6)：66-69.
刘明. 2017. 空间集聚与中国制造业增长——基于 2008—2013 年省域数据［J］. 经济问题探索，(5)：182-190.
刘乃全，叶菁文. 2011. 产业集聚与空间集聚的协调发展研究［J］. 当代经济管理，33（7）：52-59.
刘生龙，胡鞍钢. 2010. 交通基础设施与经济增长：中国区域差距的视角［J］. 中国工业经济，(4)：14-23.
刘伟，蔡志洲. 2015. 我国工业化进程中产业结构升级与新常态下的经济增长［J］. 北京大学学报（哲学社会科学版），52（3）：5-19.
刘文忻，陆云航. 2007. 制度变革与省区经济增长——基于内生视角的实证研究［J］. 山西财经大学学报，(11)：27-33.
刘习平，宋德勇. 2013. 城市产业集聚对城市环境的影响［J］. 城市问题，(3)：9-15.
刘修岩，邵军，薛玉立. 2012. 集聚与地区经济增长：基于中国地级城市数据的再检验［J］. 南开经济研究，(3)：52-64.

刘玉博，汪恒. 2016. 内生环境规制、FDI 与中国城市环境质量［J］. 财经研究，42（12）：119-130.

刘玉珂，邝湘敏. 2012. 制度变迁与区域经济增长：基于湖南省级数据的实证［J］. 经济地理，32（1）：25-29.

刘岳平，文余源. 2016. 城市群集中与城市群经济增长［J］. 商业经济与管理，（11）：60-68.

刘志彪，郑江淮. 2007. 长三角经济增长的新引擎［M］. 北京：中国人民大学出版社.

卢梦甜，张凯选. 2018. 京津冀城市群空间集聚与扩散发展态势［J］. 测绘与空间地理信息，41（1）：121-125.

陆大道. 2001. 论区域的最佳结构与最佳发展——提出“点-轴系统”和“T”型结构以来的回顾与再分析［J］. 地理学报，（2）：127-135.

陆铭，陈钊. 2006. 中国区域经济发展中的市场整合与工业集聚［M］. 上海：上海三联书店，上海人民出版社.

陆铭，冯皓. 2014. 集聚与减排：城市规模差距影响工业污染强度的经验研究［J］. 世界经济，37（7）：86-114.

陆铭，欧海军. 2011. 高增长与低就业：政府干预与就业弹性的经验研究［J］. 世界经济，（12）：3-31.

陆铭，向宽虎，陈钊. 2011. 中国的城市化和城市体系调整：基于文献的评论［J］. 世界经济，34（6）：3-25.

雒微. 2016. 关中城市群土地利用效率及内部分异特征研究［D］. 西安：西安建筑科技大学硕士学位论文.

吕朝凤，朱丹丹. 2016. 市场化改革如何影响长期经济增长?——基于市场潜力视角的分析［J］. 管理世界，（2）：32-44.

马克思. 2009. 资本论［M］. 郭大力，王亚南，译. 上海：上海三联书店.

马雷. 2011. 产业集聚对产业结构变化的促进作用［J］. 中国证券期货，（11）：138.

马玲. 2011. FDI、对外贸易与我国经济增长关系的实证研究［J］. 未来与发展，34（3）：73-76.

马素琳. 2016. 城市经济发展的异质性对环境空气质量的影响研究［D］. 兰州：兰州大学博士学位论文.

马素琳，韩君，杨肃昌. 2016. 城市规模、集聚与空气质量［J］. 中国人口·资源与环境，26（5）：12-21.

马晓钰，李强谊，韩源源. 2015. 我国人口因素对环境污染的影响——基于省级静态与动态面板数据模型研究［J］. 生态经济，31（10）：138-141.

苗长虹. 2007. 中国城市群发育与中原城市群发展研究［M］. 北京：中国社会科学出版社.

穆怀中，张梦遥. 2016. 人口老龄化、经济增长与环境污染关系研究［J］. 经济问题探索，(9)：11-17.

内蒙古自治区人民政府. 2017a. 内蒙古自治区人民政府关于印发自治区“十三五”人口发展规划的通知[EB/OL]. http://www.nmg.gov.cn/art/2017/7/31/art_1686_137745.html[2019-08-07].

内蒙古自治区人民政府. 2017b. 内蒙古自治区生态环境保护“十三五”规划［EB/OL］. http://sthjt.nmg.gov.cn/zwgk/hjgh/201706/t20170627_1545164.html［2019-08-07］.

聂飞，刘海云. 2015. FDI、环境污染与经济增长的相关性研究——基于动态联立方程模型的实证检验［J］. 国际贸易问题，(2)：72-83.

宁夏回族自治区人民政府. 2017. 宁夏回族自治区“十三五”工业发展及两化融合发展规划[EB/OL]. http://www.nxwlxh.com/pic/file/20170412/20170412150954_40907.doc[2020-03-09].

宁夏回族自治区人民政府. 2019. 宁夏回族自治区新型城镇化“十三五”规划（修订稿）[EB/OL]. http://www.nx.gov.cn/zwgk/qzfwj/201907/P020190718358047723855.pdf［2020-03-09］.

宁夏回族自治区人民政府. 2018. 宁夏回族自治区土地利用总体规划(2006—2020年)[EB/OL]. http://www.mnr.gov.cn/gk/ghjh/201811/P020181101641008304903.pdf［2020-03-09］.

潘文卿，刘庆. 2012. 中国制造业产业集聚与地区经济增长——基于中国工业企业数据的研究［J］. 清华大学学报（哲学社会科学版），27（1）：137-147，161.

彭大雨，鲁成树，曹海涛. 2018. 基于信息熵的芜湖市土地利用结构时空变化分析［J］. 安徽农业科学，46（7）：18-21.

彭昱，周尹. 2016. 城市人口集聚与服务业发展［J］. 财经问题研究，(12)：35-40.

钱敏，濮励杰，张晶. 2015. 基于改进景观扩张指数苏锡常地区城镇扩展空间形态变化[J]. 地理科学，35（3）：314-321.

覃一冬. 2013. 空间集聚与中国省际经济增长的实证分析：1991—2010年［J］. 金融研究，(8)：123-135.

仇怡，吴建军. 2010. 国际贸易、产业集聚与技术进步——基于中国高技术产业的实证研究[J]. 科学学研究，28（9）：1347-1353.

屈小娥. 2012. 1990—2009年中国省际环境污染综合评价［J］. 中国人口·资源与环境，22（5）：158-163.

屈小娥. 2015. 行业特征、环境管制与生产率增长——基于“波特假说”的检验［J］. 软科学，29（2）：24-27，60.

曲如晓. 2001. 环境保护与国际竞争力关系的新视角［J］. 中国工业经济，(9)：59-63.

任方军. 2018. 要素投入、产业结构与河南区域经济增长关系的实证分析［J］. 河南农业大学学报，52（2）：300-306.
任胜钢，蒋婷婷. 2016. 中国环境规制类型对区域生态效率影响的差异化机制研究［J］. 经济管理，38（1）：157-165.
萨谬尔森. 1996. 经济学（14版）［M］. 胡代光，等译. 北京：北京经济学院出版社.
单宝艳，孟飞，李志婷. 2014. 山东半岛城市群土地利用空间结构及其驱动因素分析［J］. 经济研究参考，(17)：39-43.
单豪杰. 2008. 中国资本存量K的再估算：1952～2006年［J］. 数量经济技术经济研究，25（10）：17-31.
陕西省发展和改革委员会. 2014. 关中城市群城际铁路规划建设方案［EB/OL］. http：//sndrc.shaanxi. gov. cn/newstyle/pub_newsshow. asp?id=1011714&chid=100497［2020-02-11］.
陕西省人民政府. 2009. 陕西省人民政府关于印发《关中城市群建设规划》的通知［EB/OL］. http：//www. shaanxi. gov. cn/gk/zfwj/47303. htm［2020-02-11］
陕西省人民政府. 2013. 陕西省人民政府关于印发陕西省主体功能区规划的通知［EB/OL］. http：//www. shaanxi. gov. cn/gk/zfwj/47081. htm［2019-08-07］.
陕西省人民政府. 2017a. 陕西省"十三五"生态环境保护规划［EB/OL］. http：//www. shaanxi. gov. cn/info/iList. jsp?tm_id=166&cat_id=17764&info_id=95698［2019-08-07］.
陕西省人民政府. 2017b. 陕西省人民政府关于印发人口发展规划（2016—2030年）的通知［EB/OL］. http：//www. shaanxi. gov. cn/zfgb/105638. htm［2020-02-11］.
尚勇敏，何多兴，杨雯婷，等. 2011. 成渝城市土地利用综合效益评价［J］. 西南师范大学学报（自然科学版），36（4）：223-229.
沈静，向澄，柳意云. 2012. 广东省污染密集型产业转移机制——基于2000～2009年面板数据模型的实证［J］. 地理研究，31（2）：357-368.
沈体雁，冯等田，孙铁山. 2010. 空间计量经济学［M］. 北京：北京大学出版社.
沈体雁，劳昕. 2012. 国外城市规模分布研究进展及理论前瞻——基于齐普夫定律的分析［J］. 世界经济文汇，10（5）：95-111.
世界银行. 1992. 1992年世界发展报告：发展与环境［M］. 北京：中国财政经济出版社.
石风光. 2013. 环境约束下的中国省区经济增长源泉的收敛机制分析［J］. 财贸研究，24（1）：32-39.
史蒂文·N. 杜尔劳夫，劳伦斯·E. 布卢姆. 2016. 新帕尔格雷夫经济学大辞典（2版）［M］. 北京：经济科学出版社.
史炜，汪鎞. 2013. 我国城市群建设的功能定位及亟待解决的问题［J］. 中国经贸导刊，(1)：40-43.

师博，沈坤荣. 2013. 政府干预、经济集聚与能源效率［J］. 管理世界，(10)：6-18，187.
舒元，才国伟. 2007. 我国省际技术进步及其空间扩散分析［J］. 经济研究，(6)：106-118.
四川省人民政府办公厅. 2017. 四川省人民政府办公厅关于印发四川省“十三五”人口发展规划的通知[EB/OL]. http://www.sc.gov.cn/10462/10464/13298/13301/2017/4/28/10421330.shtml［2019-08-07］.
宋吉涛，方创琳，宋敦江. 2006. 中国城市群空间结构的稳定性分析[J]. 地理学报，61(12)：1311-1325.
宋言奇，傅崇兰. 2005. 城市化的生态环境效应［J］. 社会科学战线，(3)：186-188.
苏维词. 2000. 贵阳城市土地利用变化及其环境效应［J］. 地理科学，(5)：462-468.
随洪光. 2013. 外商直接投资与中国经济增长质量提升——基于省际动态面板模型的经验分析［J］. 世界经济研究，(7)：67-72，89.
孙斌栋，华杰媛，李琬，等. 2017. 中国城市群空间结构的演化与影响因素——基于人口分布的形态单中心-多中心视角［J］. 地理科学进展，36（10）：1294-1303.
孙金山. 2012. 城市化与中国经济增长关系研究［J］. 对外经贸，(4)：93-94.
孙敬水，董亚娟. 2007. 人力资本、物质资本与经济增长——基于中国数据的经验研究［J］. 山西财经大学学报，29（4）：37-43.
孙浦阳，韩帅，张诚. 2012. 产业集聚结构与城市经济增长的非线性关系［J］. 财经科学，(8)：49-57.
孙浦阳，武力超，张伯伟. 2011. 空间集聚是否总能促进经济增长：不同假定条件下的思考［J］. 世界经济，(10)：3-20.
孙淑军. 2012. 物质资本、人力资本投资对产出水平及经济增长的影响［J］. 西安工业大学学报，32（1）：62-67.
谭志雄，张阳阳. 2015. 财政分权与环境污染关系实证研究［J］. 中国人口·资源与环境，25（4）：110-117.
唐娟莉. 2017. “一带一路”战略下基础设施建设与经济增长的互动效应分析［J］. 统计与决策，(8)：134-137.
唐永，范欣. 2018. 技术进步对经济增长的作用机制及效应——基于马克思主义政治经济学的视角［J］. 政治经济学评论，9（3）：147-166.
陶长琪，彭永樟. 2017. 人口集聚、绿化水平与环境污染——基于城市数据的空间异质性分析［J］. 江西财经大学学报，(6)：21-31.
藤田昌久，克鲁格曼，维纳布尔斯. 2005. 空间经济学：城市、区域与国际贸易［M］. 梁琦，译. 北京：中国人民大学出版社.

田超，王磊. 2015. 长江中游城市群产业集聚与经济增长的实证研究——基于动态面板GMM估计的分析［J］. 区域经济评论，(3)：135-141.
汪芳. 2015. 基于区位基尼系数的中国旅游产业集聚研究［J］. 经济师，(10)：47-50.
王成勇，李燕，樊孝菊. 2017. 城乡收入差距、劳动力质量与经济增长——基于非线性STR模型的实证分析［J］. 数学的实践与认识，47(17)：1-11.
王崇峰，康进军，徐强. 2009. 中国省级区域制造业集聚实证研究［J］. 青岛理工大学学报，(1)：107-111.
王发明. 2008. 产业集群的识别界定——集群度［J］. 经济地理，(1)：33-37.
王芳，周兴. 2013. 影响我国环境污染的人口因素研究——基于省际面板数据的实证分析［J］. 南方人口，(6)：8-18.
王福军，叶阿忠. 2016. FDI、产业集聚与技术创新——基于空间面板Durbin模型的实证研究［J］. 河北工业大学学报（社会科学版），(1)：30-37.
王晗，董平，柯文前，等. 2014. 江苏省外商投资与区域经济发展的时空关系［J］. 经济地理，34(1)：22-27.
王欢芳，李密，宾厚. 2018. 产业空间集聚水平测度的模型运用与比较［J］. 统计与决策，11：37-42.
王惠珍，崔大沪，欧阳欢子. 2003. 外商投资与中国经济增长［J］. 世界经济研究，(1)：14-19，24.
王家庭，张俊韬. 2011. 我国IT产业的空间集聚：基于30省区面板数据的实证研究［J］. 当代经济科学，33(1)：85-90.
王建军，周晓唯. 2013. 公共物质资本投资与经济增长：1999—2012——基于LMDI的分析［J］. 求索，(7)：5-8.
王立平，王健. 2010. 中国产业结构变迁对区域经济增长影响分析——基于空间动态面板数据模型［J］. 统计与信息论坛，25(7)：92-98.
王琳. 2008. 产业结构与经济增长动态关系的实证研究——基于长江三角洲16城市的统计数据［J］. 江淮论坛，(4)：18-23.
王乃静. 2005. 国外城市群的发展模式及经验新探［J］. 技术经济与管理研究，(2)：83-84.
王庆娟. 2015. 城市人口规模对环境污染的门槛效应研究［D］. 北京：首都经济贸易大学硕士学位论文.
王书斌，徐盈之. 2015. 环境规制与雾霾脱钩效应——基于企业投资偏好的视角［J］. 中国工业经济，(4)：18-30.
王婷，吕昭河. 2012. 人口增长、收入水平与城市环境［J］. 中国人口·资源与环境，22(4)：

143-149.
王伟，吴志强. 2013. 中国三大城市群空间结构集合能效测度与比较［J］. 城市发展研究，（7）：63-71.
王兴杰，谢高地，岳书平. 2015. 经济增长和人口集聚对城市环境空气质量的影响及区域分异——以第一阶段实施新空气质量标准的 74 个城市为例［J］. 经济地理，35（2）：71-76.
王彦飞，陈建龙. 2017. 教育、劳动力与经济增长［J］. 平顶山学院学报，32（2）：87-91.
王颖，张婧，李诚固，等. 2011. 东北地区城市规模分布演变及其空间特征［J］. 经济地理，（1）：55-59.
王永进，张国峰. 2015. 人口集聚、沟通外部性与企业自主创新［J］. 财贸经济，（5）：132-146.
王振坡，姜智越，郑丹等. 2016. 京津冀城市群人口空间结构演变及优化路径研究［J］. 西北人口，37（5）：31-39.
王智勇. 2013. 产业结构、城市化与地区经济增长——基于地市级单元的研究［J］. 产业经济研究，（5）：23-34.
王智勇. 2018. 人口集聚与区域经济增长——对威廉姆森假说的一个检验［J］. 南京社会科学，（3）：60-69.
魏后凯. 2002. 外商直接投资对中国区域经济增长的影响［J］. 经济研究，（4）：19-26.
温忠麟，侯杰泰，张雷. 2005. 调节效应与中介效应的比较和应用［J］. 心理学报，37（2）：268-274.
温忠麟，张雷，侯杰泰，等. 2004. 中介效应检验程序及其应用［J］. 心理学报，36（5）：614-620.
文雯，王奇. 2017. 城市人口规模与环境污染之间的关系——基于中国 285 个城市面板数据的分析［J］. 城市问题，（9）：32-38.
吴传清，李浩. 2003. 关于中国城市群发展问题的探讨［J］. 产经评论，（3）：29-31.
吴福象，刘志彪. 2008. 城市化群落驱动经济增长的机制研究——来自长三角 16 个城市的经验证据［J］. 经济研究，（11）：126-136.
吴建楠，程绍铂，姚士谋. 2013. 中国城市群空间结构研究进展［J］. 现代城市研究，（12）：97-101.
吴泽斌，李瑾. 2014. 基于区位基尼系数的江西省产业空间集聚分析［J］. 资源与产业，16（6）：100-103.
西安市人民政府. 2018. 中共西安市委西安市人民政府关于印发《西安市深化人才发展体制机制改革 打造“一带一路”人才高地若干政策措施》［EB/OL］. http：//www. waizi. org. cn/rule/38997. html［2019-08-07］.

西宁市人民政府. 2011. 西宁市2030年城市空间总体发展规划[EB/OL]. http://www.qh.gov.cn/zwgk/system/2011/08/26/000093493.shtml [2020-03-09].

项文彪，陈雁云. 2017. 产业集群、城市群与经济增长——以中部地区城市群为例[J]. 当代财经，(4)：109-115.

肖泽磊，朱威鹏，范斐，等. 2017. 城市群创新投入的空间格局与创新绩效研究——以长江经济带所辖城市群为例[J]. 人文地理，(3)：61-67.

肖周燕. 2015. 中国人口空间聚集对生产和生活污染的影响差异[J]. 中国人口·资源与环境，(3)：128-134.

谢呈阳，胡汉辉，周海波. 2015. 区域关联视角下的人力资本与地区经济发展[J]. 经济理论与经济管理，35(7)：100-112.

熊鹰，陈云，李静芝，等. 2018. 基于土地集约利用的长株潭城市群建设用地供需仿真模拟[J]. 地理学报，73(3)：562-577.

熊鹰，苏婷，李海，等. 2016. 长株潭城市群土地集约利用与经济发展关系动态计量分析[J]. 国土资源科技管理，(3)：1-8.

徐辉，杨烨. 2017a. 财政分权对环境污染异质性影响的门槛效应研究[J]. 软科学，31(11)：83-87.

徐辉，杨烨. 2017b. 人口和产业集聚对环境污染的影响——以中国的100个城市为例[J]. 城市问题，(1)：53-60.

徐蕖，赵清，黄巧华，等. 2016. 启东沿海地区土地利用变化及其生态环境影响评价[J]. 江苏师范大学学报(自然科学版)，34(3)：55-59.

徐盛秋. 2016. 技术进步对经济增长的影响机制——基于三种经济理论的研究[J]. 时代金融，(33)：274-275.

徐伟平，江宏，李义稳. 2018. 中国人口集聚和经济集聚的环境效应差异研究——基于省域面板数据分析[J]. 生态经济，(1)：123-127.

徐现祥，李郇. 2004. 中国城市经济增长的趋同分析[J]. 经济研究，(5)：40-48.

徐现祥，王贤彬，高元骅. 2011. 中国区域发展的政治经济学[J]. 世界经济文汇，(3)：26-58.

徐盈之，彭欢欢，刘修岩. 2011. 威廉姆森假说：空间集聚与区域经济增长——基于中国省域数据门槛回归的实证研究[J]. 经济理论与经济管理，31(4)：95-102.

许广月，宋德勇. 2010. 中国碳排放环境库兹涅茨曲线的实证研究——基于省域面板数据[J]. 中国工业经济，(5)：37-47.

许妮娅，解刚刚. 2018. 物质资本与人力资本对经济增长影响的实证分析[J]. 统计与决策，

（9）：117-120.
许庆明，胡晨光，刘道学. 2015. 城市群人口集聚梯度与产业结构优化升级——中国长三角地区与日本、韩国的比较［J］. 中国人口科学，（1）：29-37.
薛东前，王传胜. 2002. 城市群演化的空间过程及土地利用优化配置［J］. 地理科学进展，21（2）：95-102.
薛雅伟，张在旭，李宏勋，等. 2016. 资源产业空间集聚与区域经济增长："资源诅咒"效应实证［J］. 中国人口·资源与环境，26（8）：25-33.
亚当·斯密. 2014. 国富论［M］. 郭大力，王亚南，译. 北京：商务印书馆.
闫逢柱，乔娟. 2010. 产业集聚一定有利于产业成长吗?——基于中国制造业的实证分析［J］. 经济评论，（5）：63-71.
闫逢柱，苏李，乔娟. 2011. 产业集聚发展与环境污染关系的考察——来自中国制造业的证据［J］. 科学学研究，29（1）：79-83.
颜银根，文洋. 2017. 城市群规划能否促进地区产业发展?——基于新地理经济学的研究［J］. 经济经纬，（2）：1-6.
杨东亮，任浩锋. 2018. 中国人口集聚对区域经济发展的影响研究［J］. 人口学刊，40（3）：30-41.
杨建城. 1999. 发挥广州中心城市作用的思路与对策探讨［J］. 管理世界，（3）：213-215.
杨林，高宏霞. 2012. 经济增长是否能自动解决环境问题——倒U型环境库兹涅茨曲线是内生机制结果还是外部控制结果［J］. 中国人口·资源与环境，22（8）：160-165.
杨仁发. 2015a. 产业集聚能否改善中国环境污染［J］. 中国人口·资源与环境，25（2）：23-29.
杨仁发. 2015b. 产业集聚、外商直接投资与环境污染［J］. 经济管理，（2）：11-19.
杨万平. 2014. 中国西部地区经济增长源泉——基于人力资本与能源消费的双重约束［J］. 华东经济管理，（1）：30-35.
杨万平，袁晓玲. 2009. 环境库兹涅茨曲线假说在中国的经验研究［J］. 长江流域资源与环境，18（8）：704-710.
杨依天，郑度，张雪芹，等. 2013. 1980—2010年和田绿洲土地利用变化空间耦合及其环境效应［J］. 地理学报，（6）：813-824.
杨宇，邓翔. 2012. 改革开放以来中国经济增长要素贡献率的变化［J］. 财经问题研究，（8）：23-26.
杨宇白，胡矿，陈利. 2011. 发挥中心城市在建设绿色经济强省中的龙头作用［J］. 经济问题探索，（12）：19-25.
杨子江，张剑锋，冯长春. 2015. 区域城市空间结构与交通污染理论探讨［J］. 城市发展研究，22（5）：71-76.

姚士谋，陈振光，叶高斌，等. 2015. 中国城市群基本概念的再认知［J］. 城市观察，35（1）：73-82.

姚士谋，陈振光，朱英明，等. 2006. 中国城市群［M］. 合肥：中国科学技术大学出版社.

姚士谋，周春山，王德，等. 2016. 中国城市群新论［M］. 北京：科学出版社.

姚先国，张海峰. 2008. 教育、人力资本与地区经济差异［J］. 经济研究，（5）：47-57.

姚小薇，王占岐. 2012. 我国城市群土地利用研究进展与展望［J］. 国土资源科技管理，29（2）：1-7.

姚影，欧国立. 2009. 基于交通改善的城市经济联系实证研究——以长三角城市群为例［J］. 交通运输系统工程与信息，9（1）：156-160.

叶昌友，王遐见. 2013. 交通基础设施、交通运输业与区域经济增长——基于省域数据的空间面板模型研究［J］. 产业经济研究，（2）：40-47.

银川市人民政府办公厅. 2016. 银川市人民政府办公厅关于印发银川市“十三五”人口发展规划的通知［EB/OL］. http：//www. yinchuan. gov. cn/xxgk/bmxxgkml/szfbgt/xxgkml_1841/zfwj/yzbf/201612/t20161228_211306. html［2019-08-07］.

银川市人民政府. 2018. 银川市人民政府关于印发《银川市国民经济和社会发展第十三个五年规划纲要（修订本）》的通知［EB/OL］. http://www. yinchuan. gov. cn/xxgk/bmxxgkml/szfbgt/xxgkml_1841/zfwj/yzf/201811/t20181116_1171277. html［2019-08-07］.

于斌斌. 2015a. 中国城市群产业集聚与经济效率差异的门槛效应研究［J］. 经济理论与经济管理，35（3）：60-73.

于斌斌. 2015b. 产业结构调整与生产率提升的经济增长效应——基于中国城市动态空间面板模型的分析［J］. 中国工业经济，（12）：83-98.

于洪俊，宁越敏. 1983. 城市地理概沦［M］. 合肥：安徽科学技术出版社.

于津平，许小雨. 2011. 长三角经济增长方式与外资利用效应研究［J］. 国际贸易问题，（1）：72-81.

余长林，高宏建. 2015. 环境管制对中国环境污染的影响——基于隐性经济的视角［J］. 中国工业经济，（7）：21-35.

郁鸿胜. 2005. 崛起之路：城市群发展与制度创新［M］. 长沙：湖南人民出版社.

袁志刚，绍挺. 2010. 土地制度与中国城市结构、产业结构选择［J］. 经济学动态，（12）：28-35.

原倩. 2016. 城市群是否能够促进城市发展［J］. 世界经济，39（9）：99-123.

原毅军，赵蒙. 2014. 绿色技术对技术创新的挤出效应［J］. 工业技术经济，（3）：97-104.

苑清敏，申婷婷，邱静. 2015. 中国三大城市群环境效率差异及其影响因素［J］. 城市问题，（7）：10-18.
岳文泽，徐建华，徐丽华. 2006. 基于遥感影像的城市土地利用生态环境效应研究——以城市热环境和植被指数为例［J］. 生态学报，（5）：1450-1460.
云南省住房和城乡建设厅. 2016. 云南省住房和城乡建设厅关于公开征求滇中城市群规划（2016—2049年）（公示稿）意见的公告［EB/OL］. http：//zfcxjst. yn. gov. cn/detail. aspx?id=4&did=44434［2020-02-11］.
曾鹏，黄图毅，阙菲菲. 2011. 中国十大城市群空间结构特征比较研究［J］. 经济地理，31（4）：603-608.
曾鹏，吴功亮. 2016. FDI影响中国城市群城市化进程的机理探讨：产业结构变迁视角［J］. 重庆大学学报（社会科学版），22（1）：7-21.
詹新宇. 2012. 市场化、人力资本与经济增长效应——来自中国省际面板数据的证据［J］. 中国软科学，（8）：166-177.
张萃. 2014. 异质性企业构成与产业集聚技术升级效应分解［J］. 当代财经，（3）：89-98.
张浩然，衣保中. 2012. 城市群空间结构特征与经济绩效——来自中国的经验证据［J］. 经济评论，（1）：42-47.
张红星. 2013. 城市土地集约利用与城市经济增长关系研究［J］. 城市问题，（11）：19-24.
张华，魏晓平. 2014. 绿色悖论抑或倒逼减排——环境规制对碳排放影响的双重效应［J］. 中国人口·资源与环境，24（9）：21-29.
张杰，杨先花. 2017. 我国中部地区城市规模体系分布特征与演变趋势研究——以安徽省为例［J］. 经济与管理评论，（2）：103-108.
张京祥. 2000. 城镇群体空间组合［M］. 南京：东南大学出版社.
张军，周黎安. 2008. 为增长而竞争：中国增长的政治经济学［M］. 上海：上海人民出版社.
张俊凤，刘友兆. 2013. 城市建成区扩张与经济增长间的关系——以长三角地区为例［J］. 城市问题，（2）：11-15.
张可，豆建民. 2013. 集聚对环境污染的作用机制研究［J］. 中国人口科学，（5）：105-111.
张可，豆建民. 2015. 集聚与环境污染——基于中国287个地级市的经验分析［J］. 金融研究，（12）：32-45.
张可，汪东芳. 2014. 经济集聚与环境污染的交互影响及空间溢出［J］. 中国工业经济，（6）：70-82.
张克中，王娟，崔小勇. 2011. 财政分权与环境污染：碳排放的视角［J］. 中国工业经济，

（10）：65-75.

张立峰，闫浩文，张斌才，等. 2016. 兰州新区土地利用分形特征［J］. 测绘科学，41（12）：130-135.

张丽萍，张锐波. 2004. 城市化过程中土地利用结构变化的时空动态研究——以杭州市为例［J］. 经济地理，24（6）：793-796.

张辽. 2013. 要素流动、产业转移与区域经济发展［D］. 武汉：华中科技大学博士学位论文.

张卢奔，李满春，周磊，等. 2014. 基于信息熵和分形维数的长沙市土地利用结构变化分析［J］. 湖南师范大学自然科学学报，37（4）：1-5.

张平淡. 2018. 民族地区财政分权与环境污染的门槛效应检验——来自 43 个城市的经验证据［J］. 西南民族大学学报（人文社科版），39（5）：108-115.

张肃，诺敏. 2013. 吉林省中小城镇产业承接的 SWOT 分析［J］. 长春理工大学学报（社会科学版），（1）：77-79.

张婷麟，孙斌栋. 2017. 都市区空间结构与经济发展的互动关系研究［J］. 地理科学，37（4）：512-518.

张同斌，李金凯，程立燕. 2016. 经济结构、增长方式与环境污染的内在关联研究——基于时变参数向量自回归模型的实证分析［J］. 中国环境科学，36（7）：2230-2240.

张先锋，陈琳，吴伟东. 2016. 交通基础设施、人力资本分层集聚与区域全要素生产率——基于我国 285 个地级市面板数据的经验分析［J］. 工业技术经济，35（6）：92-102.

张杨，刘艳芳，顾渐萍，等. 2011. 武汉市土地利用覆被变化与生态环境效应研究［J］. 地理科学，（10）：1280-1285.

张云飞. 2014. 城市群内产业集聚与经济增长关系的实证研究——基于面板数据的分析［J］. 经济地理，34（1）：108-113.

赵璟，党兴华，王修来. 2009. 城市群空间结构的演变——来自中国西部地区的经验证据［J］. 经济评论，（4）：27-34.

赵可，徐唐奇，张安录. 2016. 城市用地扩张、规模经济与经济增长质量［J］. 自然资源学报，31（3）：390-401.

赵可，张安录，马爱慧，等. 2010. 中国 1981 年—2007 年经济增长与城市建设用地关系分析［J］. 资源科学，32（12）：2329- 2335.

赵勇，魏后凯. 2015. 政府干预、城市群空间功能分工与地区差距——兼论中国区域政策的有效性［J］. 管理世界，（8）：14-29.

赵玉民，朱方明，贺立龙. 2009. 环境规制的界定、分类与演进研究［J］. 中国人口·资源与环境，19（6）：85-90.

郑东雅，皮建才. 2017. 中国的资本偏向型经济增长：1998—2007［J］. 世界经济，(5)：24-48.

郑洁，付才辉，张彩虹. 2018. 财政分权与环境污染——基于新结构经济学视角［J］. 财政研究，(3)：57-70.

中华人民共和国国家发展和改革委员会. 2016. 2016 年深入推进西部大开发工作要点［EB/OL］. http://www. xjdrc. gov. cn/info/11760/5816. htm［2020-03-09］.

中华人民共和国国家发展和改革委员会，中华人民共和国住房和城乡建设部. 2016. 成渝城市群发展规划［EB/OL］. http：//cddrc. chengdu. gov. cn/cdfgw/uploads/0921113537odt1cdrnago. pdf［2020-03-09］.

中华人民共和国国家发展和改革委员会，中华人民共和国住房和城乡建设部. 2017a. 国家发展改革委 住房城乡建设部关于印发北部湾城市群发展规划的通知［EB/OL］. http：//www. mohurd. gov. cn/wjfb/201702/t20170228_230784. html［2019-08-07］.

中华人民共和国国家发展和改革委员会，中华人民共和国住房和城乡建设部. 2017b. 北部湾城市群发展规划［EB/OL］. http：//www. mohurd. gov. cn/wjfb/201702/W020170228050310. pdf［2020-02-11］.

中华人民共和国国家发展和改革委员会，中华人民共和国住房和城乡建设部. 2018. 关中平原城市群发展规划［EB/OL］. http：//img. project. fdi. gov. cn//21/1800000121/File/201802/201802080900235219187. pdf［2020-03-09］.

中华人民共和国国家发展和改革委员会，中华人民共和国住房和城乡建设部. 2018. 兰州—西宁城市群发展规划［EB/OL］. https：//www. ndrc. gov. cn/xxgk/zcfb/ghwb/201803/W020190905497954521548. pdf［2020-03-09］.

中华人民共和国自然资源部. 2009. 内蒙古自治区土地利用总体规划（2006—2020 年）［EB/OL］. http：//www. xam. gov. cn/xam/_300473/_300600/bm71/mgtj8/676367/2016120609455498894. doc［2020-03-09］.

钟海燕. 2010. 城市群发展战略下的四川民族地区城镇布局［J］. 西南民族大学学报（人文社科版），31（9）：180-184.

周灿，曾刚. 2019. 中国城市群技术知识单中心与多中心探究［J］. 地理研究，38（2）：235-246.

周超. 2016. 经济增长、市场化程度与产业结构的区域性差异［J］. 技术经济与管理研究，(12)：117-120.

周纪昌. 2006. 我国区域循环经济的制度分析［J］. 地域研究与开发，(4)：13-17.

周建仁，陈盈盈. 2016. 财政分权和城镇化对地区环境污染的影响［J］. 西部论坛，26（4）：92-100.

周民良. 2008. 中国城市的环境污染与可持续性发展［J］. 中国地质大学学报：社会科学版，（5）：14-20.

周明生. 2018. 京津冀服务业集聚与经济增长［J］. 经济与管理研究，（1）：68-77.

周锐波，石思文. 2018. 中国产业集聚与环境污染互动机制研究［J］. 软科学，（2）：30-33.

周孝，冯中越. 2016. 北京生产性服务业集聚与京津冀区域协同发展［J］. 经济与管理研究，37（2）：44-51.

周琰，张安录. 2016. 武汉城市圈城市用地扩张对经济增长贡献度的动态研究——“两型社会”试验区设置前后的比较［J］. 长江流域资源与环境，25（7）：1043-1051.

周游，谭光荣. 2016. 空间视角下生产性服务业集聚对城市土地集约利用的影响研究［J］. 中国土地科学，（10）：37-46.

周玉龙，孙久文. 2015. 产业发展从人口集聚中受益了吗?——基于2005—2011年城市面板数据的经验研究［J］. 中国经济问题，（2）：74-85.

朱承亮，岳宏志. 2011. 环境约束下的中国经济增长效率研究［J］. 数量经济技术经济研究，（5）：3-20.

朱磊，罗格平，许文强，等. 2008. 干旱区绿洲城市土地利用变化及其生态环境效应分析——以乌鲁木齐市为例［J］. 干旱区资源与环境，（3）：13-19.

朱磊，张建清，孙元元，等. 2018. 环境治理约束与中国经济增长——以控制碳排放为例的实证分析［J］. 中国软科学，（6）：163-171.

朱晓华，蔡运龙. 2005. 中国土地利用空间分形结构及其机制［J］. 地理科学，25（6）：671-677.

朱英明. 2006. 产业空间结构与地区产业增长研究——基于长江三角洲城市群制造业的研究［J］. 经济地理，26（3）：387-390.

朱政，郑伯红，贺清云. 2011. 珠三角城市群空间结构及影响研究［J］. 经济地理，（3）：404-408.

朱志远，苗建军. 2017. 成渝城市群土地利用与生态经济发展协调度测度［J］. 城市问题，（5）：58-66.

邹军，张京祥，胡丽娅. 2002. 城镇体系规划：新理念·新范式·新实践［M］. 南京：东南大学出版社.

邹敏，张雯雯. 2016. 烟台市海岸带土地利用空间结构分形特征［J］. 水土保持研究，23（1）：92-96.

Accetturo A. 2010. Agglomeration and growth: the effects of commuting costs[J]. Papers in Regional Science, 89(1): 173-190.

Acemoglu D, Johnson S, Robinson J A. 2001. The colonial origins of comparative development:

an empirical investigation[J]. American Economic Review, 91(5): 1369-1401.

Acemoglu D, Johnson S, Robinson J A. 2005. Chapter 6 Institutions as a Fundamental Cause of Long-Run Growth[M]. Amsterdam: Elsevier B.V.

Alam M J, Begum I A, Buysse J, et al. 2012. Energy consumption, carbon emissions and economic growth nexus in Bangladesh: cointegration and dynamic causality analysis[J]. Energy Policy, 45(2): 217-225.

Alfaro L, Chanda A, Kalemli-Ozcan S, et al. 2004. FDI and economic growth: the role of local financial markets[J]. Journal of International Economics, 64(1): 89-112.

Ang J B. 2008. Economic development, pollutant emissions and energy consumption in Malaysia[J]. Journal of Policy Modeling, 30(2): 271-278.

Anselin L, Bera A K, Florax R, et al. 1996. Simple diagnostic tests for spatial dependence[J]. Regional Science and Urban Economics, 26(1): 77-104.

Apergis N, Ozturk I. 2015. Testing environmental Kuznets curve hypothesis in Asian countries[J]. Ecological Indicators, 52: 16-22.

Arbia G, Battisti M, Vaio G D. 2010. Institutions and geography: empirical test of spatial growth models for European regions[J]. Economic Modelling, 27(1): 12-21.

Baldwin R, Forslid R. 2000. The core-periphery model and endogenous growth: stabilizing and destabilizing integration[J]. Economica, 67(267): 307-324.

Baldwin R, Forslid R, Martin P, et al. 2003. Economic Geography and Public Policy[M]. Princeton: Princeton University Press.

Baldwin R, Martin P, Ottaviano G I P. 2001. Global income divergence, trade and industrialisation: the geography of growth take-offs[J]. Journal of Economic Growth, 6(1): 5-37.

Baldwin R, Martin P. 2004. Chapter 60-agglomeration and regional growth[J]. Handbook of Regional and Urban Economics, (4): 2671-2711.

Baldwin R, Okubo T. 2006. Heterogeneous firms, agglomeration and economic geography: spatial selection and sorting[J]. Journal of Economic Geography, 6(3): 323-346.

Bengoa M, Sanchez-Robles B. 2003. Foreign direct investment, economic freedom and growth: new evidence from Latin America[J]. European Journal of Political Economy, 19(3): 529-545.

Berry L. 1965. Internal structure of city[J]. Law and Contemporary Problems, 30(1): 111-119.

Bertinelli L, Black D. 2004. Urbanization and growth[J]. Journal of Urban Economics, 56(1): 80-96.

Blomström M, Kokko A, Zejan M. 1996. Local technological capability and productivity spillovers from FDI in the uruguayan manufacturing sector[J]. Journal of Development Studies, 32(4): 602-611.

Brajer V, Mead R W, Xiao F. 2011. Searching for an environmental Kuznets curve in China's air pollution[J]. China Economic Review, 22(3):383-397.

Carkovic M V, Levine R. 2002. Does foreign direct investment accelerate economic growth[J]. Social Science Electronic Publishing, (6): 1-16.

Carlino G A. 1979. Increasing returns to scale in metropolitan manufacturing[J]. Journal of Regional Science, 19(3): 363-372.

Castells-Quintana D, Royuela V. 2014. Agglomeration, inequality and economic growth[J]. Annals of Regional Science, 52(2): 343-366.

Cerina F, Mureddu F. 2014. Is agglomeration really, good for growth? Global efficiency, interregional equity and uneven growth[J]. Journal of Urban Economics, 84(3): 9-22.

Cervero R. 2001. Efficient urbanisation: economic performance and the shape of the metropolis[J]. Urban Studies, 38(10): 1651-1671.

Chichilnisky G. 1994. North-south trade and the global environment [J]. American Economic Review, 84(4): 851-874.

Chowdhury R R, Moran E F. 2012. Turning the curve: a critical review of Kuznets approaches[J]. Applied Geography, 32(1): 3-11.

Ciccone A, Hall R E. 1996. Productivity and the density of economic activity[J]. American Economic Review, 86(1): 54-70.

Cliff A, Ord J. 1981. Spatial Processes: Models and Applications[M]. London: Pion Ltd.

Criado C O, Valente S, Stengos T. 2011. Growth and pollution convergence: theory and evidence[J]. Journal of Environmental Economics and Management, 62(2): 199-214.

Demurger S. 2001. Infrastructure development and economic growth: an explanation for regional disparities in China[J]. Journal of Comparative Economics, 29(1): 95-117.

Dong B, Gong J, Zhao X. 2012. FDI and environmental regulation: pollution haven or a race to the top[J]. Journal of Regulatory Economics, 41(2): 216-237.

Elbers C, Withagen C A A M. 2002. Environmental regulation and international trade: a general equilibrium approach[J]. International Journal of Sports Science & Coaching, 7(1): 33-45.

Ellison G, Glaeser E L. 1997. Geographic concentration in U.S. manufacturing industries: a dartboard approach[J]. Journal of Political Economy, 105(5): 889-927.

Fleisher B, Li H, Zhao M Q. 2010. Human capital, economic growth, and regional inequality in China[J]. Journal of Development Economics, 92(2): 215- 231.

Fodha M, Zaghdoud O. 2010. Economic growth and pollutant emissions in Tunisia: an empirical analysis of the environmental Kuznets curve[J]. Energy Policy, 38(2): 1150-1156.

Frank A. 2001. Urban air quality in Larger conurbations in the European Union[J]. Environmental Modeling and Software, 16(4): 399-414.

Fujita M, Krugman P R, Venables A J. 1999. The Special Economic: Cities, Region, and International Trade[M]. Cambridge: The MIT Press.

Fujita M, Thisse J F. 2003. Does geographical agglomeration foster economic growth and who gains and loses from it?[J]. Japanese Economic Review, 54(2): 121-145.

Gabaix X, Ibragimov R. 2007. Rank-1/2: a simple way to improve the OLS estimation of tail exponents[J]. Journal of Business & Economic Statistics, 29(1): 24-39.

Goldsmith R. 1951. A perpetual inventory of national wealth[R]. New York: National Bureau of Economic Research.

Gottmann J. 1957. Megalopolis or the urbanization of the Northeastern Seaboard[J]. Economic Geography, 33(3):189-200.

Gottmann J. 1961. Megalopolis: the Urbanization of the Northeastern Seaboard of the United States[M]. Cambridge: The MIT Press.

Govindaraju V C, Tang C F. 2013. The dynamic links between CO_2 emissions, economic growth and coal consumption in China and India[J]. Applied Energy, 104:310-318.

Grossman G M, Krueger A B. 1991. Environmental impacts of a North American free trade agreement[R]. Cambridge M A：National Bureau of Economic Research（Working Paper, No. 3914）.

Grossman G M, Krueger A B. 1995. Economic growth and the environment[J]. The Quarterly Journal of Economics, 110(2): 353-377.

Hailu A, Veeman T S. 2001. Non-parametric productivity analysis with undesirable outputs: an application to the Canadian pulp and paper industry[J]. American Journal of Agricultural Economics, 83(3): 605-616.

Halicioglu F. 2009. An econometric study of CO_2 emissions, energy consumption, income and foreign trade in Turkey[J]. Energy Policy, 37(3): 1156-1164.

Hall R E, Jones C I. 1999. Why do some countries produce so much more output per worker than others?[J]. The Quarterly Journal of Economics, 114(1): 83-116.

Hao Y, Liu Y, Weng J H, et al. 2016. Does the environmental Kuznets curve for coal consumption in China exist? New evidence from spatial econometric [J]. Energy, 114: 1214-1223.

Henderson J V. 2000. How urban concentration affects economic growth[R]. Washington D C: World Bank Policy Research（Working Paper，No. 2326）.

Henderson J V. 2003. The urbanization process and economic growth: the so-what question[J]. Journal of Economic Growth, 8(1): 47-71.

Hilton F G H, Levinson A. 1998. Factoring the environmental Kuznets curve: evidence from automotive lead emissions[J]. Journal of Environmental Economics and Management, 35(2): 126-141.

Hsieh C T, Klenow P J. 2009. Misallocation and manufacturing TFP in China and India[J]. Quarterly Journal of Economics, 124(4): 1403-1448.

Ikazaki D, Naito T. 2009. Optimal environmental and industrial policies and imperfect agglomeration effects[J]. Regional Science Policy & Practice, 1(2):141-157.

Jalil A, Mahmud S F. 2009. Environment Kuznets curve for CO_2 emissions: a cointegration analysis for China [J]. Energy Policy, 37(12): 5167-5172.

Jefferson M. 1939. The law of the primate city[J]. Geographical Review, 29(2): 226-232.

Jeon B M, Sickles R C. 2004. The role of environmental factors in growth accounting[J]. Journal of Applied Econometrics, 19(5): 567-591.

Jkazaki D, Naito T. 2009. Optimal environmental and industrial policies and imperfect agglomeration effects [J]. Regional Science Policy & Practice, 1(2): 141-157.

Johansen S. 1988. Statistical analysis of cointegration vectors[J]. Journal of economic dynamics and control, 12(2-3): 231-254.

Jones C I. 1995. R&D-based models of economic growth[J]. Journal of Political Economy, 103(4): 759-784.

Jorge M L, Madueño J H, Martínez-Martínez D, et al. 2015. Competitiveness and environmental performance in Spanish small and medium enterprises: is there a direct link?[J]. Journal of Cleaner Production, 101: 26-37.

Kalaitzidakis P, Kalyvitis S. 2004. On the macroeconomic implications of maintenance in public capital[J]. Journal of Public Economics, 88(3): 695-712.

Kolstad C D.1986. Empirical properties of economic incentives and command-and-control regulations for air pollution control[J]. Land Economics, 62(3):250-268.

Kuznets S. 1971. Modern economic growth: findings and reflections[J]. American Economic Review, 63(3): 247-258.

Kwang I H, Chihiro W. 2002. Dynamic process of technology spillover: a transfer function approach[J]. Technovation, 22(7): 437-444.

Kyriakopoulou E, Xepapadeas A. 2011. Spatial location decisions under environmental policy and housing externalities[J]. Environmental Economics & Policy Studies, 13(3): 195-217.

Kyriakopoulou E, Xepapadeas A. 2013. Environmental policy, first nature advantage and the emergence of economic clusters[J]. Regional Science & Urban Economics, 43(1): 101-116.

Leeuw F A A M D, Moussiopoulos N, Sahm P, et al. 2001. Urban air quality in larger conurbations in the European Union[J]. Environmental Modelling & Software, 16(4):399-414.

Levinson A. 2009. Technology, international trade, and pollution from US manufacturing[J]. American Economic Review, 99(5): 2177-2192.

Lewis W A. 1955. The Theory of Economic Growth[M]. London: George Allen & Unwin Ltd.

Li T, Wang Y, Zhao D. 2016. Environmental Kuznets curve in China: new evidence from dynamic panel analysis[J]. Energy Policy, 91(2):138-147.

Li X Y, Liu X G. 2005. Foreign direct investment and economic growth: an increasingly endogenous relationship[J]. World Development, 33(3): 393-407.

Ligmann-Zielinska A, Church R. 2005. Sustainable urban land use allocation with spatial optimization[C]. Wuhan: The 8th International conference on Geocomputation.

List J A, Gallet C A. 1999. The Kuznets curve: what happens after the inverted - U?[J]. Review of Development Economics, 3(2): 200-206.

Llorca M, Meunie A. 2009. SO_2 emissions and the environmental Kuznets curve: the case of Chinese provinces[J]. Journal of Chinese Economic & Business Studies, 7(1): 1-16.

Lucas R. 1988. On the Mechanics of development planning[J]. Journal of Monetary Economics, (22): 3-42.

Marius B, Sbergami F. 2009. Agglomeration and growth: cross-country evidence[J]. Journal of Urban Economics, 65(1): 48-63.

Marshall J U. 1997. Beyond the rank-size rule: a new descriptive model of city sizes[J]. Urban

Geography, 18(1): 36-55.

Martin P, Ottaviano G I P. 1999. Growing locations: Industry location in a model of endogenous growth[J]. European Economic Review, 43(2):281-302.

Martin P, Ottaviano G I P. 2001. Growth and agglomeration[J]. International Economic Review, 42(4): 947-968.

Martin P, Rogers C A. 1995. Industrial location and public infrastructure[J]. Journal of International Economics, 39(3-4): 335-351.

Meijers E J, Burger M J. 2010. Spatial Structure and productivity in US metropolitan areas[J]. Environment and Planning A, 42(6): 1383-1402.

Melitz M J, Ottaviano G I P. 2008. Market size, trade, and productivity[J]. Review of Economic Studies, 75(1): 295-316.

Narayan P K, Popp S. 2012. The energy consumption-real GDP nexus revisited: empirical evidence from 93 countries[J]. Economic Modelling, 29(2): 303-308.

Nicholes D A. 1970. Land and economic growth[J]. The American Economic Review, 60(3): 332-340.

Onafowora O A, Owoye O. 2014. Bounds testing approach to analysis of the environment Kuznets curve hypothesis[J]. Energy Economics, 44: 47-62.

Ozawa T, Phelps N A. 2003. Contrasts in agglomeration: proto-industrial, industrial and post-industrial forms compared[J]. Progress in Human Geography, 27(5): 583-604.

Panayotou T. 1993. Empirical Tests and policy analysis of environmental degradation at different stages of economic development[R]. Geneva：Technology and Employment Programme，International Labor Office（Working Paper，WP238）.

Parr J. 2004. The polycentric urban region: a closer inspection[J]. Regional Studies, 38(3): 231-240.

Paudel K P, Schafer M J. 2009. The environmental Kuznets curve under a new framework: the role of social capital in water pollution[J]. Environmental and Resource Economics, 42(2): 265-278.

Perman R, Stern D I. 2003. Evidence from panel unit root and cointegration tests that the environmental Kuznets curve does not exist[J]. Australian Journal of Agricultural & Resource Economics, 47(3): 325-347.

Pfaff A S P, Chaudhuri S, Nye H L M. 2004. Household production and environmental Kuznets curves-examining the desirability and feasibility of substitution[J]. Environmental and Resource Economics, 27(2): 187-200.

Pinelli G, Ottaviano D. 2006. Market potential and productivity: evidence from Finnish regions[J]. Regional Science and Urban Economics, 36(5): 636-665.

Portnov B A, Schwartz M. 2009. Urban clusters as growth foci[J]. Journal of Regional Science, 49(2): 287-310.

Quaas M, Lange A. 2004. Economic geography and urban environmental pollution[R]. Heidelberg: Discussion Paper Series, No. 409, University of Heidelberg, Department of Economics.

Ramirez M T, Loboguerrero A M. 2002. Spatial dependence and economic growth: evidence from a panel of countries[R]. Bogotá：Borradores de Economia（Working Paper，No. 206）.

Ren W, Zhong Y, John M, et al. 2003. Urbanization, land use, and water quality in Shanghai: 1947-1996[J]. Environment International, 29(5): 649-659.

Rhee C. 1991. Dynamic inefficiency in an economy with land[J]. Review of Economic Studies, 58(4): 791-797.

Rioja F K. 2003. Filling potholes: macroeconomic effects of maintenance versus new investments in public infrastructure[J]. Journal of Public Economics, 87(9): 2281-2304.

Romer P M. 1986. Increasing returns and long-run growth[J]. Journal of Political Economy, 94(5): 1002-1037.

Samuelson P A. 1952. The Transfer problem and transport costs: the terms of trade when impediments are absent[J]. Economic Journal, 62(246): 278-304.

Sanchez-Robles B, Bengoa M. 2003. Foreign direct investment, economic freedom and growth: new evidence from Latin America[J]. European Journal of Political Economy, 19(3):529-545.

Sbergami F. 2002. Agglomeration and economic growth: some puzzles[EB/OL]. https://econpapers.repec.org/paper/giigiihei/heiwp02-2002.htm[2020-02-11].

Singer H W. 1936. The "courbe des populations": a parallel to Pareto's law[J]. Economic Journal, 46(182): 254-263.

Solow R M. 1956. A contribution to the theory of economic growth[J]. Quarterly Journal of Economics, 70(1): 65-94.

Tobler W R. 1970. A computer movie simulating urban growth in the detroit region[J]. Economic Geography, 46(S1): 234-240.

Turok I, Bailey N. 2001. Cities or clusters? Drivers of regional economic competitiveness[C]. London: Regional Studies Association conference, Regionalising the Knowledge Economy.

Veneri P, Burgalassi D. 2012. Questioning polycentric development and its effects: issues of definition and measurement for the Italian NUTS-2 regions[J]. European Planning Studies, 20(6):1017-1037.

Verhoef E T, Nijkamp P. 2002. Externalities in urban sustainability: environmental versus localization-type agglomeration externalities in a general spatial equilibrium model of a single-sector monocentric industrial city[J]. Ecological Economics, 40(2): 157-179.

Virkanen J. 1998. Effect of urbanization on metal deposition in the Bay of Töölönlahti, Southern Finland[J]. Marine Pollution Bulletin, 36(9):729-738.

Walter I W, Ugelow J. 1979. Environmental policies in developing countries[J]. Ambio, 8(2/3):102-109.

Wang K M. 2013. The relationship between carbon dioxide emissions and economic growth: quantile panel-type analysis[J]. Quality & Quantity, 47(3): 1337-1366.

Wang Y Y, He X B. 2019. Spatial economic dependency in the environmental Kuznets curve of carbon dioxide: the case of China[J]. Journal of Cleaner Production, 218:498-510.

Xu T. 2018. Investigating environmental Kuznets curve in China—aggregation bias and policy implications[J]. Energy Policy, 114:315-322.

Yang H, He J, Chen S. 2015. The fragility of the environmental Kuznets curve: revisiting the hypothesis with Chinese data via an "Extreme Bound Analysis" [J]. Ecological Economics, 109: 41-58.

Yang J, Zhang Y, Meng Y. 2015. Study on the impact of economic growth and financial development on the environment in China[J]. Journal of Systems Science and Information, 3(4): 334-347.

Yin J, Zheng M, Chen J. 2015. The effects of environmental regulation and technical progress on CO_2 Kuznets curve: an evidence from China[J]. Energy Policy, 77: 97-108.

Zeng D Z, Zhao L. 2009. Pollution havens and industrial agglomeration[J]. Journal of Environmental of Economics and Management, 58 (2): 141-153.

Zhou Y X. 1991. The Metropolitan Interlocking Region in China: A Preliminary Hypothesis[M]//Ginsburg N, Koppel B, Mcgee T G. The extended metropolis: settlement transition in Asia. Honolulu, Hawaii: University of Hawaii Press: 89-111.

Zhou C, Wang S. 2018. Examining the determinants and the spatial nexus of city-level CO_2 emissions in China: a dynamic spatial panel analysis of China's cities[J]. Journal of Cleaner Production, 171: 917-926.

Zhou Z M, Ye X Y, Ge X Y. 2017. The impacts of technical progress on sulfur dioxide Kuznets curve in China: a spatial panel data approach[J]. Sustainability, 9(4): 674-700.

后 记

近二十年来，人们用“人类世”这一术语来描述我们所处的纪元，它标志着在这一纪元，人类活动变成影响地球生态系统的主要外力。如果要成功应对巨大的环境挑战，人们必须重新考虑自身价值，重新思考什么是需要优先考虑的事。

“雾霾”在中国新闻报道中第一次出现是在2004年6月29日《北京日报》第8版，2010年之后各类媒体有关“雾霾”的报道开始增多并形成规模。2012年两会期间，“$PM_{2.5}$”首次出现在政府工作报告中。我一直聚焦研究城市群经济发展问题，但随着$PM_{2.5}$、雾霾、大气污染防治逐渐成为人们共同关注和讨论的话题，我也开始关注城市群的环境污染问题。

2015年，我在手机上安装了“蔚蓝地图”APP，持续关注西安、兰州、成都、西宁等西部城市的环境质量、污染排放和污染源监管记录。2016年8月至2017年8月我在英国杜伦大学访学，访学期间的经历和见闻加深了我对英格兰东北部地区经济增长与就业多年来稳居英格兰倒数第一的感性认识，那里的安静、窘蹙与萧瑟令我至今记忆犹新。但是，英格兰东北部地区的环境质量非常好，我经常在天气预报中看到“能见度50千米”之类的信息。而同期，我关注的中国西部地区城市的空气质量指数时常“破千”，两者的环境质量形成了鲜明的对比。这段生活经历也让我更加重视区域经济增长与环境质量间的复杂关系。访学期间，杜伦大学Ray Hudson教授在区域发展问题上，给我提供了更宽泛的分析框架和基于地理空间的研究视角，并且建议我在政策设计中拒绝接受“斯多葛顺从”的世界，在此深表感谢。在我看来，如果我们要在“人类世”创造美好未来，就必须打破两分法的思考模式：经济发展与环境保护并不是“水火不容”。一方面，如果没有经济发展，将没有未来；另一方面，没有人想在恶劣的、不健康的环境中居住和投资。

本书的出版，离不开西安理工大学陕西城市战略研究院的大力支持，也离不开我的研究生靳珍和刘佳等的帮助，还离不开科学出版社责任编辑石卉、吴春花的细致工作，在此表示衷心的感谢。

最应该感谢的是家人给予我的关爱和支持。感谢父母、岳父母一直以来的帮助，期望他们一直平安健康。同时，夫人也给予了我充分的理解和鼓励，对她的感谢和爱说再多也不为过。在该研究开始时，我的女儿刚满半岁，如今她已经四岁半，感谢她给我带来了数不清的欢乐！

赵　璟

2020年3月